# *Direitos Humanos e Serviço Social*

www.editorasaraiva.com.br

# Direitos Humanos e Serviço Social

### Jefferson Lee de Souza Ruiz
Mestre em Serviço Social pela Universidade Federal do Rio de Janeiro (UFRJ) e professor da Faculdade de Serviço Social da Universidade do Estado do Rio de Janeiro (UERJ)

### Andreia Cristina Alves Pequeno
Mestre em Serviço Social pela Universidade do Estado do Rio de Janeiro (UERJ) e assistente social, com atuação no Tribunal de Justiça do Estado do Rio de Janeiro

### Renato Veloso
Coordenador da Coleção Serviço Social e professor adjunto da Universidade Estadual do Rio de Janeiro (UERJ)

**ISBN 978-85-472-0958-2**

DADOS INTERNACIONAIS DE CATALOGAÇÃO NA PUBLICAÇÃO (CIP)
ANGÉLICA ILACQUA CRB-8/7057

Av. das Nações Unidas, 7221, 1º Andar, Setor B
Pinheiros – São Paulo – SP – CEP: 05425-902

**SAC**
0800-0117875
De 2ª a 6ª, das 8h às 18h
www.editorasaraiva.com.br/contato

Ruiz, Jefferson Lee de Souza
  Direitos humanos e serviço social / Jefferson Lee de Souza Ruiz, Andreia Cristina Alves Pequeno ; coordenação de Renato dos Santos Veloso. - São Paulo : Saraiva, 2015.
  208 p. (Coleção serviço social ; 3)
  Bibliografia
  ISBN 978-85-472-0958-2

  1. Direitos humanos 2. Serviço social I. Título II. Pequeno, Andreia Cristina Alves III. Veloso, Renato dos Santos IV. Série

| 16-0512 | CDD 323.4 |
|---|---|
| | CDU 342.7 |

Índices para catálogo sistemático:
1. Direitos humanos

| | |
|---|---|
| **Vice-presidente** | Claudio Lensing |
| **Diretora editorial** | Flávia Alves Bravin |
| **Gerente editorial** | Rogério Eduardo Alves |
| **Planejamento editorial** | Rita de Cássia S. Puoço |
| **Aquisições** | Fernando Alves |
| | Julia D'Allevo |
| **Editores** | Ana Laura Valerio |
| | Marcela Prada Neublum |
| | Patricia Quero |
| **Produtores editoriais** | Alline Garcia Bullara |
| | Amanda Maria da Silva |
| | Daniela Nogueira Secondo |
| **Comunicação e produção digital** | Mauricio Scervianinas de França |
| | Nathalia Setrini Luiz |
| **Suporte editorial** | Juliana Bojczuk Fermino |
| **Produção gráfica** | Liliane Cristina Gomes |
| **Preparação** | Elza Doring |
| **Revisão** | Cláudia Cantarin |
| | Lilian Queiroz |
| **Diagramação** | 2 estúdio gráfico |
| **Capa** | Guilherme P. Pinto |
| **Impressão e acabamento** | Gráfica Paym |

Copyright © Andreia Pequeno, Jefferson Ruiz, Renato Veloso (coord.)
2017 Saraiva Educação
Todos os direitos reservados.

1ª edição

Nenhuma parte desta publicação poderá ser reproduzida por qualquer meio ou forma sem a prévia autorização da Editora Saraiva. A violação dos direitos autorais é crime estabelecido na lei nº 9.610/98 e punido pelo artigo 184 do Código Penal.

401.609.001.001

Vivemos tempos de avanços de expressões conservadoras e reacionárias. Dedicamos este livro a todas as pessoas que lutaram e lutam por um mundo sem quaisquer formas de exploração ou dominação dos seres humanos por outros e em que todas as necessidades humanas possam ser satisfeitas.

Livros, como a vida, expressam experiências simultaneamente pessoais e coletivas. Quem passou por nossas vidas está presente nas páginas que seguem. Familiares, amigos, alunos, colegas de trabalho, de militância, de afeto e de sonhos, usuários e usuárias de nossos serviços.

# Sobre os autores

**Jefferson Lee de Souza Ruiz** é mestre em Serviço Social pela Universidade Federal do Rio de Janeiro (UFRJ), assistente social e professor da Faculdade de Serviço Social da Universidade do Estado do Rio de Janeiro (UERJ), tendo as distintas concepções de direitos humanos como centro de suas pesquisas e produções. Entre suas publicações estão o livro *Direitos humanos e concepções contemporâneas* e a coorganização do livro *Mídia, questão social e Serviço Social*.

**Andreia Cristina Alves Pequeno** é mestre em Serviço Social pela Universidade do Estado do Rio de Janeiro (UERJ) e assistente social, atuando no Tribunal de Justiça do Estado do Rio de Janeiro. É especialista em Serviço Social e Política Social pela Universidade de Brasília (UnB) e pelas entidades Conselho Federal de Serviço Social e Associação Brasileira de Ensino e Pesquisa em Serviço Social (CFESS/ABEPSS/CEAD/UnB) e em Metodologia do Serviço Social, pela Universidade Federal Fluminense (UFF). Foi presidente do Conselho Regional de Serviço Social do Rio de Janeiro (2005/2008).

"A História não chegou ao fim, malgrado as proclamações de alguns neoliberais mais apressados. (...) O futuro não está traçado, podemos mudar sua direção.

Sabemos qual foi a escolha do século XX ante as possibilidades antevistas — "socialismo ou barbárie" — por Rosa Luxemburgo. Contudo, das profundezas da indignação da humanidade sobe um rumor sem rumo claro. Poderá ser outra a escolha deste novo século."

José Damião de Lima Trindade[*]

---

[*] TRINDADE, J. D. *História Social dos direitos humanos*. São Paulo: Peirópolis, 2002. p. 210.

# Sumário

Introdução ........................................................................... 1

## Capítulo 1
Sobre humanos e sobre direitos ............................. 11
1.1 Quem é o ser humano .......................................... 11
1.2 O que são direitos ................................................. 42

## Capítulo 2
Os sistemas de proteção dos direitos humanos ........ 63
2.1 Precedentes históricos .......................................... 63
2.2 O sistema internacional de proteção aos direitos humanos ........ 66
2.3 Atuando nas contradições do Estado .................... 85

## Capítulo 3
O Brasil e alguns dos direitos humanos .................. 87
3.1 O direito ao trabalho ............................................. 88
3.2 A privação de liberdade ....................................... 111
3.3 Tortura e violação de direitos ............................... 131
3.4 O direito à documentação civil e a universalização do acesso
    ao registro de nascimento ................................... 152

## Capítulo 4
Conclusões ........................................................... 171
4.1 O risco de violar direitos por ação ou omissão ...... 172
4.2 Retomando nossas ideias centrais ....................... 178

Referências ......................................................... 183

# Introdução

## Um tema de muitas faces e de importância central

Pense rapidamente. O que lhe vem à mente quando você se refere a direitos humanos? O que costuma ouvir em sua vida cotidiana, no transporte para o trabalho, para a escola, para o lazer, quando está na academia, no mercado, na praça, nas reuniões entre família e amigos?

Quando nos questionamos sobre isso, em geral as respostas que recebemos são diversas. Aqueles que participaram de manifestações de rua em junho de 2013 poderiam pensar em Amarildo, morador do bairro da Rocinha, no Rio de Janeiro, que "desapareceu" após abordagens policiais — legítima e corajosa lembrança de um fato que mobilizou o Brasil e o mundo naquele momento. Talvez, contudo, se surpreendessem ao saber que desaparecimentos como o de Amarildo se contam aos milhares ao ano no Brasil.

Outras pessoas poderiam se lembrar de alguns de seus livros de história e falar das comissões da verdade que buscam, no momento em que este texto é escrito, reconstituir violações de direitos humanos ocorridas no Brasil. Assim como na Argentina e no Chile, este também é um processo muito importante, uma vez que reconstitui parte da história ocultada pelas ditaduras que assolaram diversos países ao longo do século XX. Infelizmente, são cenas que continuam ocorrendo em invasões e disputas internacionais que, quase sempre, têm como pano de fundo a posse das riquezas naturais disponíveis nos países invadidos.

Se estivéssemos entre profissionais que atuam com políticas sociais, as respostas poderiam ser muito mais amplas. "Direitos humanos me remetem à saúde", diriam alguns. "À educação", outros. Também poderíamos ouvir que falar em direitos humanos remeteria a habitação, aposentadoria (ou previdência social), acesso a lazer, cultura e esporte. Como dizer que estariam errados? Ao contrário, todos esses são temas previstos inclusive em legislações do chamado campo dos direitos humanos.

Esse diálogo ficaria algo mais abrangente se ocorresse com determinados setores da esquerda ou de movimentos sociais. Alguns deles defenderiam a ideia de que direitos humanos, desde sua origem, diriam respeito apenas a direitos civis e políticos. Teriam servido, assim, para a burguesia, que então já se apresentava como classe hegemônica, consolidar o capitalismo. Essas pessoas trariam ao centro do debate parte importante das polêmicas e lutas concretas que já duram séculos e que ocorrem em torno de quais são os direitos que cada sociedade deve reconhecer e efetivar para a população. Ao menos desde o século XVIII tais debates vêm sendo travados, embora a distinção geralmente mais conhecida de direitos humanos entre civis, políticos, sociais, difusos etc. seja um pouco mais tardia, tendo sido proposta por Marshall na década de 1960, ao analisar a sociedade inglesa.[1]

Em outra ponta do debate, outros diriam não haver direitos que não sejam disputados em sociedade e por seres humanos. Incluiriam argumentos de que salários justos, férias, descanso remunerado, acesso à educação em todos os níveis e tantos outros só são disputados por homens e mulheres. Adicionariam que, mesmo com os limites das previsões legais, quase todos eles fazem parte de documentos internacionais assinados pelo Brasil. Usariam, ainda, o argumento de que o acesso gratuito à universidade, embora não esteja previsto nas leis brasileiras ou nas cartas da Organização das Nacões Unidas (ONU) como um direito de todos, universal, não deixa de ser reivindicado e reconhecido como um direito.

A complexidade do debate sobre direitos humanos se demonstra pelo fato de que, por incrível que pareça, todos teriam argumentos a serem considerados, mesmo com tantas diferenças entre si.

Os que estivessem já querendo deixar este tema de lado, cansados de tanta polêmica, poderiam se ver às voltas com um novo problema — e isso porque não chegamos a citar uma visão bastante comum na sociedade contemporânea acerca dos direitos humanos. Referimo-nos àquela que diz que "direito humano é coisa de quem defende bandido" e que direitos humanos deveriam ser só para humanos *direitos*, aqueles que respeitam a *ordem*, que não ficam fazendo "arruaça" e "bagunça" nem propondo revoluções e/ou revoltas sociais.

---

1    Cf. MARSHALL, T. H. *Cidadania, classe social e status*. Rio de Janeiro: Zahar, 1967.

Alguém ainda poderia acrescentar que, quando os Estados Unidos invadiram o Afeganistão e o Iraque, sob o pretexto de caçar terroristas, Bush também dizia estar defendendo direitos humanos da população americana e do mundo todo. Outras pessoas poderiam afirmar que o fato de alguém dizer que defende direitos não deve ser o critério, já que na vulgarização existente atualmente no debate político qualquer um diz o que quer para ganhar apoio público, e que as conquistas viriam, na verdade, das lutas sociais.

Ainda haveria mais. Algumas pessoas poderiam concordar que direitos são resultados de lutas, mas questionariam o caráter de determinadas reivindicações e mobilizações atuais, por — ao menos aparentemente — não se relacionarem com uma análise de como as classes sociais se organizam e se comportam na sociedade. Se você já acompanhou esse debate, deve se lembrar de que ele pode opor conceitos como classe social e segmentos populacionais. Em nossa perspectiva, já adiantamos, eles não necessariamente têm que ser opostos e contraditórios.

Legitimamente, você poderia nos perguntar sobre a possibilidade de se aproximar, neste debate, de um denominador comum. Não por que todos esses distintos argumentos não tenham a ver com direitos humanos. Ocorre o inverso: todos fazem parte de debates sobre o tema. Isso ocorre porque paixões e convicções de ordem política, social, pessoal, étnico-raciais e religiosas comparecem com força no debate.

Uma dificuldade salta aos olhos para qualquer pessoa que fizer uma leitura mais atenta sobre o debate que envolve direitos humanos: a enorme diversidade de temas, visões, interpretações, textos, argumentos teóricos, históricos e de diversas fontes que o tema comporta. Visitemos brevemente uma história real.[2]

Em 1924, na Alemanha, em um presídio (muito diferente daqueles que sabemos existir em países como o Brasil — como veremos à frente, um dos países que mais aprisiona no mundo, sem que isso indique qualquer solução para situações como as temidas "violências"), alguém está tomando notas para o que virá a se tornar um livro. A pessoa que toma notas está visitando outra, que está presa. Esta segunda vai ditando frases como "Os direitos humanos estão acima dos direitos do Estado".

Façamos, aqui, um parêntese. Quem é o Estado? Costumamos apresentar críticas contundentes (muitas delas justas!) a essa instância,[3] passando por cima da

---

2  Ela está relatada em TRINDADE, J. D. de L. *História social dos direitos humanos*. São Paulo: Peirópolis, 2002.

3  Um autor que recentemente retoma essa polêmica é Mészáros, em publicação de 2015.

tentativa de reconhecer quem compõe esse espaço. Certamente poderíamos listar como seus componentes, em parte importante das sociedades contemporâneas, os poderes Executivo, Judiciário e Legislativo, ou seja, prefeitos, governadores, presidentes da República, juízes, vereadores, deputados, senadores etc. Porém, eis outro tema que comporta várias abordagens. Alguns chegam a dizer que o povo também é culpado, por ser quem vota, conforme a famosa (e, permita-nos opinar, pouco profunda) afirmação de que cada povo tem o governo que merece...

> Essa visão desconsidera a complexidade e, salvo exceções, a inexistência de igualdade de condições de disputa ao longo dos processos eleitorais, ao menos no Brasil. Temas como financiamento público de campanhas, divisão igualitária de tempo de televisão, voto facultativo, campanha não assumida (mas realizada) das grandes redes monopolistas de TV para candidatos de sua preferência, dentre outros, teriam impacto central sobre os processos eleitorais, viabilizando, talvez, resultados e avaliações bastante distintos.

Outros apontariam que o Estado não é uma abstração. Seus serviços são prestados por pessoas. E quem presta serviços em nome do Estado tem algum nível de responsabilidade sobre a política que desenvolve, ainda que possamos perceber que condições de trabalho e outras dimensões podem interferir sobre esse resultado. Outros dirão, com razão, que é preciso saber que interesses cada Estado representa. No fundo, podem estar dando uma face estatal, e/ou pretensamente coletiva e geral,[4] a interesses que não são de todos, mas privados, de pequenos segmentos da população que ficam com a riqueza que muitos produzem.

Se voltarmos à frase de 1924, agora tendo essas provocações sobre quem é o Estado em mente, talvez não tenhamos grandes divergências com ela. A maior objeção que se pode apresentar é que na prática as coisas não são assim: os direitos das pessoas não estão acima dos interesses do Estado. Entretanto, em geral, há uma concordância: aquilo que chamamos de direitos não deveria ficar sujeito à vontade

---

4 Marx e Engels (2009) afirmam que uma classe, para se tornar dominante, tende a apresentar seus interesses particulares como se fossem interesses universais, em processo muito semelhante a esse a que nos referimos.

de cada modo de produção de riquezas ou forma de organização social, cada governo, cada parlamentar, cada juiz, cada agente público responsável por prestar serviços à população.

Porém, veja como o debate em torno dos direitos humanos é complexo. A frase de 1924, com a qual tendemos a concordar ao menos no que ela anuncia, foi ditada para um livro chamado *Minha luta*, em alemão, *Mein Kampf*. A frase favorável — ao menos em tese — aos direitos humanos foi ditada por ninguém menos que Adolf Hitler. O livro que a contém seria utilizado como base teórica e política para justificar o regime nazista. Dados estimativos citados pelo historiador marxista Eric Hobsbawm[5] apontam que ao menos 187 milhões de pessoas, especialmente na Europa, morreram em função dos processos que envolveram as duas grandes guerras mundiais.

Hobsbawm destaca: isso significava nada menos que um décimo de toda a população do planeta no ano de 1900! Apenas na Primeira Guerra Mundial a França teria perdido 20% dos homens em idade militar. A Inglaterra, por sua vez, teria perdido toda uma geração, com impactos incalculáveis para sua indústria, economia e, é razoável prever, para diferentes dimensões da vida de sua população. Foram nada menos que meio milhão de homens abaixo de 30 anos; ou um quarto de todos os alunos das universidades de Oxford e Cambridge com menos de 25 anos.[6]

Outro autor marxista, Leandro Konder,[7] traz dados específicos sobre a Segunda Guerra Mundial. Segundo ele, dela participaram diretamente nada menos que 61 países, em ao menos 40 sangrentas batalhas. O número de mortes também é impressionante. Foram 7 milhões de alemães (outros 7 milhões ficaram sem ter casas para morar); 6 milhões de poloneses; 6 milhões de judeus; 20 milhões de soviéticos — 13 milhões deles, civis.

Então, ao debater direitos humanos, temos que estar sempre atentos ao alerta de Trindade:[8] "Talvez não tenha havido opressor nos últimos duzentos anos, ao menos no Ocidente, que não tivesse, em algum momento, lançado mão da *linguagem* dos direitos humanos".

---

5    HOBSBAWM, E. *Era dos extremos*: o breve século XX (1914-1991). São Paulo: Companhia das Letras, 1995. p. 21.

6    HOBSBAWM, 1995, p. 33-34.

7    KONDER L. *Introdução ao Fascismo*. 2.ed. São Paulo: Expressão Popular, 2009a. p. 103-104.

8    TRINDADE, 2002, p. 13-14 (grifo original).

Nossa expectativa, ao escrever esta introdução, é que você já tenha se convencido de uma coisa: não há como debater seriamente direitos humanos sem tentar organizar, minimamente, de onde partimos e, se possível, um esboço de aonde pretendemos chegar. Este é o grande objetivo do livro que você tem em mãos. Propor uma *organização* das ideias acerca dos direitos humanos, que estabeleça um diálogo com quem o lê, sobre as opiniões aqui apresentadas e suas próprias posições sobre o tema, ou seja, aqui você terá contato com apenas uma dessas formas de organizar os debates sobre direitos humanos — e deve levar este alerta em consideração.

Mesmo com toda essa complexidade, trata-se de um tema que vemos como absolutamente central para a humanidade. Em nossa leitura, promover, violar, proteger, disputar, propor direitos humanos nos permite entender com maior precisão cada sociedade, fundamentalmente aquela em que vivemos, mas também as que já foram superadas historicamente; além de contribuir para projetarmos aquela que dizemos desejar construir quando apresentamos nossa crítica ao mundo atual, ao país em que vivemos, à democracia como está organizada, à repressão policial aos movimentos sociais, ao fato de que as prisões brasileiras, norte-americanas e de outros países têm nítidos recortes de cor, raça, classe social etc.

Diríamos mais: se conseguirmos propor uma leitura para como se geram novos *direitos* (ou os fenômenos aos quais damos este nome, *direitos*), a qualidade de nossa intervenção social ou profissional será tanto maior. Não nos iludamos: por ação ou omissão todos nós intervimos, em algum nível, nos rumos da sociedade em que vivemos. Certamente, se pensarmos apenas individualmente, nossa força é menor — o que não significa que seja descartável. Coletivamente, contudo, sempre estamos, mesmo quando nos calamos, tomando posição acerca dos fenômenos sociais, suas origens, seus resultados. Em outras palavras, não existe a neutralidade anunciada por algumas perspectivas teóricas de análise da sociedade, como o positivismo. Ter a maior consciência possível acerca dos impactos de nossas ações (ou omissões) é um desafio que deve ser constante.

> Basta pensar no exercício profissional de quem atua com políticas sociais. Nossas ações profissionais neste campo têm impactos sobre a vida de distintos sujeitos, em uma ou outra direção. Inclusive aquelas que nascem de decisões que tomamos individualmente, a partir da autonomia relativa que determinadas profissões permitem aos que a exercem, considerada a existência de códigos de

ética que, ao elencar valores centrais para a ação profissional, orientam nossa atuação e nos permitem enfrentar dimensões contraditórias das citadas políticas em direções distintas. No âmbito do Serviço Social há extensa bibliografia debatendo as distintas dimensões do exercício profissional.

# De que perspectivas o livro parte

Cabem, aqui, alguns alertas. Não somos partidários da ideia de que é possível escrever um artigo, um trabalho acadêmico ou um livro "neutro". É melhor sabermos, de antemão, que quem se responsabiliza pela autoria de determinadas afirmações e reflexões parte de algum lugar.

Nosso esforço é ter por referência central a obra de Karl Marx e de autores marxistas que apreciam, polemizam, divulgam e ampliam suas ideias. É fato que isso resolve pouco: o próprio Marx dizia não ser marxista, questionando, com Engels, pessoas que se utilizavam do materialismo histórico (que acentua a análise do momento presente, da forma como as forças produtivas e as classes se movimentam, como se organiza o trabalho e se apropria a riqueza, entre outros aspectos) para não estudar história.[9] Entretanto, conceitos como contradição, dialética, totalidade, classes sociais (e sua fantástica diversidade interna),[10] mediação e outros tendem a estar presentes no texto que você tem em mãos.

Veja, isso não significa que nós, autores deste livro, já tenhamos uma leitura completa dos textos de Marx.[11] Nem — como ficará evidente ao longo das próximas

---

9   *"Tout que ce je sais, c'est que je ne suis pas Marxiste"* — em português, "Tudo que sei é que não sou marxista" —, dizia Marx acerca de "marxistas" franceses dos anos 1870 do século XIX, segundo Engels. A respeito, cf. ENGELS, F. Carta a Conrad Schmidt (em Berlim). 5 de agosto de 1890. Disponível em: <https://www.marxists.org/portugues/marx/1890/08/05.htm#r2>. Acesso em: 1 jun. 2015.

10  Marx e Engels (2009) fazem afirmação semelhante ao prever que apenas em uma sociedade livre do jugo do capital cada indivíduo social poderá desenvolver amplamente o conjunto de distintas potencialidades de que todos dispomos, ainda que pertençamos à mesma classe social.

11  Mesmo porque, é bom registrar, muito da produção escrita por Marx (a que chamamos de "marxiana", em vez de "marxista", que é aquela produzida por leitores de Marx que afirmam concordar com suas teses) ainda continua sendo organizada e publicada no Brasil. Recentemente, por exemplo, a Editora da PUC-SP publicou 610 páginas de artigos escritos por Marx durante seu trabalho no jornal *Gazeta Renana*. O livro é intitulado *Nova Gazeta Renana* e foi publicado em 2010, tendo se esgotado rapidamente. A respeito, cf. MARX, K. *Nova Gazeta Renana*. São Paulo: Educ, 2010.

páginas — que esta seja a única versão possível para interpretar direitos humanos a partir de Marx;[12] mas é essa perspectiva, que acredita na existência (e na necessidade) da luta entre classes e na possibilidade de outra sociedade, organizada sem as premissas do modo capitalista de produção de riquezas,[13] que quem lê este texto terá como pano de fundo para as reflexões aqui propostas.

Isso também não quer dizer, contudo, que apenas autores marxistas serão utilizados como base para as reflexões das próximas páginas. Além de empobrecer o debate, isso significaria não fazer jus a distintos elementos históricos e conceituais sobre direitos humanos que, além de serem fundamentais ao longo dos séculos, permanecem em disputa na atualidade.

Um último alerta a navegantes que toparem o desafio de ler as próximas páginas é que não se deve esperar delas conclusões definitivas sobre o tema. Como a vida, o debate sobre direitos humanos está em constante transformação. O que não nos impede de tentar convencê-lo, a partir de argumentos que apresentaremos, de que há pontos de partida e formas de entrar nesse debate mais adequados para aqueles e aquelas que imaginam a possibilidade de um mundo efetivamente justo, igualitário e libertário.

# A estrutura que você encontrará no presente livro

Um dos desafios propostos para este livro é o de ser didático, ou seja, ele deve buscar permitir que pessoas que tenham pouco contato com o debate sobre direitos humanos consigam acompanhar o raciocínio proposto. Ao mesmo tempo, deve fazê-lo sem rebaixar argumentos, sem desconsiderar a complexidade histórica, teórica e política do tema, sem deixar de se posicionar sobre debates centrais que o envolvem. Por fim, a tentativa deve ser de que ele possa, caso alcance tal

---

12  Consideramos adequado prever que cada explicação macrossocietária para a organização da vida, da política, da economia, da cultura etc. terá sua visão sobre direitos humanos. Assim, as principais concepções teórico-políticas sobre a vida em sociedade também tenderão a ver direitos humanos a partir de lentes e explicações distintas. Para maior profundidade nesse argumento (que, embora seja uma das bases deste livro, não terá como ser todo retomado aqui), sugerimos a leitura de RUIZ, J. L. de S. *Direitos humanos e concepções contemporâneas*. São Paulo: Cortez, 2014. p. 180-302.

13  Distinta, portanto, de autores que leem o mundo a partir de 1989 (queda do Muro de Berlim e fim do chamado "socialismo real"). A respeito, cf. FUKUYAMA, F. *O fim da história e o último homem*. Rio de Janeiro: Rocco, 1992.

objetivo, ser utilizado como referência para debates em cursos de diferentes áreas que se importam com direitos humanos.

Assim, quem nos lê encontrará na introdução que está em curso uma tentativa explícita de demonstrar a importância do tema e o quanto ele está presente em nosso cotidiano.

No Capítulo 1 abordaremos aquelas que consideramos as respostas mais adequadas já construídas para duas perguntas centrais: a) "Quem é o ser humano?" e b) "O que exatamente chamamos de direitos?". Afinal, parece-nos que as grandes divergências acerca do que sejam os direitos humanos podem ter por pano de fundo diversas dimensões, mas não fugirão dessas duas definições. A depender de como vemos o que chamamos de ser humano, nossas leituras tomarão determinada direção. O mesmo vale para aquilo que resolvermos, histórica e politicamente, denominar de direitos. Nas concepções e leituras conceituais e políticas sobre a sociedade, nossa visão é de que as posições aqui defendidas são próprias de uma perspectiva dialética.

O Capítulo 2 objetiva demonstrar, em linhas gerais, como o debate sobre direitos humanos se internacionalizou após as duas grandes guerras mundiais. Esse processo gerou, não sem enormes contradições, o surgimento do que se denominam sistemas internacionais e nacionais de promoção e proteção aos direitos humanos, que também conheceremos em alguns de seus aspectos centrais. Nossa intenção, aqui, é demonstrar que o debate sobre direitos humanos também possui uma dimensão instrumental, ou seja: o acúmulo histórico realizado pode ser acessado por distintas profissões no seu exercício profissional. O mesmo vale para movimentos sociais (vários, como o Movimento dos Trabalhadores Sem-Terra ou entidades dos movimentos feministas, já o fazem, inclusive).

O Capítulo 3 apreciará como quatro distintos campos de direitos têm sido reconhecidos ou não, especialmente no Brasil. Nossa visão, como ficará evidenciado no Capítulo 1, é que todos os direitos são sociais e humanos, posto que disputados em sociedade, sempre, por seres humanos (que também são, simultaneamente, seres e indivíduos sociais).[14] De forma deliberada, então, voltaremos indiretamente a esse

---

14  "O homem não nasce *indivíduo social*: ao nascer, os homens são puras singularidades; somente no seu processo formativo-social, no seu *amadurecimento humano*, os homens podem tornar-se *indivíduos sociais* — isto é, homens singulares, que se humanizam e, à base da socialização que lhes torna acessíveis as objetivações já constituídas do ser social, constroem-se como *personalidades inconfundíveis*. (...) Qualquer contraposição do tipo *indivíduo x sociedade* falseia o problema real da sociabilização; de fato, o indivíduo social, homem ou mulher, só pode constituir-se no quadro das mais densas e intensas relações sociais. (...) Só uma sociedade onde todos os homens disponham das mesmas condições de sociabilização (uma sociedade sem exploração e sem alienação) pode oferecer *a todos e a cada um* as condições para que desenvolvam diferencialmente a sua personalidade." (NETTO & BRAZ, 2006, p. 46-47, último grifo nosso).

argumento, na elaboração de um rápido panorama sobre como quatro distintos direitos (que outras concepções poderiam qualificar de "sociais", "civis", "políticos" ou de outra "geração") vêm sendo tratados em nosso país. São eles: a) o direito ao trabalho; b) as violações de direitos decorrentes de políticas de privação de liberdade; c) as violações de direitos decorrentes de práticas de tortura; d) o direito à documentação civil e o combate ao sub-registro de nascimento. Todos eles são centrais na conjuntura contemporânea.

Nas páginas que concluem o livro você encontrará reflexões e provocações sobre a relação entre direitos humanos e códigos de ética profissionais, tentando resgatar a dimensão instrumental desse debate, conforme citado há pouco. Nossa base de interlocução será o código de ética que rege o exercício profissional de assistentes sociais no Brasil, já que essa é nossa formação e profissão. Entretanto, as reflexões, em nossa percepção, valem para quaisquer áreas de atuação. Também tentaremos apontar pistas adicionais para quem deseja se dedicar aos debates que envolvem direitos humanos, com algumas sugestões de por onde aprofundar o debate.

Esperamos contar com sua companhia nesta jornada.

# CAPÍTULO 1

# Sobre humanos e sobre direitos

## Introdução

Observe a expressão *direitos humanos*: ela é composta por dois vocábulos distintos. Sua utilização conjunta, por si só, já permite diferentes leituras. Na expressão *direitos humanos*, o substantivo é a palavra *direitos*. *Humanos*, aqui, aparece como adjetivo, aquilo que empresta ao outro termo uma qualidade, uma distinção. Estaríamos nos referindo, então, a direitos que pertencem a uma determinada espécie. Já sabemos, por nossa experiência de vida e pelo que a ciência nos permitiu acumular, que há vida em outras espécies que não a humana — pensemos nos vegetais e nos animais chamados de irracionais.

Para o início de nossas reflexões, propomos que separemos esses dois vocábulos por algumas páginas. Inicialmente vamos nos dedicar a uma determinada interpretação de quem são os humanos. Num segundo momento nos dedicaremos a pensar sobre o que exatamente chamamos de direito. Nesta proposta, aquilo que aparece no parágrafo anterior como adjetivo será abordado antes do substantivo. Também é algo proposital: o que chamamos de humano é o que determina o que chamamos de direito. Portanto, não é um engano. Vamos verificar suas razões.

## 1.1 Quem é o ser humano

Desde crianças percebemos que não somos os únicos seres com vida na Terra. Basta pensar em como bebês se encantam rapidamente com cachorros e outros animais, ainda quando estão aprendendo a falar. Ficam felizes quando identificam as travessuras e a presença desses animais pelas ruas. Mais adiante, aprendemos que também as plantas têm vida. Mesmo que então não saibamos explicar a contento, nos encantamos quando colocamos um grão de feijão em um recipiente com algodão molhado e vemos que, dali a alguns dias, nasce uma planta que, se cuidada, poderá até render vários novos grãos. Falar em vida não se restringe a falar em seres humanos. Somos apenas uma parte da vida existente sobre a Terra.

> Sequer somos majoritários, inclusive. Enquanto o Fundo de Populações das Nações Unidas estimava, em 2011, a existência de 7 bilhões de pessoas no planeta Terra,[1] estima-se a existência de 25 bilhões de galinhas — além de um bilhão de ovelhas, um bilhão de porcos e mais de um bilhão de cabeças de gado.[2] O autor também cita estudos arqueológicos que demonstram que nem sequer fomos a única espécie humana existente. Nossa espécie surgiu no planeta há cerca de 2,5 milhões de anos. Antes da existência única do *Homo sapiens* (que se autodenominaram homens sábios, "sem modéstia alguma", segundo Harari[3]), evidências históricas e científicas demonstram a existência, ao menos, do *Homo neanderthalensis* (homem do vale do Neander); do *Homo erectus* (homem ereto); do *Homo rudolfensis* (homem do lago Rudolf); do *Homo denisova* (encontrado na caverna de Denisova, na Sibéria); do *Homo ergaster* (homem trabalhador).[4] As distinções entre essas espécies não eram só geográficas, de postura física ou de suas ações. Havia constituições físicas distintas, o que implicava as condições efetivas de sobrevivência na sociedade de então. Duas hipóteses ainda incomodam os cientistas para explicar a prevalência da espécie *sapiens*: a miscigenação — o que significaria que entre 4% e 6% de nosso DNA adviria de outras espécies — ou o genocídio, promovido por *sapiens*, espécie em que "a tolerância não é uma marca registrada".[5, 6]

Contudo, seria um equívoco afirmar que a vida humana segue os mesmos padrões dos demais seres vivos. Para entender o porquê dessa afirmação, teremos

---

1 UNFPA Brasil. *Fundo de Populações das Nações Unidas*. População. Disponível em: <http://www.unfpa. org.br/novo/index.php/populacao>. Acesso em: 2 jun. 2015.

2 HARARI, Y. N. *Sapiens*: uma breve história da humanidade. 3. ed. Porto Alegre: L&PM, 2015. p. 102.

3 HARARI, 2015, p. 15.

4 HARARI, 2015, p. 14-15.

5 HARARI, 2015, p. 36.

6 A respeito, HARARI, 2015, p. 11-27.

por base principal, embora não exclusiva, reflexões marxistas recuperadas por Netto e Braz.[7]

Quando buscamos nos diferenciar dos demais seres vivos, vários elementos podem surgir: "a inteligência", diriam alguns, ainda que contemporaneamente estudos venham demonstrando a possibilidade de encontrar níveis de inteligência em animais que, ao menos até hoje, denominamos de irracionais; "a cultura", afirmariam outros; "a capacidade de escolher nossos caminhos", afirmariam terceiros, já demonstrando não acreditar na afirmação de que parte das pessoas faz que a natureza esteja "se revoltando" contra a espécie humana, alterando as características das estações do ano, aparentemente aumentando o número e a violência de catástrofes etc.

Essas afirmações fazem parte de uma tendência inadequada da contemporaneidade, de conferir algum nível de deliberação a instâncias cujas características não lhes permitem tal autonomia. A natureza não "decide" se revoltar contra seres humanos. O que é diferente de pensar que, sim, a ação humana tem feito com que a cada dia se amplie, no rumo de um possível esgotamento com consequências catastróficas para a vida humana na Terra, a utilização predatória de recursos naturais. Sinais desses processos podem ser identificados na quantidade cada vez menor de água doce disponível para consumo ou na extinção de várias espécies animais. Este tema tem sido tão incômodo que já há estudiosos prevendo que o acesso à água potável será razão de conflitos bélicos em poucas décadas. Afinal, estima-se que 884 milhões de pessoas no mundo não têm acesso a água potável segura, enquanto 2,6 bilhões de pessoas não possuem acesso a saneamento básico — o que corresponde a 40% da população mundial.[8]

---

7     O Capítulo 1 da obra *Economia Política*: uma introdução crítica, de Netto e Braz (2006), facilita a apreensão do que queremos propor para a interpretação de quem é o ser humano. Isso não significa que todas as afirmações que faremos são originalmente de Netto e Braz — o que os próprios autores reconhecem ao citar devidamente suas fontes.

8     UNO-IDFA — Escritório das Nações Unidas de apoio à Década Internacional de Ação. Água para a Vida, 2005-2015/Programa da Década da Água da ONU — Água sobre Advocacia e Comunicação (UNW-DPAC). *O direito humano à água e saneamento*: comunicado aos média. Zaragoza (Espanha), 2015. p. 1. Disponível em: <http://www.un.org/waterforlifedecade/pdf/human_right_to_water_and_sanitation_media_brief_por.pdf>. Acesso em: 2 jun. 2015.

> Já há, por exemplo, experiências em curso mundo afora — inclusive no Brasil, em universidades cearenses — de dessalinização da água do mar, com a mesma preocupação quanto à escassez de água potável. Contudo, as ações destrutivas da natureza têm a ver com o modo de produção de riquezas sociais vigente em cada sociedade. No modo capitalista, a submissão de todos os processos sociais à lógica do lucro certamente participa decisivamente desse fenômeno. Se é fato que a natureza não "reage" por decisão própria, também o é que a sociedade capitalista e seus padrões de consumo promovem o fim de diversos recursos naturais essenciais para a vida humana.

Entretanto a distinção fundamental entre nós e os demais seres vivos recebe o nome de trabalho, que é próprio dos seres humanos. Você poderia questionar essa afirmação dizendo que trabalho não distingue o homem ou a mulher de animais como cães de caça ou farejadores, nem de animais de carga, ainda muito presentes em diversos países e mesmo no Brasil. Isso nos leva à exigência de detalhar um pouco mais o que aqui se entende por trabalho.

Marx,[9] no Livro 1 de sua conhecida obra *O Capital*, levanta uma distinção fundamental entre tarefas desenvolvidas por seres humanos e aquelas que outros animais desenvolvem. Ele utiliza exemplos de animais que não estão treinados ou domados pelos seres humanos, apresentando sua admiração pelas teias que aranhas tecem e pela fantástica complexidade do resultado de suas ações. Também cita as abelhas e as colmeias que produzem. Podemos acrescentar diversas espécies de aves que tecem ninhos a partir de folhagens, galhos e outros materiais fornecidos pela própria natureza ou, dentre as aves, os joões-de-barro, que constroem suas casas em árvores de distintos países. Afirma Marx, contudo: "o pior arquiteto é melhor do que a melhor abelha".

Quando pensamos em situações recentes de desabamentos de prédios construídos pela ineficácia ou pela ganância humanas, tendemos a discordar dessa afirmação.

---

9   MARX, K. *O Capital*: crítica da economia política. Livro 1, v. 1. O processo de produção do capital. 25. ed. Rio de Janeiro: Civilização Brasileira, 2008a.

> No Brasil, podemos pensar nos edifícios cariocas que foram construídos com areia inadequada, o que levou famílias a perderem parentes e seus locais de moradia. Mas aos que insistem na (inadequada) versão de que moramos "no pior país do mundo", cabe informar constatações de dois jornalistas norte-americanos sobre parte dos problemas que levaram à morte de centenas de pessoas nas Torres Gêmeas, em 11 de setembro de 2001. Segundo Dwyer e Flynn,[10] uma das razões pelas quais centenas de pessoas que estavam em andares mais altos das Torres não conseguiram salvar suas vidas foi o fato de que a área de escape, que ficou totalmente obstruída em alguns andares em função do acidente, havia sido reduzida em função de interesses econômicos (aumentar os escritórios dos prédios, cujo metro quadrado estava entre os mais caros dos Estados Unidos à época).

Porém, o autor a qualifica, nos lembrando de que abelhas, aranhas e outros animais desenvolvem suas ações por *características genéticas*. O mesmo modelo de teia, de ninho, de colmeia ou de casa de barro será construído por esses animais seja no Brasil, na Ásia, na África ou na Europa. Agora pense nas construções humanas de cada um desses continentes (ou, mesmo, visualize-as pela internet). Você certamente encontrará padrões muito distintos de habitação.

> Sob o capitalismo, também há uma tendência de buscar uniformizar construções pelo mundo afora, desconsiderando aspectos como cultura e hábitos locais. Se formos além das moradias, basta pensar nos padrões em que *shoppings centers* são construídos nos diversos continentes. Ou, para dialogar com algo mais recente na história brasileira, no "padrão FIFA" para os estádios de futebol.

Voltando aos cães farejadores e aos animais de carga, exemplos que adicionamos aos de Marx, veremos que os seres humanos são os responsáveis pelo treinamento ou pela domesticação desses animais. Para que características que lhes são

---

10 DWYER, J.; FLYNN, K. *102 minutos*: a história inédita da luta pela vida nas Torres Gêmeas. São Paulo: Zahar, 2005.

próprias (sua força física ou sua alta sensibilidade olfativa) sejam utilizadas em "trabalhos", são necessários a ação e os interesses da espécie humana.

Com homens e mulheres esse processo ocorre de forma distinta. Há um filme muito utilizado nos cursos de Serviço Social no Brasil para demonstrar essa diferença. Chama-se *Guerra do fogo*, do diretor Jean-Jacques Arnaud (1981). Mais recentemente, a introdução de *2001: uma odisseia no espaço*, do diretor Stanley Kubrick (1968), também dialoga sobre o mesmo tema.

Há alguns milênios, quando a história registra a primeira presença da espécie humana sobre a Terra, aqueles habitantes não tinham à sua disposição diversas alternativas de vida que temos hoje. Para se alimentar, por exemplo, necessitavam aproveitar ao máximo o que a natureza lhes oferecia, mas a natureza ainda não havia sofrido a intervenção humana. Então, não foram imensas plantações de trigo, de frutos diversos, de legumes que garantiram a alimentação de nossos antepassados. Elas não existiam. Outra diferença fundamental: seres humanos não conheciam o fogo; alimentos cozidos, por exemplo, não estavam no cardápio. Esses são só alguns aspectos que limitavam em muito a possibilidade de conseguir alimentos. A *necessidade* de alimentação, contudo, já estava presente. Sem nutrientes que nos sustentem, nenhum de nós resiste e permanece vivo. Assim, uma percepção surgiu para aquelas pessoas: havia outros animais, fosse em terra, fosse nas águas, que talvez pudessem servir de alimentação. Porém, havia um problema: como convencê-los disso?

Aqui voltamos aos filmes citados. Habitantes humanos da Terra naquele momento percebem a existência do que hoje chamamos de matérias-primas. "Por que não usarmos as pedras e outros objetos para a caça dos demais animais, já que eles não se convencem de que podem ser nossa alimentação?", imaginaram. A partir de percepções como essas, os seres humanos juntam pedaços de paus e pedras (que eles mesmos afiam) para construir flechas, machados, martelos, enfim, *instrumentos*. No passar dos anos (centenas, milhares deles) começam a perceber que também frutos podem ter sua produção ampliada se não ficarmos esperando que apenas a terra e a chuva nos ofereçam, sozinhas, o ritmo e a abundância de sua produção.

Homens e mulheres, ao perceberem que têm determinadas necessidades, buscam satisfazê-las. Esse processo resulta da relação com a natureza. Mas, diferentemente das abelhas, das aranhas, dos pássaros, dos joões-de-barro, dos cães de caça, humanos o fazem com a intermediação de instrumentos, e não são somente nossas próprias mãos que alteram todo esse processo. Utilizamos ferramentas que nos permitem agilizar nossas ações, melhorar seus resultados, ou seja, são necessários aprendizado, repetição, experimentação, aquisição e transmissão de conhecimentos. Entretanto, algo ainda muito mais interessante ocorre: ao transformar a natureza (de pedra e pau em ferramenta ou flecha, por exemplo) para satisfazer suas necessidades, os próprios seres humanos se transformam. Constatam novas necessidades e, com elas, a possibilidade de sua satisfação. Nas palavras de Netto e Braz,[11] essa ação humana — denominada trabalho — não atende a um elenco limitado e quase invariável de necessidades. Isso ocorre com os demais animais. Entre nós, esse elenco é variadíssimo e passa por constantes transformações.

Esse é um momento importantíssimo desse processo. Seres humanos costumam *constatar novas necessidades ou mesmo criá-las*, para além daquelas que sempre existem (alimentação, reprodução da espécie, proteção do frio, das tempestades etc.), e buscam satisfazê-las. Não há um código genético que nos leve a isso. Essa constatação ou criação e a busca de alternativas se relacionarão com cada etapa histórica, com condições objetivas que teremos para essa tarefa.

Vamos a mais um exemplo para facilitar nosso diálogo. Quando você e sua família percebem que há alguma coisa que não está funcionando bem na estrutura física de suas casas, uma das possibilidades que em geral vem à mente é a necessidade de uma reforma. O que está visível é a deficiência (pouco espaço para tanta gente; vazamento de água; fiação exposta; goteiras no teto, paredes sujas, descascadas ou úmidas demais etc.). No exato momento em que pensamos na palavra "reforma", já começamos a imaginar o que poderia ser feito — "talvez um quarto a mais já resolvesse nosso problema"; "podemos diminuir o quintal e pensar em fazer um ou dois cômodos?"; "e se reforçássemos a laje do teto e construíssemos um andar acima?" —, ou seja, você *prevê* o que pode realizar para o futuro. Mas, aí, pode haver um choque de realidade para atrapalhar tudo... Você olha para o bolso, soma as economias de todo mundo que habita sua casa e percebe que talvez vocês tenham que ir mais devagar nas medidas para satisfazer tais necessidades.

Pois bem, nesse exemplo você exercitou aquilo que recebe o nome de teleologia. Nós, seres humanos (e só nós, não é algo presente nos demais seres vivos), temos a capacidade de projetar, de forma ideal, em nossa mente, aquilo que é necessário para a satisfação de nossas necessidades. Ao fazê-lo, acabamos por calcular que condições, etapas e recursos serão necessários para chegar ao projeto final

---

11  NETTO & BRAZ, 2006, p. 31.

imaginado. Em inúmeras vezes percebemos, de imediato ou ao longo do processo, que teremos que rever táticas utilizadas, pensar em outros processos ou, mesmo, abrir mão do objetivo final tal qual pensado inicialmente.

Assim, esse processo de transformar a natureza em função do atendimento de necessidades é que alguns marxistas denominam trabalho. É assim que Netto e Braz[12] apontam que o trabalho sempre faz referência ao modo de ser da espécie humana e da sociedade. Ele diz respeito ao processo de reconhecimento de necessidades e à transformação da natureza para satisfazê-las. Não é só a natureza que sofre o impacto desses processos: os próprios seres humanos também se alteram, como dissemos há pouco (veremos alguns exemplos disso mais adiante). Diferentemente de outros animais, essa alteração da natureza pelo ser humano não é imediata: exige mediação, que ocorre via instrumentos. Tampouco é algo genético: implica habilidades e conhecimentos que vamos adquirindo mediante aprendizado.

Um alerta já passa a ser necessário neste momento de nosso trajeto. Não há, necessariamente, uma concepção marxista única sobre cada tema — veremos mais à frente como isso é constatável, inclusive, no debate específico do que sejam direitos humanos. Como dissemos anteriormente, a palavra "marxista" define não aquilo que Marx escreveu (a essa obra chamamos de *marxiana*), mas aquilo que pessoas que se dizem inspiradas nas ideias de Marx defendem. Isso ocorre, também, com o debate sobre o que é o trabalho. Ao longo da história da humanidade o trabalho se complexou. É indevido pensar que ele se dê da mesma forma no século XXI (com o advento já consolidado da indústria, das telecomunicações, da agricultura mecanizada e vários outros processos — como a ampliação do número de pessoas que atua profissionalmente não com a transformação da natureza, mas com a prestação de diversos serviços) e em vários momentos históricos de séculos passados. Nós não vamos entrar, aqui, nos debates e diferentes interpretações marxistas sobre trabalho — não é esse o objetivo deste texto, e fazê-lo com qualidade exigiria uma longa reflexão que não é nossa tarefa. Isso não significa desconsiderar que se trata de um debate importante, algo secundarizado em vários momentos, com impactos sobre várias dimensões de

---

12  NETTO & BRAZ, 2006, p. 29.

> nossas vidas, sejam elas dimensões profissionais ou macropolíticas (referimo-nos ao debate sobre a possibilidade concreta de alterar o cerne da sociedade em que vivemos para outro modelo societário, e a quem seria o sujeito capaz de conduzir tal processo, inevitavelmente revolucionário). Para efeito deste livro e para os debates dos direitos humanos, parece-nos que a constatação fundamental é a que afirma que as necessidades humanas são o motor de nossas relações com a natureza e com os demais seres vivos, inclusive com os demais seres humanos.

Outro aspecto fundamental, também já destacado: esse processo atende a um elenco ilimitado de necessidades. Em outras palavras, somos meio que insaciáveis: ao atendermos uma necessidade, geramos outra, depois outra, e assim sucessivamente. Somos sujeitos sociais, inquietos, insatisfeitos, inconformados, criativos.

O trabalho, ainda conforme a leitura feita por Netto e Braz,[13] articula dimensões objetivas (a transformação material da natureza) e subjetivas (a prévia ideação, a teleologia) das vidas dos sujeitos. Elas são indissociáveis, ou seja, uma não existe sem a outra.

Há outro aspecto central para o debate sobre o trabalho. Se ele exige aprendizado, há que se prever que é necessário que os conhecimentos sejam passados de um sujeito para outro, ou seja, há necessidade de comunicação, via linguagem articulada, aquela passível de ser transmitida para outras pessoas. Dessa observação deduz-se que o trabalho é, sempre, atividade coletiva (ou, dito de outra forma, *social*). Ainda que desenvolvido isoladamente, ele foi aprendido a partir de relações com outros seres humanos ou, ao menos, com conhecimentos anteriormente produzidos por eles. *A sociedade, então, é o modo de existir do ser social.* "É na sociedade e nos membros que a compõem que o ser social existe: *a sociedade, e seus membros, constitui o ser social e dele se constitui.*"[14]

Esse processo ocorre de tal forma que, quanto mais sociais nos tornamos, mais nos distanciamos daquilo que se chama de natural. Nas palavras dos autores que aqui nos servem como referência, nós, seres humanos, somos natureza humana historicamente transformada. Há ótimos exemplos utilizados por eles para explicar esse processo; um deles é o nosso paladar, que foi se alterando ao longo da vida

---

13  NETTO & BRAZ, 2006.

14  NETTO & BRAZ, 2006, p. 37 (grifo original).

humana sobre a Terra. Imagine como era se alimentar antes da descoberta do fogo ou do desenvolvimento das distintas estratégias para a agricultura. Certamente a diversidade de gostos na alimentação era apenas aquela que os recursos naturais impunham (como o sabor distinto das frutas) ou permitiam (como a conservação de carne com sal). Não haveria, contudo, a imensa possibilidade que hoje está à disposição dos seres sociais ao se alimentarem. O paladar, à medida que é capaz de reconhecer sabores distintos, vai — também ele — se complexificando. Isso ocorre igualmente com nosso olfato. Quantas e quantas vezes não despertamos nossa vontade de comer algo pelo maravilhoso aroma que chega aos nossos sentidos?

Outro exemplo interessantíssimo é o que remete à sexualidade humana. À medida que homens e mulheres se desenvolvem, percebem que as possibilidades relativas à sexualidade não se resumem à procriação, não são exclusivamente genitais. Nesse processo, os seres sociais desenvolvem formas de atração por outras pessoas que são muito mais complexas que as formas de outros animais. Quando nos envolvemos afetivamente com alguém (o que envolve nossa sexualidade, mas não se limita a ela), o que nos guia não é exclusivamente o cio, temos gostos distintos. Há situações em que nos surpreendemos em ver, juntas, pessoas que, aos nossos olhos, parecem muito diferentes umas das outras. Essas manifestações podem se desdobrar em preconceito[15] (ou "pré-conceito") ou podem ser expressões de surpresa com a aproximação de pessoas com características que muitas vezes são opostas. A diversidade humana nesse campo também é imensa, seja nas relações entre pessoas de sexo oposto, seja do mesmo sexo.

Mas, veja: nos dois exemplos há algo que é preciso destacar. Os seres sociais não são exclusivamente aquilo que a sociedade faz deles. Na mesma conjuntura, na mesma região geográfica, no mesmo grupo de relações sociais (família, escola, círculo de amizades etc.) encontraremos pessoas que, embora em condições sociais e de desenvolvimento muito similares, têm gostos e posicionamentos absolutamente distintos. Há uma dimensão subjetiva dos seres sociais que salta aos olhos quando pensamos nos dois exemplos citados.

Netto e Braz nos fazem uma pergunta fundamental para este momento de nossas reflexões. Se os seres humanos evoluíram tanto em relação aos demais seres vivos, tornando-se seres sociais e expandindo suas potencialidades a níveis antes

---

15 Podem expressar, ainda, concessão ao modelo predominante do que definimos, em cada sociedade e em cada momento histórico, por "beleza". Enquanto no Brasil o padrão estético comercial e televisivo costuma valorizar a magreza nas mulheres e os músculos desenvolvidos nos homens como belos, outras sociedades cultuam outros valores. Limitarmo-nos a essas convenções é também fazê-lo com a própria experiência humana.

inimagináveis, como explicar situações em que pessoas, para se alimentar, recorrem a lixões? Se pensarmos na sexualidade humana, como se explicam situações de estupro e violência sexual (que, estatisticamente e por todo o mundo, atingem de forma mais constante mulheres e crianças e são praticadas majoritariamente por pessoas conhecidas)? Se quisermos avançar em exemplos não utilizados pelos autores, poderíamos nos propor pensar sobre como a violência volta a ser utilizada para resolução de quase tudo e até mesmo a ser glamorizada (pense em "esportes" que pagam milhões para pessoas se espancarem em ringues de luta que mais nos lembram dos relatos de como os povos medievais resolviam suas divergências ou — ainda mais impressionante — como se divertiam às custas de violência física). Para os dois primeiros exemplos, os autores proporão uma interpretação para a qual devemos ter atenção. Afirmam: essas são manifestações de regressão da sociabilidade, um fenômeno singular que se manifesta em quadros conjunturais em que necessidades humanas não são satisfeitas, mas, antes, degradadas, desconsideradas. Ele tem profunda relação com a forma como se organiza cada sociedade. Para apreendê-las em suas múltiplas dimensões, é necessário ter atenção para a forma como ocorre a apropriação da riqueza que é produzida coletivamente, bem como para a divisão social do trabalho de cada sociedade. Em sociedades de classes, como é o capitalismo, há momentos em que essas disputas acirrarão as condições que as pessoas têm, inclusive, de satisfazer suas necessidades – sejam elas objetivas ou subjetivas. Parece-nos que a mesma explicação é bastante razoável para o fenômeno da violência.

Zizek,[16] acerca da violência, chama atenção para o fato de que costumamos denominar de violências as consequências do fenômeno. Nessa lógica, violentas seriam as condições geradoras das manifestações que, de alguma forma, fogem dos comportamentos socialmente admitidos ou algo esperados. Uma greve violenta não ocorre sem relações anteriores de trabalho opressivas e/ou que não satisfazem as necessidades dos que produzem os resultados daquela empresa, instituição, política social. Uma manifestação de rua não surge sem desrespeitos aos direitos das pessoas. Mesmo fenômenos como roubos, furtos, assassinatos, não existiriam sem condições anteriores que os gerem. Se todos tivessem acesso

---

16 ZIZEK, S. *Violência*: seis reflexões laterais. São Paulo: Boitempo, 2014.

> a condições dignas de vida, por que alguns se exporiam a tirar de outras pessoas bens que, de alguma forma, lhes permite uma vida distinta? Mesmo situações de assassinato em série (ainda que sejam raríssimas, do ponto de vista estatístico) costumam ter por precedentes situações de violência — sofrimentos de ordem psíquica, por exemplo.

No que se refere aos direitos humanos, poderíamos retomar parte daquela lista inicial deste livro. Pensemos em como a população reage a determinadas situações, defendendo o linchamento ou a pena de morte (que, dados demonstram por todo o mundo, atingem apenas uma parte específica da sociedade — geralmente pessoas pobres e, a depender da localidade geográfica, negras). Pensemos na repugnante imagem que vimos no Rio de Janeiro, de jovens prendendo um garoto negro de 15 anos a um poste com cadeados utilizados para prender bicicletas, alegando que ele cometia furtos pelo bairro do Flamengo, de classe média. Ou em como vimos naturalizando as prisões como solução para tudo[17] — inclusive desconsiderando situações de tortura que ocorrem cotidianamente nesses espaços. Todas essas são expressões de como a sociabilidade humana pode passar por fortes períodos de regressão. Nesses momentos, é muito comum encontrarmos mais legitimação que questionamentos a tais processos. Marx e Engels[18] afirmam que "as ideias da classe dominante são, em todas as épocas, as ideias dominantes, ou seja, a classe que é o poder *material* dominante da sociedade é, ao mesmo tempo, o seu poder *espiritual* dominante". Relacionando essa brilhante constatação com os fenômenos que mencionamos anteriormente, mesmo aqueles e aquelas que se veem como sujeitos críticos podem ceder à tentação

---

17 Voltaremos ao tema no Capítulo 3 deste livro. Antecipamos, contudo, que diferentes segmentos sociais já vêm se questionando sobre o real significado da existência das prisões. Karam (1996) questiona, inclusive, como setores democráticos vêm assimilando tal lógica, de forma contraditória ao que defende do ponto de vista macrossocietário. Em outra perspectiva, que não chega a defender o fim da existência das prisões, mas questiona o atual sistema carcerário brasileiro com dados como os de que "548 mil indivíduos [vivem] entulhados em 310 mil vagas sob a custódia do Estado brasileiro, [dentre os quais] 195 mil são presos provisórios", o próprio jornal impresso de maior circulação no Brasil provoca reflexões sobre o tema (FOLHA DE S.PAULO, 2014). Já é hora de efetuar um balanço profundo e radical (no sentido da ida às raízes) se a defesa da existência de prisões coincide com a de uma sociedade efetivamente livre e igualitária.

18 MARX, K.; ENGELS, F. *A ideologia alemã*. São Paulo: Expressão Popular, 2009. p. 67 (grifos originais).

dessas explicações fáceis. Uma delas é a já citada naturalização da prisão como alternativa para situações cuja explicação se encontra, quase totalmente, em razões de ordem social. Há setores democráticos da sociedade, entre eles vários movimentos sociais e militantes que se reconhecem como "de esquerda", que reivindicam prisão para situações como violência (seja homofóbica, contra mulheres, contra crianças e adolescentes), discriminação, preconceito. Abrem mão de se perguntar se a prisão contribui para propor soluções a expressões que estão profundamente arraigadas em um momento histórico específico.[19] Ou se ela (embora pensada como um paliativo, uma resposta imediata para situações absurdas que devemos, sim, *reprimir*) apenas confirma a regra geral de uma sociedade desigual, que segrega a parte "incômoda" da população, sem se propor pensar alternativas para que todos e todas acessem níveis efetivamente dignos de vida.

Trata-se de uma importante constatação, então: nada nos garante que o ser social (pelos avanços históricos que obteve via conhecimento, pelo desenvolvimento que provocou da ciência e da tecnologia, pela produção de arte, literatura, novos agrupamentos sociais etc.) consiga, por si só, estabelecer um modo de vida em que todos, de fato, consigam a satisfação de suas necessidades. Tais resultados não dependem exclusivamente de comportamentos individuais (embora não se possa desconsiderar a importância das escolhas e opções que cada sujeito social faz ao longo de suas vidas). Conjunturas econômicas, políticas, culturais precisam ser apreendidas e questionadas para dar conta de alguma explicação razoável desses processos. Netto e Braz[20] propõem uma interpretação para essas constatações. Segundo eles, o desenvolvimento histórico, até hoje, em geral se efetivou em sociedades marcadas pela exploração de seres humanos por seus pares. Isso resultou em um processo de desenvolvimento do ser social que teve como marca uma "humanização extremamente desigual". Afirmam, em outras palavras, que o processo de humanização até

---

19  Por momento histórico específico, aqui, não estamos afirmando tratar-se de expressões exclusivamente da vigência do capitalismo como forma de organização da sociedade. Ao contrário: machismo, homofobia, violência e exploração de crianças e adolescentes, entre outras, são expressões presentes em sociedades muito anteriores ao capitalismo. Fato é que a sociedade capitalista, além de não conseguir (talvez nem pretender) solucionar tais fenômenos, acentuou-lhes uma dimensão: se essas expressões contribuírem para o avanço da margem de lucro, da apropriação privada de riquezas coletivamente — socialmente — produzidas, a crítica a elas será minimizada. Se, ao contrário, for necessário ampliar a participação desses setores nas estratégias de acumulação (pensemos, por exemplo, na presença de mulheres no mercado de trabalho), pode haver algum nível de crítica, inclusive legal, a diferenciações entre segmentos sociais como os acima citados.

20  NETTO & BRAZ, 2006, p. 46.

hoje vivenciado tem custado o sacrifício da maioria dos seres humanos, não resultando em efetiva igualdade entre eles.

> Marx e Engels[21] dizem, não por acaso, que uma sociedade organizada sem classes sociais será o início da verdadeira história da humanidade, qualificando as etapas anteriores como sua pré-história.

A esta altura podemos listar, então, que características diferenciam seres sociais de outros seres vivos. Netto e Braz[22] nos apresentam as que consideram principais: a teleologia; a objetivação material e ideal; a comunicação, via linguagem articulada; as atividades reflexivas, conscientes e autoconscientes; a possibilidade de escolhas entre alternativas concretas, efetivamente postas; a capacidade de universalizar-se, de ir além do que há de imediato e singular em cada fenômeno; a capacidade de sociabilização. O ser social seria a "síntese dessas determinações estruturais".[23]

> No intenso calor que atingiu quase todo o Brasil no verão de 2013, todos estávamos livres para passar uma semana ou ao menos alguns dias nas mais belas praias do país. Poderíamos escolher entre o litoral nordestino, fluminense, paulista. Ir a Fernando de Noronha. Entrar na internet e pesquisar que tipo de praia gostaríamos de visitar (com ou sem ondas, desertas ou agitadas, de fácil ou difícil acesso, em que se praticasse o naturismo ou não, as mais ou as menos badaladas). Por que não o fizemos? Porque ter liberdade implica a *possibilidade concreta* de fazer escolhas. Se temos que trabalhar para nosso sustento e de nossas famílias, muito dificilmente temos o tempo disponível que gostaríamos para nosso lazer. Quando conseguimos viabilizá-lo, como em alguns de nossos períodos de férias, uma segunda condição concreta se impõe: quanto precisaremos gastar para fazer a viagem de nossos sonhos? Dizer, então, que todos somos

---

21  MARX & ENGELS, 2009.
22  NETTO & BRAZ, 2006, p. 41-42.
23  NETTO & BRAZ, 2006, p. 41.

> livres para fazer o que quisermos é algo próximo da ficção, de personagens de livros e filmes que resolveram abandonar as exigências da sociedade e encarar o mundo. Não que essa não seja uma possibilidade existente, mas ela não está disponível sem custos para a grande maioria das pessoas que habitam o planeta. A liberdade, então, é mediada pelas efetivas condições de vida que se apresentam para cada ser social. Ainda assim, uma de nossas diferenças em relação aos demais seres vivos é que, uma vez postas possibilidades distintas, podemos fazer nossas escolhas, conscientes, em um processo que vai além do instinto genético presente em outros animais.

Todo esse processo foi vivenciado ao longo de milhares de anos. O ser humano se transformou em ser social ao longo do desenvolvimento de habilidades que nem sequer era capaz de imaginar inicialmente. Mas, com o surgimento e o reconhecimento de algumas necessidades, foi capaz de projetar alternativas, imaginar hipóteses, desenvolver técnicas e condições, realizar pesquisas e gerar novas formas de satisfação daquelas necessidades. Como também afirma Marx,[24] a humanidade só se propõe tarefas que já é capaz de resolver. Isso pode até não se dar no tempo imediato, no momento em que vivemos. Podemos pensar, por exemplo, na cura para o câncer ou para a Síndrome da Imunodeficiência Adquirida (Aids), para as quais ainda não há soluções definitivas neste início do século XXI. No entanto, as pesquisas estão em processo, com maiores ou menores avanços, com ensaio e erro, com estudos para interpretar o funcionamento do corpo humano e o combate a processos que permitem que essas doenças ainda atinjam e matem milhões de pessoas mundo afora. Diferentemente de quando foram descobertas, as duas doenças já encontram formas de tratamento, especialmente se identificadas logo no início do processo. No passado, o mesmo ocorreu com doenças para as quais hoje existem vacinas, remédios, prevenção conhecida. Basta verificarmos o quanto a expectativa de vida de boa parte da humanidade aumentou ao longo dos séculos (embora ainda haja continentes inteiros em que ela seja muito menor, em função de condições objetivas de vida).

---

24  MARX, K. *Contribuição à crítica da economia política*. 2. ed. São Paulo: Expressão Popular, 2008b. p. 48.

> A esperança de vida ao nascer, expressão utilizada pelo Instituto Brasileiro de Geografia e Estatística (IBGE), era de 73,9 anos no Brasil em 2013. Menor que a do Japão (83,6, a maior entre os dados disponíveis, seguido pela Suécia com 82,6), mas muito superior à de países como Serra Leoa (45,6), na África Ocidental, e Suazilândia (49 anos), na África Meridional, as duas menores no mesmo banco de dados. Ainda que Cabo Verde, também na África, supere os dados brasileiros (com 75,1 anos), apenas mais dois países africanos (entre mais de 40 pesquisados) superam os 70 anos de esperança de vida ao nascer (Maurício, com 73,6, e Seychelles, com 73,2); 21 países africanos não chegam a ter 60 anos de esperança média de vida ao nascer.[25]

Nas palavras de Netto e Braz,

> o ser social se revela não como uma forma eterna e atemporal, a-histórica, mas como uma estrutura que resulta da autoatividade dos homens e permanece aberta a novas possibilidades — é uma estrutura historicamente inconclusa, apta a reconfigurar-se e a enriquecer-se no curso da história presente e futura.[26]

Não surgimos, portanto, ao longo da vigência da sociedade capitalista — embora não fôssemos os mesmos e as mesmas que somos hoje antes dela.[27] Nem a ela estamos restritos — não obstante haja, entre pessoas que estão contentes com a forma como o mundo atual se organiza, quem afirme que a história chegou a seu fim, e que os equívocos e erros cometidos por sociedades que se afirmaram anticapitalistas — ou, nas palavras do historiador marxista Eric Hobsbawm,[28] sociedades

---

25 Cf. IBGE — Instituto Brasileiro de Geografia e Estatística. *Indicadores sociais*: esperança de vida ao nascer. 2013b (anos). Disponível em: <http://www.ibge.gov.br/paisesat/main_frameset.php>. Acesso em: 3 jun. 2015.

26 NETTO & BRAZ, 2006, p. 42.

27 Netto e Braz (2006, p. 43), neste particular, afirmam que foi com o advento do capitalismo que foi possível afirmar a profunda visibilidade do ser social e de como ele se constitui. Ou seja, há algo em torno de três séculos, "(...) quando o modo de produção capitalista se consolidou como dominante no Ocidente e operou a constituição do mercado mundial, que permitiu o contato entre praticamente todos os grupos humanos".

28 HOBSBAWM, E. *Era dos extremos*: o breve século XX (1914-1991). São Paulo: Companhia das Letras, 1995.

que se reivindicaram socialistas — demonstrariam que não há possibilidade de outra forma de sociabilidade.

Curioso notar como há alguns anos esse discurso era ainda mais forte. No momento em que ocorreu a queda do Muro de Berlim, fato histórico da maior relevância ocorrido em 1989, pessoas adeptas dessas mesmas ideias diziam que teríamos chegado ao fim da história (não por acaso, parte do título do já citado livro de Francis Fukuyama, publicado em 1992: *O fim da história e o último homem*). Para estes, a única possibilidade que haveria no mundo atual seria reformar o capitalismo, não propor e conquistar sua superação por outro modelo societário. As constantes, seguidas, prolongadas e cada vez mais profundas crises do capitalismo, contudo, fazem com que esse discurso se esvazie — embora parte interessante da grande mídia nacional (e de vários outros países) insista, ainda, em chamar quem se propõe anticapitalista de "atrasado", ou em caracterizar sociedades que tentam construir seus próprios rumos de "autoritárias". Basta pensar em como é comum as pessoas afirmarem que em países como Cuba, Venezuela, Argentina, Equador, Bolívia teríamos ditadores em seus governos. Se dedicarmos um olhar mais atento a esses países, veremos com alguma agilidade que a expressão efetivamente comum a todos eles é que se declaram insatisfeitos com o modo como o mundo vem se organizando, com a intensa divisão entre pobres e ricos (que diferencia países entre si, mas também suas populações internamente). No mais, em geral são modelos e processos distintos, cada qual buscando considerar e responder a necessidades típicas de suas populações, de tentativa de construir sua autodeterminação, com diferentes níveis de sucesso.

Por outro lado, é preciso reconhecer que também a sociedade que imaginamos como a mais justa não será o fim da história (demos a ela o nome que quisermos dar — Marx e Engels denominaram de comunismo a sociedade sem classes que sua vasta obra propõe construir como superação à sociedade capitalista).

28 *Direitos humanos e Serviço Social*

> Dizem Marx & Engels[29]: "As relações de propriedade sempre passaram por mudanças e transformações históricas. A Revolução Francesa, por exemplo, suprimiu a propriedade feudal em prol da propriedade burguesa. O que caracteriza o comunismo não é a supressão da propriedade em si, mas a supressão da propriedade burguesa". Acerca desse debate, é preciso afirmar que Marx nunca se afirmou contra nenhuma propriedade. Não se referia, por exemplo, a bens necessários para a vida (podemos pensar em alimentação ou habitação). O centro da crítica de Marx é a propriedade privada dos meios de produção de riqueza — a qual denomina propriedade burguesa. Outra observação importante é a efetuada por Marques:[30] no âmbito das cartas internacionais de direitos humanos em nenhum momento se afirma como direito a propriedade privada dos meios de produção. Marx e Engels[31] propõem que essa propriedade seja abolida, em função de que sua posse por poucos é a razão central da existência de distintas classes sociais.[32]

Embora não tenhamos bola de cristal para adivinhar o futuro, é possível afirmar, à luz do que a história já demonstrou em centenas de milhares de anos, que cada etapa histórica terá suas próprias contradições, o que tenderá a gerar a possibilidade de novas necessidades, que, se não satisfeitas, tenderão a produzir outras propostas de sociabilidade.

Você poderia observar, a esta altura das reflexões, que parece que o ser social se reduz, então, ao que os autores de referência para esta seção chamam de trabalho. "O ser social, homens e mulheres, não é mais que apenas a alteração da natureza?", perguntaria.

Sábia questão. Afinal, se o ser social se desenvolve a ponto de construir obras monumentais; de descobrir novas técnicas para ampliar a produção de alimentos; de criar medicamentos capazes de combater doenças e, mesmo, de identificar condições de

---

29  MARX, K. & ENGELS, F. *Manifesto do Partido Comunista*. São Paulo: Expressão Popular, 2008. p. 32.

30  MARQUES, E. A. B. Direitos humanos: para um esboço de uma rota de colisão com a ordem da barbárie. In: FORTI, V.; BRITES, C. M. *Direitos humanos e serviço social*: polêmicas, debates e embates. Rio de Janeiro: Lumen Juris, 2011. p. 195-209.

31  MARX & ENGELS, 2008.

32  Ainda acerca desse debate, cf. RUIZ, J. L. de S. *Direitos humanos e concepções contemporâneas*. São Paulo: Cortez, 2014. p. 149-167.

evitar sua ocorrência e, com isso, prolongar sua expectativa de vida sobre a Terra etc., é possível imaginar que novas e diversas atividades estejam à sua disposição, não?

Netto e Braz afirmam que, quanto mais se desenvolve o ser social, maiores e mais diversificadas serão suas objetivações (ou as formas com que se relaciona com a natureza, com outros seres sociais, com outros seres vivos etc.). O exemplo utilizado é bastante interessante: os autores citam as pinturas rupestres, que caçadores faziam nas cavernas. Muitas delas demonstravam rituais de caça — animais eram perseguidos, caçados com lanças e outros instrumentos, depois servidos para alimentação. Mas havia, também, uma combinação com elementos mágicos ("o apelo ao sobrenatural, tanto maior quanto menos os homens conheciam o meio ambiente e suas próprias capacidades"[33]). Com o passar dos tempos — milhares de anos —, afirmam, a evolução do ser social faz com que expressões como pensamento religioso, ciência, filosofia, arte se distanciem do trabalho. Elas se constituem, assim, em expressões do ser social já desenvolvido. O trabalho, então, seria apenas *uma* das objetivações humanas. Veja, contudo, *não* significa que seja *uma objetivação qualquer*, apenas *mais uma*, embora primária e ineliminável. Ele é uma espécie de "modelo das objetivações do ser social, uma vez que todas elas supõem as características constitutivas do trabalho (a atividade teleologicamente orientada, a tendência à universalização e a linguagem articulada"[34]). Marx e Engels,[35] ao tratarem do que será a sociedade que, em sua proposição, substituirá o capitalismo, afirmam que apenas naquele momento os seres sociais poderão desenvolver plenamente o conjunto de todas as potencialidades humanas. Livres do jugo das classes sociais e dos interesses mesquinhos e individuais, além da necessidade de venda de sua força de trabalho para outros seres humanos, homens e mulheres poderão não ter "um círculo exclusivo de atividade", mas poderão

> se formar [...] em todos os ramos que preferir[em], [uma vez que] a sociedade regula a produção geral e [...] torna possível que eu faça hoje uma coisa e amanhã outra, que cace de manhã, pesque de tarde, crie gado à tardinha, critique depois da ceia, tal como me aprouver, sem ter de me tornar caçador, pescador, pastor ou crítico.[36]

---

33  NETTO & BRAZ, 2006, p. 40.

34  NETTO & BRAZ, 2006, p. 43.

35  MARX & ENGELS, 2009.

36  MARX & ENGELS, 2009, p. 49.

30  *Direitos humanos e Serviço Social*

Parece que já temos, então, quem é o ser humano. No entanto, antes de finalizarmos nossas reflexões sobre este tema, é importante fazermos três observações finais, correlatas a ele.

A primeira está intimamente ligada com o que viemos discutindo sobre as objetivações do ser social serem mais do que aquela ligada exclusivamente ao trabalho enquanto processo de alteração da natureza para a satisfação de necessidades humanas. Netto e Braz recorrem ao conceito de práxis para desenvolver reflexões que consideramos importante registrar. Segundo eles, práxis é uma categoria teórica mais abrangente.

Ela envolve o trabalho (que também é seu modelo), mas inclui todas as objetivações humanas.[37] Citam duas de suas dimensões. Uma primeira envolveria o controle e a exploração da natureza, como vimos (seria sua dimensão material). A segunda, o comportamento e a ação de homens e de mulheres, envolveria dimensões educativas, políticas, éticas. Estas não operariam, necessariamente, transformações em estruturas materiais. O ser social, então, se revelaria como ser "criativo e autoprodutivo, (...) produto e criação da sua autoatividade".[38] Os autores usam uma belíssima definição: *"o ser social é o que (se) fez e o que (se) faz"*.[39]

> Outhwaite e Bottomore identificam distintas apreensões sobre o conceito de práxis, apontando como, mesmo entre marxistas, ele pode ter diferentes sentidos. Dizem os autores:
>
> > O significado em Marx e nos escritos de numerosos filósofos no âmbito do MARXISMO OCIDENTAL é: a) um tipo de atividade prática criativa peculiar dos seres humanos, por meio da qual eles constroem seu mundo, uma ideia básica no modelo de Marx de NATUREZA HUMANA; b) uma categoria epistemológica que descreve a atividade prática, constitutiva do objeto, dos indivíduos humanos em seu confronto com a natureza, que Marx denominou a 'atividade prática do senso humano' [citação dos autores à obra marxiana *Teses sobre Feuerbach*]; e

---

37  NETTO & BRAZ, 2006, p. 43.

38  NETTO & BRAZ, 2006.

39  NETTO & BRAZ, 2006, p. 44.

> c) como práxis 'revolucionária' [idem], o suposto ponto de transição social fundamental de acordo com o qual se diz que, na prática, as circunstâncias sociais objetivas do proletariado coincidem com o completo entendimento delas. [40]
>
> Os autores destacam, ainda, a complexidade da categoria práxis, registrando que distintos marxistas têm suas próprias perspectivas para tal fenômeno e suas implicações. Afirmam que "(...) o conceito permanece, de modo geral, impreciso, obscuro e elástico em sua aplicação".[41] Entre as razões para tal identificação, citam que "(...) os primeiros escritos de Marx sobre esse assunto foram, predominantemente, rascunhos não publicados, e uma série de importantes passagens sobre o tópico está sujeita a interpretação".[42]

Voltamos, aqui, à observação de algumas páginas atrás: ao transformar a natureza (o que fez e o que faz), o ser social não apenas a transforma, mas também se automodifica (o que se faz e o que se faz *de si próprio*). A descoberta de possibilidades de satisfação de suas necessidades faz com que homens e mulheres se proponham novos desafios e reconheçam novas dimensões de suas vidas para as quais passam a pretender propor soluções e avanços. Chegou o momento de usar um exemplo para tentar deixar isso um pouco mais evidente para o leitor.[43] A depender de que idade você tenha, será preciso conversar com seus pais ou avós para apreendê-lo melhor.

Há algumas décadas, quando ainda não havia celulares, o telefone era de muito difícil acesso à maioria da população. Aqueles que não tinham um aparelho telefônico em casa e, ao mesmo tempo, trabalhavam e estudavam podiam passar dias, às vezes uma semana, sem ter informações detalhadas de como estavam sua mãe, seu pai, seus irmãos, seu namorado ou sua namorada. Isso ocorria porque, ao chegar em casa, em geral seus familiares já estavam dormindo, preparando-se

---

40 OUTHWAITE, W.; BOTTOMORE, T. *Dicionário do pensamento social do século XX*. Rio de Janeiro: Zahar, 1996. p. 600 (grifos originais).

41 OUTHWAITE & BOTTOMORE, 1996, p. 600.

42 OUTHWAITE & BOTTOMORE, 1996, p. 601.

43 O mesmo exemplo é utilizado em: SIMAS, F. do N.; RUIZ, J. L. de S. Exercício profissional: uma mediação central entre direitos humanos e o projeto ético-político do Serviço Social brasileiro. In: FORTI, V.; GUERRA, Y. *Projeto ético-político do Serviço Social*: contribuições à sua crítica. Rio de Janeiro: Lumen Juris, 2015.

para um novo dia de trabalho. Isso não lhes gerava sofrimento. Valia, então, o ditado popular que afirma que "notícia ruim corre rápido". Todo mundo costumava ter algum número de telefone para recados. Ele era solicitado, inclusive, em qualquer entrevista para emprego, por exemplo. Podia ser o número de um vizinho, de um parente, ou mesmo de telefones públicos.[44] Porém, o avanço da ciência e da tecnologia (também ações humanas sobre a natureza) criou a possibilidade de existência dos celulares. Com o passar dos anos, seus preços foram se tornando mais acessíveis a outros setores populares, de forma que em países como o Brasil ele se tornou um bem acessível a muitos.

> Em números relativos, aliás, já temos mais aparelhos e linhas de celulares no Brasil que a população nacional, segundo o IBGE — 135,31 aparelhos a cada 100 habitantes. Os números podem esconder a manutenção de certa desigualdade, uma vez que muitas pessoas têm duas ou mais linhas.[45] Obviamente, se visitarmos algumas populações rurais e ribeirinhas, certamente constataremos que isso não significa que cada habitante ou família brasileira já tenha seu celular. Outro registro necessário: no Brasil, embora os celulares sejam bastante populares, pagamos as tarifas, em termos absolutos, mais caras do mundo.[46]

Com essa nova realidade, um dia sem ter notícias de pessoas mais próximas gera reações que já não são as mesmas. Mães e pais entram em desespero por não saber onde estão seus filhos; namoradas e namorados entram em profundas — às vezes intermináveis — discussões sobre sua relação... Sofrimentos de várias intensidades e variedades ocorrem, *realmente*, no íntimo das pessoas.

---

44  Houve tempos em que os orelhões (que hoje algumas cidades estão transformando em objetos decorativos, grafitados, quase pontos turísticos) eram o contato de muitas pessoas e famílias. Ao tocar o orelhão, alguém atendia e chamava a pessoa com quem o interlocutor queria falar (em locais periféricos de grandes cidades e no interior do país isso ainda pode ser encontrado).

45  IBGE — Instituto Brasileiro de Geografia e Estatística. Redes: assinantes de telefonia celular. 2013c. Disponível em: <http://www.ibge.gov.br/paisesat/main_frameset.php>. Acesso em: 3 jun. 2015.

46  REUTERS Brasil. *Brasil tem tarifa de celular mais cara do mundo, diz estudo.* 8 out. 2013. Disponível em: <http://br.reuters.com/article/domesticNews/idBRSPE99700520131008>. Acesso em: 1º maio 2015.

Não podemos desconsiderar, como certa vez chamou atenção uma colega assistente social, que esse processo também atende a uma necessidade do capital: a de transformar todos os campos possíveis em novos espaços de alta lucratividade. Entretanto, é preciso reconhecer que esse avanço muda comportamentos e percepções que temos do mundo. David Harvey,[47] por exemplo, fala da compressão do espaço e do tempo, impressionante processo vivenciado na atualidade — Hobsbawm[48] também o faz, ao citar o tempo que levava para que uma informação sobre uma rebelião ou algum acontecimento social chegasse a outra localidade (às vezes semanas ou meses, quando atualmente sabemos o que ocorre em outros continentes em apenas poucos segundos).

No entanto, o celular é um ótimo exemplo não somente em função de novas necessidades e sensações que percebemos individualmente. Sua conexão com a internet alterou a forma como hoje ocorre a comunicação. Ela passa a ser mais do que um telefonema de uma pessoa para outra. Hoje podemos nos comunicar ao mesmo tempo com milhares de pessoas — basta pensarmos no que faz a Mídia Ninja[49] nas manifestações de rua, denunciando com imagens e coberturas ao vivo repressão policial e outros acontecimentos. Em outras palavras, o que o capital certamente tenta construir meramente como um novo campo de altíssima lucratividade começa a ser apropriado pela população como um *direito*: o *direito* à comunicação. Ao comparar as coberturas das grandes redes com o que se vê em alguns locais na internet, especialmente em *blogs* e redes sociais, as pessoas percebem a existência de uma enorme disputa entre versões que se apresentam sobre cada fato. Essa disputa impacta processos que envolvem outras necessidades. Basta pensar nas mobilizações de junho de 2013 pelo direito à mobilidade urbana com qualidade ("padrão FIFA") e gratuita ("passe livre").

Porém, se homens e mulheres são aquilo que (se) fizeram e (se) fazem, como explicar por que temos, ainda, tantas injustiças e desigualdades no mundo?

Marx novamente traz observações importantes para entender esse processo. Diz o filósofo alemão: os seres sociais não se desenvolvem em condições ideais, mas em condições dadas historicamente, ou seja, não basta nossa vontade.

---

47  HARVEY, D. *A condição pós-moderna*. São Paulo: Loyola, 2003.

48  HOBSBAWM, 1995.

49  Sigla de Narrativas Independentes, Jornalismo e Ação. Trata-se de uma organização de comunicadores populares que atua em dezenas de cidades do Brasil e vem cobrindo manifestações populares em tempo real, disponibilizando imagens e cobertura via internet.

É preciso mediá-la, inter-relacioná-la com os dados concretos do momento em que vivemos. Na sociedade capitalista, lembram-nos Netto e Braz,[50] a forma como se dá a divisão social do trabalho faz com que o processo de humanização ocorra em condições absolutamente desiguais. Ela gera condições distintas, inclusive, de autorreconhecimento das pessoas naquilo que contribuem para produzir — o fenômeno da alienação.

Vamos tentar apreender isso com outro exemplo. Olhe para o calçado que você tem em seus pés. Muito provavelmente há pessoas que trabalharam em sua confecção que não o viram no formato como você o visualiza. Se você estiver de tênis, o trabalhador que extraiu a borracha que depois se transformou neste calçado, ou a mulher ou criança que cortou o cadarço que lhe possibilita amarrá-lo, aqueles e aquelas que trabalharam na palmilha que evita maior atrito entre seus pés e o chão ou, ainda, as pessoas que pintaram a marca que está na versão final pela qual você pagou determinado valor, todas essas pessoas não necessariamente sabiam que cada unidade do tênis custaria um valor "x" ou "y". A forma como o trabalho está organizado impede, muitas vezes, que você reconheça o *valor* de sua contribuição para o resultado final do trabalho que desenvolve. Atenção: esse *valor* pode ou não se expressar em números. Na década de 1990, em uma universidade do interior do Estado de São Paulo, uma campanha desenvolvida pelo sindicato que filiava principalmente trabalhadores não docentes dizia que eles também construíam aquela universidade. Havia trabalhadores que, ao receber o jornalzinho sindical, só conseguiam segurá-lo no sentido correto se houvesse alguma imagem ou desenho. Caso contrário, seguravam o material de ponta-cabeça (mas, envergonhados disso, fingiam lê-lo enquanto sindicalistas conversavam com eles). Numa universidade que está, até hoje, entre as mais produtivas em ciência e tecnologia no Brasil, havia centenas de pessoas analfabetas. Elas eram contratadas de forma precária (já na década de 1990, alguns não passavam por concursos públicos). Não tinham a mínima noção de que descobertas químicas ou físicas, computacionais eram realizadas nos prédios que eles haviam construído. Não sabiam que alguns dos atores e atrizes que eles admiravam nas novelas da TV tinham se formado e aprendido seu ofício nos teatros e espaços de convivência e

---

50 NETTO & BRAZ, 2006.

aula cujos tijolos e lajes eles haviam assentado.[51] Quando as pessoas que trabalham não conseguem ter noção do resultado final de sua produção, a possibilidade de lutarem por um efetivo reconhecimento de sua contribuição é inevitavelmente reduzida. No entanto, esses processos — inclusive o distinto reconhecimento entre trabalho intelectual e trabalho manual — não se dão por obra do acaso. Trata-se de uma determinada divisão social do trabalho, produzida para atender a interesses específicos. Nas palavras de Netto e Braz, o que ocorre na alienação é que, entre os seres sociais e suas obras, "a relação real, que é a relação entre criador e criatura, aparece invertida — a criatura passa a dominar o criador".[52]

A segunda observação diz respeito a um aspecto sobre o qual falamos há pouco e que tem sido absolutamente recorrente na sociedade contemporânea. Referimo-nos ao apelo ao pensamento mágico. Ele está presente na história da humanidade desde milênios.[53] Seria um enorme equívoco de nossa parte desconsiderá-lo na explicação que se apresenta para a vida em sociedade. Muitas pessoas acreditaram e acreditam que essa é uma expressão que lhes traz novas esperanças para a vida, que lhes permite novo fôlego para enfrentar dificuldades, superar situações tristes às quais estão sujeitas. Outras tantas têm nessas expressões a raiz da esperança em um mundo justo. Sobre esse tema, contudo, precisamos tecer três rápidos comentários.

O primeiro: assim como, se temos alguma religião, exigimos respeito a nossas confissões e convicções (tema, aliás, defendido por vários sujeitos sociais como parte dos debates sobre direitos humanos na contemporaneidade — o respeito à diversidade religiosa), é necessário percebermos que isso implica uma contrapartida. Em outras palavras: é preciso respeitar profundamente aqueles que afirmam não ter religião. Questioná-los implica conhecer minimamente a fonte de suas afirmações, que negam a origem da espécie como obra de Deus e veem nas referências científicas a explicação mais lógica para o surgimento da vida.

Num segundo momento, para sermos coerentes com o que viemos apreciando — o amplo e impressionante desenvolvimento do ser social —, é preciso conhecer argumentos e explicações alternativas que já se encontram à disposição para situações que nos são relatadas como mágicas. Estamos falando, em especial, de estudos arqueológicos.

---

51  Sugerimos procurar pela letra da canção "Cidadão", de Lúcio Barbosa, imortalizada na interpretação do cantor Zé Geraldo. Tirando a visão bastante romântica — e mágica (falaremos sobre isso a seguir) — sobre a igreja que ela apresenta em sua última estrofe, o restante do conteúdo tem muito a dizer sobre o exemplo citado.

52  NETTO & BRAZ, 2006, p. 44.

53  HARARI, 2015.

36 *Direitos humanos e Serviço Social*

Deveria chamar nossa atenção o fato de que Moisés, o profeta que abre o mar Vermelho para a fuga do povo para o Egito rumo à terra prometida segundo relatos bíblicos, aparece em vários desses estudos sobre a época em que viveu como um pescador. Ou seja: Moisés conhecia as marés, da mesma forma como as conhecem pescadores de vários locais do nosso país em que, em determinados momentos do dia, sabem que é possível caminhar sobre o mar em pleno oceano, a vários quilômetros da orla da praia. As marés baixam tanto que permitem "dar pé", numa experiência ímpar que pode ser vivenciada em cidades do Nordeste brasileiro como Maceió e Porto Seguro, por exemplo. Também não nos deveria passar despercebido que a maioria dos livros bíblicos foram escritos anos (muitas vezes décadas) depois dos acontecimentos que relatam. Ou que eles estão repletos de metáforas. Por exemplo, o número 7, para alguns povos do tempo da vida de Jesus, tinha o significado que hoje, em matemática, tem para nós o "n" (aquilo que sinaliza o infinito — "falei com você 'n' vezes", "deixei 'n' recados"). Talvez, portanto, não seja um acaso que os pães e peixes que alimentaram a multidão que caminhava com Jesus sejam relatados como exatamente *cinco* pães e *dois* peixes. Ler a história e perceber que ela é registrada a partir de determinados interesses é hoje, um processo que já está disponível aos seres sociais.

Há um interessante vídeo na internet que fala sobre o direito à comunicação, tão fundamental para o século XXI, como demonstram recentes mobilizações de rua por todo o mundo. Em um determinado momento, os colegas do Intervozes — autores do curta-metragem aqui citado — nos lembram que as histórias que conhecemos e as informações que recebemos passam por *edições*, ou seja, são oferecidas versões de quem as conta. E atenção: sérios intelectualmente como são, os autores nos dizem que nós também o fazemos. Não é, portanto, uma manobra retórica de quem quer enganar o outro. O importante, aqui, é perceber o que pode estar por trás de cada texto, cada filme, cada relato, cada notícia a que temos acesso. O que implica conhecer minimamente o pano de fundo em que aquela situação se dá, tentando identificar que interesses cada sujeito tem — legítimos ou não — em defender aquela versão sobre os fatos. Sugerimos que você assista ao vídeo *Levante sua voz*, do Intervozes, que está disponível em *sites* de busca e na página eletrônica daquele coletivo ou do Fórum Nacional de Democratização da Comunicação.[54]

---

54 Levante sua voz. Disponível em: <www.intervozes.org.br> e <http://www.fndc.org.br/>. Acesso em: 17 mar. 2016.

Um dos exercícios que mais precisamos fazer é retomar um hábito dos primeiros anos de nossas vidas: sempre perguntar por quê. Diferentemente, contudo, daquele momento (em que pais e mães ficam constrangidos com as questões seguidas que as crianças lhes apresentam, uma mais escabrosa que a outra), hoje temos condições de buscar nossas próprias respostas, tão satisfatórias quanto possível.

Atualmente, como último exemplo para esse tema, já é possível levantar hipóteses bastante prováveis do que foi a vida de Jesus ao longo do tempo em que ele desaparece dos textos bíblicos (entre aproximadamente seus 14 e 30 anos) e, portanto, levantar hipóteses sobre o porquê de tais relatos não terem sido escritos. É o que faz, de forma provocativa, interessante e com argumentos bastante sólidos, Reza Aslan.[55] Especialista em temas religiosos, o autor afirma ao longo do livro *Zelota* que, à época de Jesus, eram poucas as possibilidades de sobrevivência para jovens rapazes. Em geral, eles tinham à sua disposição tarefas ligadas à construção civil ou à agricultura.[56] Relendo textos escritos à época, Aslan aponta que o momento em que Jesus chegou à juventude coincidiu com a construção daquela que era vista então como uma grande metrópole local (a cidade de Séforis, com 40 mil habitantes, aquedutos para banhos públicos, teatro romano com 4.500 assentos, importante polo de cultura e comércio etc.[57] Destaque: Séforis era a capital da Galileia e ficava apenas a "uma curta caminhada" de Nazaré). À época da juventude de Jesus, Antipas, então governante local, estava reconstruindo Séforis em função da destruição resultante do enfrentamento entre romanos e judeus. Vale reproduzir o texto de Aslan:

> Quando Antipas começou a reconstruir a cidade com toda a dedicação, Jesus era um homem jovem, pronto para trabalhar no comércio de seu pai. Nessa época, praticamente todos os trabalhadores artesanais e diaristas da província teriam afluído a Séforis para tomar parte no que foi o maior projeto de restauração do período, e pode-se estar certo de que Jesus e seus irmãos, que viviam a uma curta distância, em Nazaré, teriam estado entre eles.[58]

---

55  ASLAN, R. *Zelota*: a vida e a época de Jesus de Nazaré. Rio de Janeiro: Zahar, 2013.

56  "Cada nazareno é um agricultor" (ASLAN, 2013, p. 51).

57  ASLAN, 2013, p. 63.

58  ASLAN, 2013, p. 68-69.

Trabalhar na reconstrução da rica Séforis era a melhor — se não a única — possibilidade existente para a juventude daquela época, em particular para quem vivia na pobre Nazaré. Curioso notar que um comportamento era muito presente entre trabalhadores daquele momento: o inconformismo já então existente com as vidas muito diferentes que levavam ricos e pobres. O poderio de Roma sobre as terras da Galileia e sobre as localidades habitadas por judeus e outros povos era frequentemente questionado. Como seria a participação de Jesus nisso?

> Seis dias por semana, de sol a sol, Jesus teria trabalhado na cidade real, construindo casas principescas para a aristocracia judaica durante o dia, retornando à sua arruinada casa de paredes de barro à noite. Ele teria testemunhado por si mesmo a rápida e crescente divisão entre os absurdamente ricos e os pobres endividados.[59]

Esse quadro social fez crescer um discurso especialmente incômodo aos que estavam em Roma: o do *zelo*, que consistiria em negar poderio a qualquer pessoa que utilizasse o nome do Deus em que acreditavam. Ser zeloso era "andar nas pegadas ardentes dos profetas e heróis do passado",[60] homens e mulheres que lideraram processos de luta contra o poderio romano, as desigualdades sociais e as adorações a deuses terrestres. Aslan, em seu resgate de dados históricos e escritos bíblicos originais, levanta a interessante e consistente hipótese de que Jesus teria sido um dos primeiros zelotas, nome dado a "bandidos"[61] da época, que algumas décadas depois (por volta de 60 d.C.)

---

59 ASLAN, 2013, p. 6.

60 ASLAN, 2013, p. 65.

61 "'Bandido' era o termo genérico para qualquer rebelde ou sublevado que empregava a violência armada contra Roma ou contra os colaboradores judeus. Para os romanos, a palavra 'bandido' era sinônimo de 'ladrão' ou 'agitador'. Mas estes não eram criminosos comuns. Os bandidos representavam os primeiros sinais do que viria a tornar-se um movimento de resistência nacionalista contra a ocupação romana. Essa pode ter sido uma revolta camponesa — as quadrilhas de bandidos precipitavam-se de aldeias pobres como Emaús, Beth-Horom e Belém. Mas ela foi outra coisa, também. Os bandidos alegavam ser agentes da vingança de Deus. Eles vestiam seus líderes com emblemas dos reis e heróis bíblicos e apresentavam suas ações como um prelúdio para a restauração do Reino de Deus na terra. Os bandidos aproveitavam-se da generalizada expectativa apocalíptica que tinha tomado os judeus da Palestina depois da invasão romana. Um dos mais temíveis de todos os bandidos, o carismático chefe Ezequias, abertamente declarou ser o messias, o prometido, aquele que iria restaurar os judeus para a glória" (ASLAN, 2013, p. 44-45). Qualquer semelhança com os relatos da vida de Jesus não é, na leitura de Aslan, coincidência. Citar essa polêmica associação entre Jesus e "bandidagem" tem, aqui, a intenção de nos provocar a pensar criticamente sobre por que, em que situações e a quem denominamos bandidos na atualidade. A história e a ficção também já apresentaram tais denúncias (pensemos, respectivamente, em Lampião e em Robin Hood).

se constituiriam naquilo que hoje costumamos denominar um partido político — com maior organização, portanto, e disputa concreta sobre os rumos daquela sociedade. O fato de Jesus ter sido um zelota é o que justificaria, em grande parte, o silêncio que os textos bíblicos dedicam a uma longa etapa de sua vida. Interessante notar que o momento em que parte importante dos textos bíblicos a que hoje temos acesso foi escrita (como os evangelhos do novo testamento) exatamente à época em que Roma retomava seu poder sobre aquelas localidades e povos e em que os zelotas avançavam em sua organização, por volta de 60 d.C. Aslan[62] resgata, como era de se esperar, que essa retomada não se deu sem resistência, implicando a morte de homens, mulheres e crianças cujas populações se colocavam como empecilho aos interesses romanos.

Podemos acreditar ou não em relatos como esses. Conferir-lhes ou não nosso respeito. O que, contudo, não deveria ser um comportamento vigente na sociedade em pleno século XXI é o de desconsiderar que a história pode nos ter sido contada em um formato que atendeu (e ainda atende) a determinados interesses. Esta é a postura mais honesta cientificamente: a de buscar resposta aos porquês que vão se apresentando para nossas vidas como importantes para explicar o passado, entender o presente, tentar alterá-lo naquilo que for necessário e projetar um futuro alternativo.

> Estamos entre os que reconhecem que o ser humano avançou a níveis inimagináveis há alguns milênios no que diz respeito à explicação da vida e da história. Isso não significa que já tenhamos explicações razoáveis para todos os processos e acontecimentos. Neste particular, é mais prudente a dúvida à certeza. Embora haja estudos bastante evoluídos e autores que merecem respeito e consideração pela seriedade de suas pesquisas e produções, o campo da subjetividade humana persiste como algo a ser mais bem apreendido pela sociedade contemporânea. Uma possível hipótese é que não conseguiremos jamais fazê-lo em desconexão com a vida concreta de cada sociedade, com as transformações reais e objetivas (materiais, portanto) que se realizam em cada tempo histórico. Mas não devemos descartar a possibilidade de que em um futuro próximo (que talvez não vejamos, posto que descobertas desse porte às vezes levam séculos para se darem a contento) a humanidade seja capaz de explicar razoavelmente fenômenos para os quais hoje tendemos a aceitar explicações mágicas, como faziam nossos ancestrais.

---

62 ASLAN, 2013, p. 77-79.

40 *Direitos humanos e Serviço Social*

O terceiro aspecto pode surpreender alguns leitores. O debate em torno da religião, e do direito à manifestação religiosa, também faz parte, de alguma forma, da obra e da trajetória de Marx.

> Netto,[63] no prefácio que redige para a edição da Expressão Popular ao livro *Para a questão judaica*, de Karl Marx, demonstra o quanto o debate em torno de ideias religiosas também estava presente entre os militantes de então. Citando a esquerda hegeliana (defensores das ideias de Hegel), demonstra o impacto que uma dessas obras (intitulada, nada menos, *A vida de Jesus*, de David Strauss — 1808-1874) teve para o debate entre filosofia e cristianismo. Segundo Netto, a polêmica permanecia acesa em 1838, quando August von Ciezkowski publicou a obra *Prolegômenos à filosofia da história*, questionando o que julgava ser um caráter meramente especulativo da filosofia de Hegel e propondo substituí-la por uma filosofia da ação, da práxis.

Esses três exemplos sobre aspectos relativos ao pensamento religioso apontam a necessidade de aproveitarmos o acúmulo que a humanidade já foi capaz de desenvolver para nossas explicações acerca da vida, ao menos questionando o caráter mágico que por vezes lhes tentam emprestar.

Nossa última observação para esta seção nos traz de volta ao texto de Netto e Braz. É muito comum, seja nas conversas informais, seja nos debates políticos mais profundos e polêmicos, serem apresentadas ressalvas ou mesmo contraposições entre o ser humano e a sociedade. Para os autores, "qualquer contraposição do tipo *indivíduo* x *sociedade* falseia o problema real da sociabilização; de fato, o indivíduo social, homem ou mulher, só pode constituir-se no quadro das mais densas e intensas relações sociais".[64] Dizem mais: o que denota a individualidade de cada pessoa não implica *desigualdade* com outras, mas *diferença*. Para que a possibilidade de ser diferente se constitua efetivamente, com cada qual construindo e fazendo avançar sua personalidade e desenvolver plenamente seus

---

63 NETTO, J. P. Prólogo à edição brasileira. In: MARX, K. *Para a questão judaica*. São Paulo: Expressão Popular, 2009. p. 14.

64 NETTO & BRAZ, 2006, p. 47 (grifos originais).

potenciais, a igualdade de condições de sociabilização é uma previsão fundamental. Individualismo, ressaltam, não diz respeito aos valores de cada indivíduo socialmente constituído. Antes disso, "é uma ideologia que justifica a priorização e o favorecimento de interesses singulares *contrapostos* ao desenvolvimento da genericidade humana".[65]

Há um interessante livro de um polêmico escritor inglês, Oscar Wilde, chamado *A alma do homem sob o socialismo*. Na primeira parte de seu texto, o romancista traça uma argumentação muito próxima das que vimos apresentando aqui. Diz ele, por exemplo: "A admissão da propriedade privada, de fato, prejudicou o individualismo e o obscureceu ao confundir um homem com o que ele possui. Desvirtuou por inteiro o individualismo. Fez do lucro, e não do aperfeiçoamento, o seu objetivo. De modo que o homem passou a achar que o importante era ter, e não viu que o importante era ser. A verdadeira perfeição do homem reside não no que o homem tem, mas no que o homem é. A propriedade privada esmagou o verdadeiro individualismo e criou um individualismo falso".[66] Não há nenhuma notícia de que Wilde tenha, em algum momento, se definido como um marxista. É fato que seus romances, do ponto de vista do comportamento e da sexualidade, podem ser (e são) classificados por muitos como revolucionários em relação a costumes. Ainda assim, Wilde estabelece uma interessante reflexão sobre a falsa contraposição entre sociedade e indivíduo e o conceito de individualismo sendo apropriado pela lógica excludente do capital.

Parece-nos que agora já temos condições de passar ao segundo componente da expressão direitos humanos. O que chamamos de direito tem, em nosso juízo, profunda relação com nossa apreensão sobre quem é o ser humano.

---

65  NETTO & BRAZ, 2006, p. 47 (grifo nosso).

66  WILDE, O. *A alma do homem sob o socialismo*. Porto Alegre: L&PM, 2003. p. 26-27.

## 1.2 O que são direitos

Por que um livro sobre direitos humanos estaria fazendo esse percurso sobre o trabalho e sobre o ser humano? A expressão "direitos humanos" já não pressuporia que esses direitos são para todos os que são humanos?

Essas são duas questões legítimas que qualquer leitor poderia nos apresentar. Ambas estão permeadas por uma afirmação que já fizemos em páginas anteriores: não há uma única concepção, uma única forma de ver e de entender o que são direitos humanos. Do ponto de vista conjuntural, da vida que se vivencia em cada momento histórico específico, a afirmação de que direitos são para todos poderia encobrir a realidade (como, aliás, ocorre muito frequentemente). Basta pensar que grande parte das constituições dos países (e também a Declaração Universal dos Direitos Humanos) traz, logo em seus primeiros artigos, a afirmação de que todos os homens e mulheres são iguais e têm os mesmos direitos. No entanto, você é capaz de, rapidamente, citar inúmeros exemplos de como isso é, *no máximo*, uma intenção, já que em inúmeras situações as pessoas têm seus direitos negados — especialmente se forem de determinadas classes e/ou segmentos sociais. Decisões políticas e históricas sobre distinções de classe, de gênero, de raça, de orientação sexual, de idade, de condição física e tantas outras, na realidade, fazem com que essas palavras sejam, muitas vezes, "letras mortas" — ou seja, não tenham efetividade na vida concreta, real.

Todavia, há uma importante distinção do ponto de vista do debate sobre o que são direitos — e que passaremos a visitar. Para alguns, os direitos são naturais, vinculados ao que denominam *condição humana*, estabelecidos por um deus ou pela lei máxima de uma nação (ou de um conjunto de nações, como na Declaração que citamos há pouco). Em outra perspectiva, outros dirão: direitos são criados, disputados e reconhecidos ou não na sociedade — espaço constituído exatamente pelos seres humanos, aqui reconhecidos como seres sociais. Voltaremos a essas distinções. O que nos cabe registrar neste momento é: a depender de como definimos quem seja o ser humano, necessariamente haverá um impacto sobre a concepção de direitos humanos que resolvemos assumir como adequada. Ou, mesmo, sobre o questionamento (também muito presente, e em diferentes perspectivas teóricas e políticas) dos direitos humanos como algo que possa contribuir com a organização da sociedade tal qual a imaginamos e almejamos.

Ruiz[67] cita a existência de ao menos seis distintas concepções em disputa contemporaneamente. Defende a ideia de que as distintas explicações para o modo como a sociedade funciona geram (ou podem gerar) distintas concepções sobre direitos humanos. Apresenta autores, momentos históricos e aspectos conceituais que informariam as seis concepções: reacionária; liberal; contemporânea (advinda de assembleias da Organização das Nações Unidas (ONU) realizadas em 1965, em Nova York, e em 1993, em Viena); pós-moderna; socialista; dialética. As duas últimas são concepções que dialogam com propostas marxistas de interpretação da realidade social. Ou seja, no mesmo campo teórico-político é possível encontrar importantes distinções entre como vemos os direitos humanos.

Esse mesmo processo envolve o debate sobre os direitos. A depender do que decidamos assumir como nossa concepção do que seja o direito, teremos distintos impactos sobre nossa concepção de direitos humanos — o que nos levará à tarefa de pensar minimamente o que é o direito nas próximas páginas. Nesta seção do livro utilizaremos especialmente trechos do livro de Lyra Filho.[68]

Vamos iniciar nossa conversa sobre o tema com uma nova provocação. Se você tiver que dizer para alguém, meio sem pensar, o que é o direito, o que virá à sua mente? Ou, de forma um pouco distinta: quando você sente que um direito seu não está sendo respeitado, que possível medida a tomar aparece rapidamente em sua imaginação?

É muito comum, até em polêmicas cotidianas, as pessoas pensarem de imediato que, quando um direito é desrespeitado, vão "procurar a justiça". Justiça, aqui, talvez devesse estar grafada, inclusive, com letra maiúscula (Justiça). Isso porque as pessoas pensam em buscar a instituição existente, em tese, para proteger os direitos delas. Assim, é bastante habitual que alguém que sente que um direito seu não foi respeitado pense de imediato em um advogado. Essa seria uma categoria profissional composta por homens e mulheres que estudaram muito para conhecer as leis e para aplicá-las à vida das pessoas.

---

67 RUIZ, 2014.

68 LYRA FILHO, R. *O que é direito*. 21. reimpressão da 18. edição de 1996. São Paulo: Brasiliense, 2012. (Coleção Primeiros Passos).

Essa é uma primeira associação, muito comum. Pensar em direito, em geral, nos remete a pensar em lei. Eis a primeira observação importante da nossa conversa sobre o que é o direito. Lei e direito não são a mesma coisa. Lyra Filho abre o livro cujas reflexões nos acompanharão nas próximas páginas mostrando que em boa parte das línguas, como acontece na língua portuguesa, há palavras diferentes para referir-se a lei e a direito. Vale reproduzir o texto do autor:[69]

> Se procurarmos a palavra que mais frequentemente é associada a Direito, veremos aparecer a lei, começando pelo inglês, em que *law* designa as duas coisas. Mas já deviam servir-nos de advertência, contra esta confusão, as outras línguas, em que Direito e lei são indicados por termos distintos: *Jus* e *Lex* (latim), *Derecho* e *ley* (espanhol), *Diritto* e *legge* (italiano), *Droit* e *loi* (francês), *Recht* e *Gsetz* (alemão), *Pravo* e *zakon* (russo), *Jog* e *törveny* (húngaro) e assim por diante.[70]

Um dos principais problemas em estabelecermos associação direta entre lei e direito é que lei sempre surge, advém, de alguma forma, do Estado (alguma de suas instâncias aprova e/ou impõe as leis). Para Lyra Filho, isso significa permitir que a lei (e, se fizermos essa associação, o direito) esteja sempre relacionada, em última análise, a interesses das classes dominantes. O Estado, alerta-nos o autor, em geral está à disposição e sob controle "daqueles que comandam o processo econômico, na qualidade de proprietários dos meios de produção".[71, 72] Para o autor, assim, a identificação entre lei e direito pertence ao repertório ideológico do Estado. É a ele que interessa criar a impressão de que não existem contradições fundamentais em disputa na sociedade. A lei existiria para coibir quem pensasse diferente, em nome de um suposto bem comum. Assim, aquelas contradições que, como vimos, uma pessoa como Jesus muito provavelmente já percebia em seu tempo (entre ricos cada vez mais ricos e pobres cada vez mais pobres) não existiriam. A referência

---

69 LYRA FILHO, 2012, p. 7 (grifos originais).

70 Repare que Lyra Filho grafa a palavra "Direito" sempre com letra maiúscula. Nós adotaremos um procedimento diferente. Direito só virá grafada com maiúscula ao longo das páginas deste livro quando iniciar uma frase (como esta que você lê agora) ou quando quisermos nos referir ao campo do conhecimento daqueles que estudam as leis e suas aplicações sob o enfoque jurídico (ou seja, os advogados), assim como faríamos referência a profissões e outros campos do conhecimento (Serviço Social, Medicina, Psicologia, Pedagogia etc.).

71 LYRA FILHO, 2012, p. 8.

72 O autor se refere, aqui, aos meios de produção de riqueza, conforme indicado à nota de rodapé 27.

importante, aqui, é aquela feita a distintas classes sociais. Marx diz tratar-se da apropriação privada (por poucos) da riqueza socialmente produzida (por muitos — por meio do trabalho, atividade necessariamente social).

Nessa lógica, Lyra Filho afirma que o Direito sempre tenderá a estar aprisionado a um conjunto de normas estatais, bem como a padrões de conduta que, se não respeitados, acarretarão sanções (não esqueçamos que o Estado também detém meios repressivos para acusar, punir e retirar de circulação pessoas que descumpram suas previsões).

No entanto, uma leitura atenta dos argumentos de Lyra Filho permite perceber que o autor relativiza a relação entre Estado, lei e direitos. Isso porque, afirma, direitos (e leis) não são pura expressão das classes dominantes. Basta você pensar nas mobilizações sociais, que conseguem inúmeras vezes arrancar conquistas que não estavam na agenda daqueles que se encontram no poder. Ou em direitos como os do mundo do trabalho (férias remuneradas, limitações a jornadas de trabalho e outros), que tanto não interessam às classes dominantes que elas vivem tentando derrubá-los.

Portanto, há uma distinção no debate sobre o direito entre o que é um direito legítimo, autêntico, indiscutível (se é que seja possível algum direito ser indiscutível — logo mais veremos por quê) e o direito que apenas expressa a dominação de uma classe sobre outras. O autor refere-se a um marxista italiano (Antonio Gramsci) para afirmar que é preciso alargar o foco do Direito. Ele precisaria incluir as pressões coletivas (tais quais as que acabamos de citar) e, também, normas não estatais que estabelecem relações entre grupos, classes e segmentos oprimidos na sociedade a partir de suas mobilizações em instâncias coletivas.[73]

O debate sobre a legitimidade ou a legalidade do direito não é recente. Lyra Filho, ao discutir como lei e direito são definidos por palavras diferentes, lembra que, no grego, o termo *nomos* quer dizer lei, enquanto *Dikaion* "propõe a questão do Direito justo".[74] Mas essa polêmica também não se extinguiu na Grécia antiga. Aos poucos teremos condição de perceber quanto o que assumimos por direito define a centralidade que damos à qualidade da defesa que fazemos de direitos humanos.

---

73  LYRA FILHO, 2012, p. 9-10.

74  LYRA FILHO, 2012, p. 7 (grifo nosso).

Se o Direito se reduz à legalidade, portanto, ele já representaria, por si só, uma dominação ilegítima, advinda dessa identidade entre lei e direito. Passaria a fazer parte exclusivamente das normas estatais, estando

> (...) castrado, morto e embalsamado para o necrotério duma pseudociência, que os juristas conservadores, não à toa, chamam de "dogmática". Uma ciência verdadeira, entretanto, não pode fundar-se em "dogmas", que divinizam as normas do Estado.[75]

Lyra Filho não está se referindo apenas à sociedade capitalista. Para demonstrá-lo, o autor busca no marxista Ernst Bloch apontamentos que provocam reflexões sobre dicotomias e dogmas que se assumem de parte a parte. Nesse caso, a referência é ao debate do que deveria prevalecer: a dignidade dos seres sociais (vários autores usam a referência à dignidade humana para falar do que seriam os princípios primeiros dos direitos humanos) ou a libertação econômica. Vale visitar também este trecho:

> Sob o ponto de vista do socialismo, não é outro o posicionamento de Ernst Bloch, o filósofo marxista alemão, quando afirma que "a dignidade é impossível, sem a libertação econômica", mas a libertação econômica "é impossível, também, se desaparece a causa dos Direitos do Homem. Estes dois resultados não nascem, automaticamente, do mesmo ato, mas reciprocamente se reportam um ao outro. Não há verdadeiro estabelecimento dos Direitos Humanos, sem o fim da exploração; não há fim verdadeiro da exploração, sem o estabelecimento dos Direitos Humanos". Daí a importância da revisão crítica, inclusive numa legislação socialista.[76]

O problema de visões que dicotomizam e polarizam fatos entre dois polos inconciliáveis não é fazer a constatação de que há fenômenos, classes, processos que não se misturam. Muitas vezes a história nos mostra que essa leitura é muito adequada. Basta pensar nos momentos em que as classes subalternizadas acreditaram que alianças com aqueles que estavam no poder lhes trariam conquistas. Doce ilusão. Não é essa a questão, então. O centro do problema está em não percebermos que todo processo é, em si, contraditório. Há dimensões distintas, mediações a

---

75  LYRA FILHO, 2012, p. 11.

76  LYRA FILHO, 2012, p. 12.

serem feitas, não é algo definitivo e dado como final. Nas palavras de Konder,[77] trata-se de rever o passado à luz do que ocorre no presente e de questionar o presente em nome do futuro, daquilo que ainda está por vir. Konder cita Brecht para exemplificar. Diz o militante e poeta marxista: "O que é, exatamente por ser como é, não vai ficar como está".

No entanto, dizíamos há pouco que o direito, visto exclusivamente na perspectiva limitada de sua relação com a lei, pode fazer parte do aparelho ideológico do Estado, segundo Lyra Filho. Para evidenciar seu argumento, o autor discute o que chama de ideologias jurídicas.

Originalmente, a palavra *ideologia* teria a ver com o estudo da origem e do funcionamento das ideias em relação aos signos que as representam, ou seja, tratava-se de buscar entender a razão do uso de determinadas palavras para determinados processos. Vamos tentar facilitar nossa tarefa com exemplos concretos. Você já se perguntou por que é que quando tudo dá errado no nosso dia ou quando temos uma briga com alguém a quem queremos bem costumamos dizer que levantamos *com o pé esquerdo*? "Ora, mas isso faz parte da nossa tradição oral", alguém poderia dizer. "É algo ingênuo, sem nenhuma relação com a vida social", outro concordaria. Vejamos. Ao longo da segunda metade do século XX se utilizava outra frase bastante semelhante a essa. Quando isso ocorria, era muito comum se dizer que a coisa estava "russa". Russo é o adjetivo que denomina a população, atualmente, da Rússia. Àquela época, contudo, ele era mais abrangente e dizia respeito a toda a população da União das Repúblicas Socialistas Soviéticas (URSS). Envolvia, então, populações de países que só se autonomizaram depois de longos e conflituosos processos políticos, como a Ucrânia, a Lituânia e outros.

E por que usar "russo" com conteúdo pejorativo para denominar tudo o que dava errado? Basta olhar para as disputas que eram tidas como centrais ao longo do século XX. Após a Segunda Guerra Mundial, o mundo se viu dividido em dois blocos de países. Seus líderes eram exatamente duas grandes potências mundiais assim reconhecidas depois da derrota do exército nazista. Assim, a liderança do bloco capitalista era conferida aos Estados Unidos. Não havendo disputa, no decorrer da Segunda Guerra, em seus territórios situados na América, e já contando com um poderio bélico significativo, aquele país financiou todo o processo de reconstrução da Europa por meio do chamado Plano Marshall. Credenciou-se como potência

---

77 KONDER, L. *O que é a dialética*. São Paulo: Brasiliense, 2008. (Coleção Primeiros Passos).

mundial, e só mais recentemente, mais perto do século que está em curso, é que analistas começam a apontar que o domínio americano tende a estar ameaçado já nas próximas décadas em função, especialmente, do crescimento da China. Entretanto, voltando ao século XX, o país a quem se conferia a liderança do bloco socialista era exatamente a URSS (ou União Soviética, à época). Embora, diferentemente dos Estados Unidos, o território soviético tivesse sido invadido pelos nazistas e milhões de pessoas (muitas delas civis) tivessem morrido nesse processo, a história registra a importância da Batalha de Stalingrado para o fim da Segunda Guerra Mundial e a derrota dos exércitos liderados por Hitler. Resumindo, falar que "a coisa está russa" quando tudo ia mal exercia uma imediata associação: tudo o que era ruim, que dava errado, aquilo em que não valia a pena investir era russo — e, por extensão, socialista... O mesmo processo era (e ainda é, embora já tenha reduzido bastante em função da força dos questionamentos dos movimentos sociais para desvendá-lo e denunciá--lo) vivenciado na frase "A coisa está preta" para as mesmas situações. Embora muitas pessoas e estudiosos digam que a frase tem a ver com o processo anterior ao Iluminismo, quando não haveria "luz" para interpretar a realidade da vida social, a frase foi por muito tempo adotada com forte simbologia racista. Um de seus similares, por exemplo, é: "Isso é serviço de preto", para falar de coisas malfeitas. Pense algumas vezes, então, antes de naturalizar a afirmação de que você levantou com o pé esquerdo. A frase não tem nada a ver com mística, como por vezes tentam nos fazer acreditar. Ao menos em seus efeitos concretos. Em sentido oposto, mas com a mesma lógica, tem-se a valorização da Direita: entrar com o pé direito.

> Konder[78] tem um excepcional artigo de apenas cinco páginas sobre a história das palavras e os sentidos que as disputas em curso na vida social por vezes lhes emprestam. Ao ler o artigo "A palavra e as lutas de classes" ficamos sabendo, por exemplo, que a origem pejorativa, negativa da palavra *vilão* vem de uma tentativa de caracterizar como menores as pessoas que viviam em vilas (fora dos centros comerciais, estes nas cidades). Ou que a palavra perigo (embora atualmente seja comum que pessoas de várias classes sociais defendam que vivemos em uma sociedade muito perigosa) tem, na verdade, origem

---

78 KONDER, L. *O marxismo na batalha das ideias*. São Paulo: Expressão Popular, 2009b.

> em um processo que era imposto por senhores feudais a seus trabalhadores: a posse de seus corpos, além da produção que geravam como resultado de seu trabalho na terra. Recomendamos a leitura desses e de outros exemplos utilizados por Konder, que levarão à percepção de que também a linguagem não é nada neutra.

Voltando a Lyra Filho,[79] ele afirma que ideias pré-concebidas a partir de posicionamentos de classes emprestaram outros sentidos ao estudo do que vem a ser ideologia. Cita dois: deformações do raciocínio ou uma imagem mental que não corresponde à realidade das coisas.

Há um autor marxista, István Mészáros,[80] que logo no início de seu livro denominado *O poder da ideologia* se utiliza de um exemplo que consideramos brilhante. Consultando o sentido de algumas palavras em um dos processadores de texto da época em que o redigiu (1989), o *WordStar*, Mészáros se deparou com as seguintes definições: "conservador" seria sinônimo de comedido, discreto, de bom gosto, despretensioso, inconspícuo, moderado, quieto, sóbrio; econômico, espartano, frugal, parcimonioso, previdente, prudente, regrado; arredio, equilibrado, reservado. Nem todos somos assim, não é? Mas pense como pessoas com essas características são vistas. Como "pessoas do bem" ou "do mal"?

O mesmo acontece com a definição de "liberal", cujos sinônimos apresentados pelo *WordStar* são: aberto, avançado, despreconceituoso, indulgente, progressista, radical, tolerante, beneficente, generoso, magnânimo, mão-aberta, pródigo; abundante, amplo, suficiente, copioso, excessivo, exuberante, profuso, repleto, rico, transbordante.

Já a palavra "revolucionário" seria apresentada às pessoas com outros sentidos. Sua definição seria enfurecido, extremista, extremo, fanático, radical, ultra.

Um livro publicado em 1989 teria sido redigido durante o mesmo período histórico citado quando apresentamos a você a frase "A coisa está russa": a Guerra Fria, a disputa de décadas vivenciada entre países capitalistas e socialistas.

---

79 LYRA FILHO, 2012, p. 16.

80 MÉSZÁROS, I. *O poder da ideologia*. São Paulo: Boitempo, 2004.

Hobsbawm caracteriza o período da Guerra Fria como o padrão de relações internacionais que durou cerca de 45 anos e foi iniciado pelo lançamento da bomba atômica, pelos Estados Unidos, sobre Hiroshima e Nagasaki. O historiador marxista afirma que gerações inteiras acreditavam que, a qualquer momento, a humanidade seria devastada por uma batalha global, fruto do enfrentamento entre os interesses dos blocos capitalista e comunista, liderados por Estados Unidos e União Soviética, respectivamente. Outros autores auxiliam na apreensão da expressão "Guerra Fria". Hobbes,[81] por exemplo, afirma que "a guerra não é apenas a batalha ou o ato de lutar, mas o período de tempo em que existe a vontade de guerrear". Sun Tzu,[82] por sua vez, chega a denominar um dos capítulos de seu conhecido livro *A arte da guerra* com o sugestivo título "Da arte de vencer sem desembainhar a espada". O ponto final da Guerra Fria teria sido a queda do Muro de Berlim, em 1989.[83]

Naquele período, liberais (ou conservadores) eram associados exatamente ao modelo de sociedade defendido pelos capitalistas. Revolucionário, por sua vez, era sempre uma denominação emprestada aos socialistas (e reivindicada por estes, posto que pretendiam ir à raiz dos problemas, alterá-los em suas bases concretas). Muitas vezes nem os liberais eram tão liberais assim, nem os socialistas poderiam querer revolucionar as estruturas da sociedade em que viviam. Tratava-se, portanto, de uma disputa ideológica, no sentido destacado por Lyra Filho ou mesmo por Mészáros. Este último definirá ideologia como uma "forma específica de consciência social (...), inseparável das sociedades de classes,[84] materialmente ancorada ou sustentada".[85]

Afirma Mészáros:[86] "Tudo está impregnado de ideologia, quer a percebamos, quer não". Lyra Filho chama atenção, no mesmo sentido, para o fato de que isso também ocorre no âmbito do que chamamos de ciências — poderíamos dizer áreas de

---

81 HOBBES, T. *Leviatã ou matéria, formas e poder de um estado eclesiástico e civil*. São Paulo: Martin Claret, 2009. p. 95.

82 SUN TZU. *A arte da guerra*. Porto Alegre: L&PM, 2000. p. 32-41.

83 Sobre o tema, conferir: HOBSBAWM, 1995, p. 223-252.

84 Essa vinculação é aprofundada em outra obra do autor: MÉSZÁROS, I. *Filosofia, ideologia e ciência social*: ensaios de negação e afirmação. São Paulo: Boitempo, 2008.

85 LYRA FILHO, 2004, p. 65.

86 MÉSZÁROS, 2004, p. 57.

conhecimento. Ou seja, não há neutralidade. Associar direito exclusivamente a lei, como pretendem algumas visões, não é algo despretensioso. Assim como ampliar seu sentido para além do que está previsto nas constituições ou demais legislações também não o é. Em sociedades de classes (relembre o destaque de Mészáros, logo acima) essas distinções expressam, portanto, diferentes perspectivas de leitura da sociedade. Podem até não expressar exatamente o que uma ou outra classe pensa — uma vez que revolucionários e liberais podem até compartilhar determinadas visões, como o questionamento à ordem social feudal. Afinal o mundo não é tão fácil de ser explicado como às vezes pretendemos ou como nos mostram filmes e novelas, com o lado dos bons e o lado dos ruins, os heróis *versus* os vilões. Na vida real, concreta, social, as contradições são muito maiores que essa polarização, embora em vários momentos na história dois blocos fundamentais passem a se enfrentar e a aglutinar pensamentos e pessoas que, a despeito de não serem exatamente os mesmos, juntam-se às ideias de maior força para fazer avançar o modelo de sociedade que defendem.

O mesmo processo pode ocorrer com a tentativa, própria de muitos militantes de movimentos sociais, de definir rapidamente quem é "de esquerda" ou "de direita", quem é "conservador", "reacionário" ou "revolucionário". Essas definições (diferentemente do que querem nos fazer acreditar os que ainda continuam liderando a sociedade capitalista) continuam tendo importância para identificar posições políticas, econômicas, ideológicas que permanecem em disputa na sociedade, é fato. Utilizá-las levianamente, contudo, não contribui para a melhor apreensão das contradições existentes na sociedade. Basta pensarmos no difícil debate em torno da existência ou não de prisões, de seus efeitos concretos e das razões para as quais elas deveriam (ou não) efetivamente existir. É um tema que aproxima muito aqueles que se autodefinem em lados distintos da disputa política. No Capítulo 3 deste livro veremos algumas consequências desse processo.

Após esses exemplos, é hora de retornar a Lyra Filho. O autor defenderá que é possível perceber três tipos distintos de ideologia, três "modelos" principais.[87] O primeiro seria ideologia como falsa consciência. Essa definição se referiria aos processos que deturpam, deformam a realidade. O segundo seria a ideologia como crença — que acaba tendo o mesmo sentido, especialmente se tais crenças não admitem questionamentos a suas fragilidades, como ocorre com os dogmas. O terceiro modelo seria

---

87  LYRA FILHO, 2012, p. 29-55.

a ideologia vista como instituição — que apontaria a origem social do produto e dos processos de sua transmissão social.

No entanto, há um importante alerta feito por Lyra Filho. Se voltarmos aos exemplos que apresentamos, facilmente identificaríamos tais utilizações da ideologia como algo milimetricamente calculado, pensado para forjar um determinado resultado posterior. Lyra Filho, contudo, lembra Marx e Engels para afirmar: "não se trata de má-fé".[88] Assumir essa perspectiva seria voltarmos à dicotomia entre os bons e os maus. E cometeríamos um equívoco mais grave: o de pensar que estamos tratando apenas de algo que se constrói no campo das ideias, sem uma materialidade na vida prática, social (ou seja, na forma como a política é ou não democratizada, como a riqueza é ou não mais bem distribuída etc.). Em um dado momento do livro que aqui estamos utilizando como base,[89] o autor dirá que ideologia é antes social e depois psicológica.

Assim, Lyra Filho também apresentará sua própria definição para ideologia. Para o autor,[90] "ideologia é a cegueira parcial da inteligência entorpecida pela propaganda dos que a forjaram". Tais processos — ou propaganda — chegam até nós de diferentes formas: pelos meios de comunicação de massa, pelo ensino, por mecanismos de controle social dos comportamentos e até mesmo (o que nos interessa demais, dada a temática deste livro...) pelas próprias leis!

Vejamos quão curioso é esse processo. Se nos detivermos a pensar nas mãos de quem se encontram essas formas de transmissão de ideologia identificaremos facilmente que sua posse não está democratizada, e isso não é mero acaso. Nem naquilo que reconhecemos como uma importante conquista — direito — da população, que é o acesso ao ensino. Há outro autor marxista, Imannuel Wallerstein,[91] que, discutindo como as ciências foram divididas em caixinhas específicas ao longo do que se conformou a tentativa de criar um universalismo científico para gerar um consenso em torno das explicações para a vida, dirá que uma das principais disputas existentes no âmbito do ensino universitário é a da socialização da juventude. O momento em que nos encontramos no ensino superior (mesmo que sua qualidade venha sendo cada vez mais atacada por diferentes processos) é importante para nossas vidas. Em geral, é

---

88 LYRA FILHO, 2012, p. 20.

89 LYRA FILHO, 2012, p. 22.

90 LYRA FILHO, 2012, p. 20.

91 WALLERSTEIN, I. *O universalismo europeu*: a retórica do poder. São Paulo: Boitempo, 2007.

uma etapa em que passamos a questionar informações às quais tivemos acesso como se fossem absolutas, inquestionáveis. E, em tese, é nesse processo que mais nos capacitamos para desenvolver ideias próprias, originais, argumentar com maior qualidade e fundamentação aquilo que defendemos ou pretendemos construir. Disputar tais consciências é fundamental, alerta Wallerstein. Então, a própria ciência — como nos chamava atenção há pouco Lyra Filho — também é carregada de ideologia. E não é algo "do bem" ou "do mal". Lembrem-se de como Mészáros[92] a define: uma forma específica de consciência social. Ela não é, então, por si só, positiva ou negativa.

Sua superação pode se dar com maior ou menor grau de dificuldade, ou pela ultrapassagem de determinado momento histórico. Vejam que o exemplo que citamos há algumas páginas, de utilizar "a coisa está russa" para falar de processos negativos, dificilmente seria compreendido pelas novas gerações, que não viveram a Guerra Fria. Contudo, "papo de mulherzinha" ou outras afirmações desse tipo tenderão a persistir por um tempo mais largo. Lyra Filho dirá que o machismo, como ideologia, é bem mais complexo de ser superado. Suas raízes são seculares, milenares. Na sociedade capitalista ele pode adquirir (e efetivamente adquire) contornos específicos. As lutas feministas podem fazê-lo recuar em um ou outro sentido (como o da violência contra a mulher, hoje tida como condenável pela maioria das pessoas). Porém, nas relações privadas ele continua sendo fortemente presente; basta pensar como ainda são vistas como tarefas essencialmente femininas aquelas voltadas à limpeza do lar, à cozinha, às compras etc. Ou como a demonstração de afetos como abraços, braços dados, beijos no rosto e similares ainda é algo muito mais fácil para mulheres que para homens em nossa cultura. O importante, afirma Lyra Filho,[93] é não nos permitirmos nos acomodar na alienação, ou seja, não nos conformarmos em não conhecer o resultado final de cada processo. É preciso nos perguntar sempre onde cada caminho dará.

O autor cita a alienação propondo que não desliguemos nossa mente do que existe ao redor. Esse é um dos sentidos que a alienação recebe em nossa vida cotidiana. Uma pessoa alienada é vista como a que não quer saber de nada,

---

92 MÉSZÁROS, 2004, p. 65.

93 LYRA FILHO, 2012, p. 25.

> não se interessa pelos processos sociais, pensa que a vida se resume ao seu pequeno mundo individual. Marx, ao longo de suas obras, propõe à alienação um conteúdo distinto: seria o processo pelo qual quem trabalha não se reconhece no produto final de suas ações, com distintos e importantes impactos para suas vidas. Konder,[94] contudo, alerta: como outros conceitos, o de alienação também tem sua história, com diferentes (e, por vezes, opostas) acepções.

Quanto à superação da ideologia, momentos revolucionários são os que abrem maiores possibilidades de rupturas e contestação da ideologia oficial. Lyra Filho[95] cita Marx ao lembrar que, para o filósofo alemão, nós, seres sociais, não somos nem totalmente livres, nem totalmente determinados. Assim, temos a necessidade de ter consciência sobre condicionamentos que nos são impostos e agir para superá-los.

Lyra Filho[96] concluirá seu capítulo sobre distintas ideologias jurídicas dizendo que é possível identificá-las em três blocos distintos: as jusnaturalistas, as positivistas e as dialéticas.

O vocábulo *jusnaturalismo* remete ao direito natural. Seria uma espécie de "garantia" apenas pelo fato de termos vida. A ordem natural das coisas preveria direitos e o acesso a eles. Sabemos, contudo, que a vida real não é assim.

Por sua vez, a palavra positivista, aqui, expressa aquilo que está previsto em leis. Seriam elas as "garantidoras da ordem", que impediriam o que Hobbes[97] chamava de estado de guerra, ou estado de natureza, em que todos os seres vivos competiriam entre si por seus interesses, o que exigiria a adoção de normas que evitassem tal estado de coisas.

Por fim, concepções dialéticas sobre o direito seriam aquelas capazes de perceber o movimento infinito das contradições expressas no mundo real. A dialética materialista (proposta por Marx a partir da crítica à dialética idealista, de Hegel) diz respeito à organização efetiva da vida concreta, ou seja, envolve, fundamentalmente, como se dão a produção e a apropriação das riquezas em cada sociedade.

---

94  KONDER, L. *Marxismo e alienação*: contribuição para um estudo do conceito marxista de alienação. São Paulo: Expressão Popular, 2009c.

95  LYRA FILHO, 2012, p. 22.

96  LYRA FILHO, 2012, p. 29-55.

97  HOBBES, 2009.

Obviamente não se limitam à esfera da economia, posto que, embora seja uma dimensão central de nossas vidas, se articula com dimensões como política, cultura, características identitárias etc.

O mais habitual, na sociedade do capitalismo avançado em que hoje vivemos, é que o direito nos seja apresentado como aquilo que está previsto nas leis. A maioria das pessoas não consegue reconhecer outros aspectos do debate e se contenta em fazer lutas meramente pelo reconhecimento legal de necessidades que pensa serem necessárias atender. Mais: assume o discurso de que para cada direito corresponde um dever. O que atua fortemente nesse processo é o mesmo procedimento ideológico que discutimos há pouco, ou seja, nos esquecemos de que as leis, criadas no âmbito do Estado, não são neutras — como o Estado também não é, embora possamos reconhecer espaços contraditórios que permitem sua disputa, como nos apontam autores como o marxista italiano Antonio Gramsci.[98] Enquanto parecem ser do interesse geral, de todos, enquanto são expressão majoritária de interesses de uma classe, as leis expressam o que Marx e Engels[99] já apontavam ser uma das características de uma classe que se pretenda hegemônica: a capacidade de apresentar interesses particulares, seus, próprios, como interesses coletivos, universais, de todos. Já vimos anteriormente, com Lyra Filho,[100] que direito e lei expressam conteúdos possivelmente distintos. O mais importante a perceber é que isso não é um mero jogo de palavras. Vamos tentar exemplificar.

O Brasil vem debatendo, nos últimos anos, não sem enorme polêmica, um processo de reconfiguração do que chamamos ensino superior, aquele oferecido em nível universitário. O acesso de jovens ao ensino superior sempre foi um problema para o país, expondo-nos a críticas internacionais, posto que os índices de acesso à universidade no Brasil são inferiores aos de muitos outros países, inclusive de economia muito menos desenvolvida. Nesse processo, muitos movimentos sociais (especialmente o estudantil) têm feito a defesa de que temos direito à universidade pública, gratuita, de qualidade, socialmente referenciada (ou seja, que produza respostas para os problemas sociais de cada região, época, conjuntura) e universal (acessível a todos). Contudo, se formos buscar em que legislações isso está previsto, não encontraremos. Nem na legislação nacional nem nas cartas internacionais dos direitos da criança, por

---

98  GRAMSCI, A. *Maquiavel, a política e o estado moderno*. 8. ed. Rio de Janeiro: Civilização Brasileira, 1991.

99  MARX & ENGELS, 2009.

100 LYRA FILHO, 2012.

exemplo (nestas, sujeitos de até 18 anos de idade são vistos como crianças). Todas elas falarão da obrigatoriedade do Estado de oferecer educação universal apenas em determinados níveis (em geral, o ensino básico).[101] Por que chamamos, então, a universidade com essas características (especialmente a universalidade) de direito?

Neste momento de nosso diálogo será necessário retornar ao adjetivo que conforma a expressão "direitos humanos". Em nossa perspectiva, o fundamental para qualificar o que é o substantivo "direitos" está no adjetivo "humanos".

Como vimos na Seção 1.1 deste livro, o ser humano diferencia-se dos demais seres vivos por algumas características. Uma delas é fundamental resgatarmos agora: o da produção e da satisfação de necessidades. Apenas nós as produzimos e satisfazemos em complexos processos sociais. Neles estão contidas inter-relações entre seres humanos, classes sociais, interesses distintos, instituições como o Estado e seus diferentes poderes, acesso a divisão de riquezas, bens e serviços.

Assim, aquilo que reconhecemos como necessidade para nossas vidas, mas que não necessariamente é satisfeito de imediato pela organização da sociedade de então, recebe de nós o nome de direito. Em outras palavras, é assim que vivenciamos a complexa relação entre o legal e o legítimo, também já apontada por Lyra Filho.[102] Esses direitos que elencamos sempre representam demandas concretas — como passe livre em transporte público ou saúde e educação gratuita e de qualidade. Isso ocorre mesmo quando sua anunciação é algo abstrata — por exemplo, é bastante costumeiro dizermos que temos direito a vida digna, algo pouco palpável. Se provocados, contudo, a dizer o que isso significa, cada um buscará em seus referenciais concretos de vida sua explicação: água encanada, esgoto, escola para si e para os filhos, habitação, salários justos, trabalho e tantos outros. Se você reparar, nesses exemplos estão sempre presentes políticas sociais e/ou do mundo do trabalho, o que, em geral, faz opor interesses de distintas classes sociais. Para demonstrá-lo, basta verificar a distribuição do fundo público em países como o Brasil. A maior parte da riqueza nacional é destinada

---

101 Uma importante exceção pode ser encontrada na carta internacional que anunciava ao mundo o que a Revolução Russa de 1917 defendia como seus princípios. Aquele documento — que não por acaso tem por título *Declaração dos direitos do povo trabalhador e explorado*, o que lhe confere, de cara, a distinção que a revolução apontava em relação ao domínio dos czares sobre a imensa população russa — anuncia, em seu artigo 17, que a educação seja "integral (...) e gratuita aos trabalhadores e ao campesinato mais miserável" com o objetivo de "assegurar aos trabalhadores verdadeiro acesso ao conhecimento" (VON KÖEIN, 2006).

102 LYRA FILHO, 2012.

a pagamentos de juros e amortizações de dívidas, ou seus valores nominais (dívidas que não fizemos), que beneficiam apenas alguns milhares de pessoas.

Porém, podemos encontrar essa concretude, também, em legítimas reclamações de segmentos de classe, como mulheres, homossexuais, negros, pessoas com deficiência, idosos. Cada um desses segmentos apresentará suas críticas: ao machismo, à homofobia, ao racismo — que tem no Brasil crudelíssimas expressões em fenômenos como as prisões ou o extermínio real do povo negro —, à acessibilidade nas cidades, às condições de vida e de gozo da aposentadoria com o mesmo nível de vida de quando trabalhavam.

Desses exemplos, então, podemos aferir a possibilidade de que também o que chamamos de direito tem características próprias. Vejamos três delas, para depois concluirmos nosso capítulo sobre o que define direitos humanos.

Uma primeira característica é que direitos sempre advêm de relações entre seres humanos. Mesmo o "direito dos animais" ou os "direitos da natureza", que costumam encontrar defensores em diversos países na atualidade, dizem respeito a construções humanas. Elas estão relacionadas ou a avanços éticos que estabelecemos na relação com os demais seres vivos (por exemplo, não castigá-los para mera diversão humana, caso dos movimentos que defendem que não haja castigos sobre animais em rodeios) ou a necessidades dos próprios seres humanos. Diversos estudos já demonstram que o padrão de vida e consumo vivenciado pelo capitalismo em países centrais (e proposto como modelo para os demais) é destruidor da natureza. As próximas gerações podem sofrer impactos cada vez mais difíceis de reverter decorrentes de processos como o esgotamento de fontes de água potável, o aquecimento global, a contaminação de alimentos em função dos interesses produtivos do agronegócio, entre outros exemplos. Assim, mesmo quando nos propomos gerar leis, ou mesmo acordos sem previsão legal, sobre como lidar com a natureza e os animais aos quais chamamos de irracionais, o fazemos em nome de interesses dos seres humanos. Nesse sentido — como nos aponta Flores,[103] baseado na contribuição marxista de discípulos de György Lukács, na Escola de Budapeste —, todos os direitos são humanos. Só nós somos capazes de gerá-los e buscar sua satisfação na organização societária então vigente.

Uma segunda característica é que não há disputa por direitos que não ocorra em sociedade. A forma como cada sociedade está organizada prevê melhores ou piores

---

103 FLORES, J. H. *Los derechos humanos desde la Escuela de Budapest*. Madrid: Tecnos, 1989.

condições de que necessidades humanas sejam, ou não, satisfeitas universalmente. Uma sociedade baseada na apropriação, por poucos, de riquezas que muitos produzem (caso da sociedade capitalista) não tem condições de afirmar a efetiva existência de direitos humanos. Em sua lógica estão implícitas a exploração (de uma classe social por outra, posto que falamos, aqui, de igualdade de acesso a bens, serviços, riquezas sociais) e a opressão (de mulheres por homens, de negros e negras por brancos e brancas, de segmentos populacionais por outros). Estas, as diferentes opressões, se amplificam em sociedades em que a exploração é um de seus centros. Basta verificar os dados dos recenseamentos feitos no Brasil para identificar quantos negros e negras, ou mesmo mulheres brancas, têm suas necessidades satisfeitas em níveis inferiores aos de homens brancos no que se refere ao mundo do trabalho.

Desta segunda característica nos é possível desdobrar mais duas constatações. A primeira é que não há direitos que não sejam sociais. Mesmo para os que ainda se guiam pela classificação de Marshall,[104] proposta a partir da realidade específica da Inglaterra, de gerações de direitos (civis, políticos, sociais, ambientais, difusos etc., em processo algo evolucionista e naturalizado), há que se atentar para a complexidade da vida na sociedade contemporânea. Um morador de um território que estiver sob influência de facções do tráfico e/ou de milícias, por exemplo, dificilmente acessará educação, saúde, ou mesmo alimentação ou artigos necessários para sua vida (como botijões de gás) sem ter respeitada sua necessidade de ir e vir. A hierarquização de direitos em mais ou menos importantes é sempre um exercício autoritário e algo subjetivo, já afirma Flores.[105] Se somos, simultaneamente, seres e indivíduos sociais, como afirma Marx, nossas necessidades terão variações importantes e que precisam ser consideradas.

A segunda, e fundamental, constatação que vem da afirmação de que a disputa por direitos sempre ocorre em sociedade é a de que não há nenhuma condição de acesso a direitos universalmente garantidos em uma sociedade capitalista. Não é essa a lógica de sua organização. Para que ela exista, exploração e desigualdade social são pilares necessários. Se derrubados, o próprio capitalismo se esgota, o que não significa que não possamos (e devamos) desenvolver lutas pelo atendimento de diversas necessidades humanas, qualquer que seja a sociedade em que nos encontremos. No entanto, é preciso

---

104 MARSHALL, T. H. *Cidadania, classe social e status*. Rio de Janeiro: Zahar, 1967.

105 FLORES, 1989.

apontar: uma sociedade capaz de atendimento ao conjunto das necessidades humanas é, necessariamente, uma sociedade humanamente emancipada.[106]

A terceira característica que percorre uma concepção dialética sobre o direito já está sendo apreciada por nós nas duas anteriores. Direitos implicam disputa entre distintos interesses. Parece-nos que já está evidente que eles podem ser de classes diferentes (em luta por modelos distintos de organização societária) ou entre segmentos sociais (basta pensarmos nas lutas pelo fim da violência contra mulheres, crianças, adolescentes, homossexuais, negros e tantos outros segmentos subalternizados). Quanto a essas últimas, inclusive, é preciso atentarmos para o fato de que mesmo sociedades contemporâneas que construíram modelos alternativos ao do capital, como diversas sociedades socialistas, não foram necessariamente capazes de eliminar tais contradições, o que não significa que não tenham alcançado melhores patamares de vida para suas populações, como nos quer fazer acreditar a ideologia liberal-capitalista. Em nossa visão, as referências aqui devem ser buscadas não nas críticas conservadoras e reacionárias de liberais contra Cuba, União Soviética, Alemanha Oriental, Tchecoslováquia, Venezuela, Bolívia, El Salvador, Chile, Nicarágua e tantos outros países que ousaram desenvolver, do século XX para cá, experiências anticapitalistas; mas, sim, em autores que reconhecem que necessidades humanas continuam sendo produzidas cotidianamente e que uma sociedade efetivamente justa precisa dar conta de desigualdades que não são exclusivamente geradas por acesso diferenciado a riquezas sociais.[107]

A busca pela satisfação das diversas necessidades humanas (as mesmas às quais costumamos denominar direitos) precisa ser feita no momento em que estamos vivendo, na sociedade em que estamos inseridos, nas condições materiais que se apresentam concretamente — em nosso caso, sob a vigência, ao menos no momento presente, de relações sociais capitalistas, desiguais, ideologizadas, que propõem interpretações conservadoras ou até reacionárias para o campo dos direitos. Nesse quadro, mesmo a visão aqui defendida sobre o que sejam os direitos humanos e como sua satisfação deva ser buscada, seja no exercício profissional, seja na militância e na disputa política, tende a ter maiores dificuldades. Afinal, parece-nos bastante óbvio que há uma predominância, na atualidade, de uma concepção reacionária

---

106 MARX, 2009.

107 Por exemplo, a nosso juízo, cf. HOBSBAWM, E. *Era dos extremos*: o breve século XX (1914-1991). São Paulo: Companhia das Letras, 1995.

de direitos humanos,[108] aquela que propõe que alguns devem ter mais acesso a direitos que outros, em nome de um suposto bem de todos.

Assim, ainda que reconhecendo as profundas contradições existentes na sociedade capitalista e em suas diversas instituições, é neste campo de nossa autonomia relativa que pretendemos propor reflexões sobre como e onde, em nosso exercício profissional, conhecendo avanços que as lutas sociais já obtiveram na relação com determinados direitos, há interessantes possibilidades de ação profissional.

> Iamamoto e Carvalho[109] defendem a existência de uma autonomia relativa a profissões regulamentadas, que constroem códigos de ética e que regem sua atuação por eles. Não se trata de autonomia total, posto que mediada pela condição do trabalho assalariado — portanto, das requisições institucionais que, queiramos ou não, também fazem parte da legitimação social que cada profissão adquire na contemporaneidade.

Registramos a existência do que alguns autores chamarão de crítica marxista do Direito. Nela, em linhas gerais, afirma-se corretamente que o Direito, em uma sociedade capitalista, tem como premissa central a normatização do processo de compra e venda da força de trabalho, por meio de um contrato. Esse processo, além de conferir suposta legitimidade à exploração do trabalho por quem a promove, garante legalmente a existência da mais-valia.[110] Em outras palavras, reconheceria certa normalidade no fato de que a riqueza que é construída socialmente (portanto, no século XXI, por bilhões de pessoas) fosse apropriada por uma minoria — a burguesia. Mesmo outras previsões do campo do Direito, como o sistema prisional, seriam servis a essa lógica. De nossa parte, afirmamos nossa concordância com esses aspectos. Contudo, eles estão voltados para a crítica da dimensão legal do Direito, aquela que está prevista em leis. Como outros autores

---

108 Ruiz (2014, p. 180-205), define o que vê como sendo tal concepção de direitos e dialoga com autores e sociedades que a propõem. A respeito, cf. RUIZ, J. L. de S. *Direitos humanos e concepções contemporâneas*. São Paulo: Cortez, 2014.

109 IAMAMOTO, M.; CARVALHO, R. de. *Relações sociais e Serviço Social no Brasil*. Esboço de uma interpretação histórico-metodológica. 28. ed. São Paulo: Cortez [Lima, Peru, CELATS], 2009.

110 MARX, 2008a.

marxistas também apontaram, não se trata da única dimensão do debate. Assim, ela é a forma social que o Direito assume sob a sociedade capitalista. Associando-se direitos a necessidades humanas, a satisfação destas, como vimos, não estará sempre prevista em legislações. Sua relação central será com a produção de necessidades, exclusividade dos seres humanos — o que lhe confere uma dimensão profundamente dialética. Trata-se de um debate complexo, para o qual algumas pistas estão contidas em Ruiz.[111]

---

111 RUIZ, 2014, p. 275-302.

# CAPÍTULO 2

# Os sistemas de proteção dos direitos humanos

## Introdução

O debate sobre os direitos humanos adquiriu nova configuração, sobretudo a partir da segunda metade do século XX. As duas grandes guerras mundiais constituíram-se em um componente conjuntural que levou os países reunidos em torno da Organização das Nações Unidas (ONU) a buscar formas de evitar que os horrores ocorridos em ambas se repetissem.

A forma encontrada no âmbito das Nações Unidas acabou sendo a edificação de um regime jurídico pretensamente universal para a proteção de direitos humanos. Nele, uma das principais estratégias foi a aprovação de cartas internacionais que foram elaboradas especialmente a partir da Declaração Universal dos Direitos Humanos, em 1948.

## 2.1 Precedentes históricos

Embora a referida Declaração de 1948 se constitua como um importante marco histórico na luta por direitos, sobretudo no cenário mundial, é preciso ressaltar que o pleito por direitos universais é secular. Portanto, em tempos anteriores já haviam sido elaborados documentos que buscaram alimentar a luta por direitos para os seres constituintes da espécie humana. Como exemplos, temos a Declaração Inglesa de Direitos (1689);

64  *Direitos humanos e Serviço Social*

a Declaração dos Direitos da Virgínia (1776);[1] a Declaração de Direitos do Homem e do Cidadão (1789); o Manifesto Comunista (1848); a Convenção da Cruz Vermelha: a Convenção sobre o socorro aos feridos nos campos de batalha (1864); a Convenção de Genebra (1864); o Ato Geral da Conferência de Bruxelas sobre a repressão ao tráfico de escravos (1890); a Constituição Mexicana (1917); a Constituição Soviética (1918) — e sua precedente Declaração dos Direitos do Povo Trabalhador e Explorado (1917); a Constituição Alemã (1919); o Pacto da Sociedade das Nações (1919); a Convenção de Genebra, referente ao tratamento de prisioneiros de guerra (1926); a Convenção Internacional Relativa à Repressão do Tráfico de Mulheres Maiores (1938); a Carta das Nações Unidas (1945), o Código de Nuremberg.

Alguns autores voltam ainda mais no tempo e indicam que a defesa de direitos humanos já estava presente em documentos como o Código de Hamurabi (cerca de 1780 anos a.C.),[2] da Mesopotâmia, e a Lei das XII Tábuas (cerca de 450 anos a.C.), de Roma.

Desse conjunto de documentos internacionais anteriores à Declaração Universal dos Direitos Humanos de 1948, um dos que tiveram especial impacto (e que persiste até os dias atuais em distintas áreas do conhecimento e das lutas sociais) foi a Declaração de 1789.[3] Ela coroava, conforme afirma Hobsbawm,[4] um processo revolucionário que seria capaz de fazer desaparecer do globo terrestre um modo de produção de riquezas mundialmente existente, o feudalismo.

---

1   A Declaração de Virgínia corresponde ao processo de revolução americana ocorrida em 1776, sendo também conhecida como Declaração de Independência dos Estados Unidos. Comparato (2008, p. 105-107) classifica como a "característica mais notável" de tal documento o fato de ter sido o primeiro a afirmar princípios democráticos na história política moderna. Ao lado do reconhecimento da necessidade da soberania popular, a referida Declaração reconheceria a existência de "direitos inerentes a todo ser humano, independentemente das diferenças de sexo, raça, religião, cultura ou posição social". O autor atenta para o fato de que o então presidente dos Estados Unidos, Thomas Jefferson, era arguto o suficiente para perceber que tais direitos não eram inatos — o que implicaria afirmar que sua realização não dependeria "exclusivamente das virtudes dos cidadãos". Tratava-se, portanto, de oferecer a todos "condições políticas indispensáveis à busca da felicidade".

2   Voltaremos a citar o Código de Hamurabi no Capítulo 3 deste livro, quando dialogarmos sobre tortura, demonstrando contradições que consideramos centrais para a possibilidade de vê-lo ou não como um documento de defesa de direitos humanos.

3   Relativa à Revolução Francesa, essa Declaração é alvo das principais críticas de Marx contidas em MARX, K. *Para a questão judaica*. São Paulo: Expressão Popular, 2009b.

4   HOBSBAWM, E. *A era das revoluções* (1789-1848). São Paulo: Paz e Terra, 2010.

CAPÍTULO 2 | Os sistemas de proteção dos direitos humanos

Com caráter eminentemente burguês e elaborada com base em concepções liberais, a referida Declaração é apresentada como uma espécie de certidão de nascimento dos direitos humanos e como expressão dos interesses e necessidades de todos. Essa visão é bastante frágil quando nos dedicamos a conhecer como se organizava a vida em sociedade no século XVIII, no qual uma parcela da população era composta pela nascente burguesia, mas a maioria da sociedade europeia de então era de trabalhadores do campo, os quais compreendiam as bandeiras da igualdade, liberdade e fraternidade, que formaram a tríade da Revolução Francesa, sob perspectiva distinta da adotada pela burguesia.[5] Como afirma Trindade,[6] levou pouco tempo para que a classe trabalhadora percebesse que "a Revolução seria burguesa e nada faria pelos operários". Algumas décadas depois, essa percepção se abateu sobre essa parte da população, especialmente durante o processo conhecido como Primavera dos Povos, ocorrido de forma ímpar na Europa, mas com impactos mundiais, inclusive no Brasil.[7]

Primavera dos Povos foi o nome pelo qual ficaram conhecidas as revoluções populares que ocorreram por toda a Europa em 1848. Obviamente, foi antecedida por outros processos de mobilização, como os ocorridos em 1830,[8] ou o movimento luddista, na Inglaterra, entre 1811 e 1816, quando trabalhadores quebraram máquinas identificando nelas as razões de seu desemprego.[9] No ano de 1848, contudo, em que também foi publicado o Manifesto Comunista, a revolução popular se estendeu pela Europa "como um rastilho de pólvora".[10] A Primavera dos Povos, em conjunto com a Revolução Francesa de 1789, seria responsável por abolir "as relações agrárias feudais em toda a Europa ocidental e central",[11] com seus impactos chegando ao Brasil, país em que suas ideias

---

5   A respeito, cf. HOBSBAWM, 2010, mas também COMPARATO, F. K. *A afirmação histórica dos direitos humanos*. 6. ed. São Paulo: Saraiva, 2008 e RUIZ, J. L de S. *Direitos humanos e concepções contemporâneas*. São Paulo: Cortez, 2014.

6   TRINDADE, J. D. de Lima. *História social dos direitos humanos*. São Paulo: Peirópolis, 2002. p. 69.

7   HOBSBAWM, 2010; TRINDADE, 2002; COMPARATO, 2008.

8   HOBSBAWM, 2010; TRINDADE, 2002; COMPARATO, 2008.

9   HOBSBAWM, 2010, p. 75.

10  COMPARATO, 2008, p. 167.

11  HOBSBAWM, 2010, p. 5.

66  *Direitos humanos e Serviço Social*

> tiveram influência sobre a Revolução Praieira, em Pernambuco,[12] em que, com a adesão da população pobre, se apresentou um programa democrático contra o Segundo Reinado.

A seguir, em 1917, a Declaração do Povo Trabalhador e Explorado, da Revolução Russa, apresentaria ao mundo o contraponto operário às revoluções burguesas de 1776 e 1789.[13] Ao final da Segunda Guerra Mundial, já na primeira metade do século XX, disputas entre países socialistas e capitalistas se encontravam cristalizadas e expressas nos blocos que se conformaram em torno da União Soviética e dos Estados Unidos, o que teria grande impacto sobre o debate a respeito dos direitos humanos a partir de então.

## 2.2 O sistema internacional de proteção aos direitos humanos

Esse regime que se constrói a partir de 1948 expressa a luta de diferentes sujeitos, sejam da classe trabalhadora, sejam de outros grupos sociais, por melhores condições de vida e pelo provimento de suas necessidades, tendo repercussão nas relações nacionais e internacionais. Trata-se de um movimento ímpar na história que atinge de modo significativo a autonomia e a soberania de cada país signatário dos documentos internacionais. Eles passam a interferir também na legislação específica de cada nação, a qual deve, então, estar em conformidade com o conteúdo por eles previsto. Assim, a esfera das relações e acordos internacionais gera obrigações, limitações, procedimentos e punições para os países que a eles aderiram e amplia os contornos do reconhecimento das necessidades humanas.

Nesse sentido, Piovesan[14] destaca:

> Fortalece-se, assim, a ideia de que a proteção dos direitos humanos não deve se limitar ao domínio reservado do Estado, isto é, não deve se restringir à competência

---

12  TRINDADE, 2002, p. 128.

13  TRINDADE, 2002.

14  PIOVESAN, F. *Direitos sociais, econômicos e culturais e direitos civis e políticos.* 2003. Disponível em: <http://www.scielo.br/scielo.php?pid=S1806-64452004000100003&script=sci_arttext>. Acesso em: 25 maio 2015.

nacional exclusiva ou à jurisdição doméstica exclusiva, porque revela tema de legítimo interesse internacional. Por sua vez, essa concepção inovadora aponta para duas importantes consequências: (1) A revisão da noção tradicional de soberania absoluta do Estado, que passa a sofrer um processo de relativização, na medida em que são admitidas intervenções no plano nacional em prol da proteção dos direitos humanos — isto é, transita-se de uma concepção "hobbesiana" de soberania centrada no Estado para uma concepção "kantiana" de soberania centrada na cidadania universal. (2) A cristalização da ideia de que o indivíduo deve ter direitos protegidos na esfera internacional. (...) Prenuncia-se, desse modo, o fim da era em que a forma pela qual o Estado tratava seus nacionais era concebida como um problema de jurisdição doméstica, decorrência de sua soberania.

No Brasil,[15] tal previsão é contida no artigo 5º, inciso LXXVIII, § 2º, da Constituição Federal, que afirma que "os direitos e garantias expressos nesta Constituição não excluem outros decorrentes do regime e dos princípios por ela adotados, ou dos tratados internacionais em que a República Federativa do Brasil seja parte". A seguir, seu § 3º reconhece peso constitucional a tais previsões: "os tratados e convenções internacionais de direitos humanos que forem aprovados, em cada Casa do Congresso Nacional, em dois turnos, por 3/5 dos votos dos respectivos membros, serão equivalentes às emendas constitucionais". Por fim, no § 4º, "o Brasil se submete à jurisdição de tribunal penal internacional a cuja criação tenha manifestado adesão".

Nas últimas décadas, apesar de disputada por distintas concepções, a luta em defesa de direitos humanos em uma perspectiva de universalidade e indivisibilidade ultrapassa as fronteiras nacionais e ganha uma dimensão normativa existente nas várias declarações e tratados e em um conjunto de procedimentos e mecanismos que buscam controlar seu cumprimento pelos países signatários. Isso ocorre mediante a produção de relatórios, denúncias, mobilizações e até mesmo por meio

---

15  BRASIL, República Federativa do. Constituição da República Federativa do Brasil, 1988. Disponível em: <www.planalto.gov.br/ccivil_03/constituicao/constituicao.htm>. Acesso em: 16 maio 2015.

da judicialização das denúncias de violações dos direitos humanos, quando necessário. Compreende-se, nessa perspectiva, o indivíduo social como um sujeito transnacional cujos direitos regulados em esfera internacional devem ser assegurados universalmente também em seus países.

Há, ainda, o surgimento de diversas instituições dedicadas à promoção e proteção dos direitos humanos e que buscam acompanhar a situação dos países, estabelecendo interlocução com seus governos e com diferentes sujeitos parceiros da árdua e milenar trajetória de luta pela universalização de direitos para todos os humanos. São instituições de abrangência mundial, como o Fundo das Nações Unidas para a Infância (Unicef), a Organização Mundial da Saúde (OMS), a Organização Internacional do Trabalho (OIT), a Organização das Nações Unidas para a Educação, a Ciência e a Cultura (Unesco), a Organização das Nações Unidas para a Alimentação e a Agricultura (FAO), o Fundo de População das Nações Unidas (Unfpa) e o Alto Comissariado das Nações Unidas para Refugiados (Acnur). Mesmo não estando isentas de contradições, estas, em geral, atuam no sentido de promover os direitos e necessidades humanos. No que se refere a sua proteção (e ações de responsabilização de Estados que os violaram), a ONU se desdobra em novas instituições de alcance continental, como a Organização dos Estados Americanos (OEA), a Organização da Unidade Africana (OUA) e seus correlatos para outros continentes.

Esse fenômeno, datado historicamente, guarda relação com o cenário das guerras produzidas no início do século passado, sobretudo as duas grandes guerras mundiais.

A Primeira Guerra fomentou a preocupação humanitária com a proteção dos direitos das pessoas, como vítimas e prisioneiros de guerra. No período imediatamente posterior à guerra, iniciativas internacionais buscaram estabelecer pactos sobre como lidar com a questão em situações de conflito bélico. É esse o objetivo declarado para a criação, em 1919, da Liga das Nações — embora Hobsbawm[16] indique que a não adesão dos Estados Unidos a essa organização a destituiu de condições efetivas de impedir que novas guerras viessem a ocorrer. Ainda assim, em 1925 é aprovada a Convenção de Genebra, cuja preocupação central é a de proibir o emprego de gases asfixiantes, tóxicos ou similares e de meios bacteriológicos de guerra.[17]

---

16　HOBSBAWM, E. *Era dos extremos*: o breve século XX (1914-1991). São Paulo: Companhia das Letras, 1995.

17　MAZZUOLI, V. de O. (Org.). *Coletânea de direito internacional*. 3. ed. São Paulo: Revista dos Tribunais, 2005.

À mesma época um acontecimento de grande impacto internacional foi a Revolução Russa (e a aprovação da Declaração dos Direitos do Povo Trabalhador e Explorado), em 1917. Dois anos depois, surge a OIT, o que, por sua vez, pode ser entendido como uma resposta ao estado socialista, então em expansão, com a previsão de direitos trabalhistas.[18]

Na Segunda Guerra Mundial foram instituídas práticas que inscreveram profundas cicatrizes na trajetória da humanidade, tal qual as bombas atômicas que foram jogadas pelos Estados Unidos, em agosto de 1945, sobre as cidades japonesas de Hiroshima e Nagasaki[19] e o holocausto promovido por Adolf Hitler e seus apoiadores, que resultou no assassinato de judeus, ciganos, prisioneiros de guerra soviéticos, homossexuais e pessoas com deficiência.[20] Segundo estimativas públicas,[21] o ataque americano matou, de imediato ou em decorrência dos efeitos da radiação das bombas, mais de 250 mil pessoas. Nos campos de concentração, o extermínio foi muito maior e atingiu milhões de pessoas. Ao longo do século XX, as ações relativas às duas grandes guerras mundiais estiveram entre as principais responsáveis pelo cálculo de aproximadamente 187 milhões de mortes,[22] o equivalente a mais de um décimo da população mundial total de 1900.

Os horrores produzidos pelas referidas guerras e a internacionalização das relações políticas e econômicas capitalistas tornam fértil o terreno para desabrochar um ramo do Direito que seria batizado de internacional. Trata-se da tentativa de, ainda que em âmbito legal, ampliar a previsão de direitos em acordos internacionais (expressos nas inúmeras declarações, convenções, tratados etc.) e de responsabilizar países e seus governos nas situações em que tais direitos vierem a ser violados. Há que se observar que o dever de cumprimento do teor desses acordos só é obrigatório a países que forem seus signatários, posto que a adesão aos documentos é de natureza voluntária dos Estados.

---

18  ARZABE, P. H. M.; GRACIANO, P. G. *A Declaração Universal dos Direitos Humanos 50 anos*. Disponível em: <www.dhnet.org.br/direitos/deconu/textos/patricia.htm>. Acesso em: 20 abr. 2015.

19  HOBSBAWM, 1995.

20  HOBSBAWM, 1995; KONDER, L. *Introdução ao fascismo*. 2. ed. São Paulo: Expressão Popular, 2009a.

21  VILLELA, G. Bombas dos EUA devastam Hiroshima e Nagasaki com horror nuclear em 1945. In: *O Globo*, 6 ago. 2014. Disponível em: <http://acervo.oglobo.globo.com/fatos-historicos/bombas-dos-eua-devastam-hiroshima-nagasaki-com-horror-nuclear-em-1945-13509628#ixzz45NVz2KOi>. Acesso em: 8 jun. 2015.

22  BRZEZINSKI, 1993 apud HOBSBAWM, 1995, p. 21.

Logo após a Segunda Guerra, em 1945, temos a substituição da Liga das Nações pela ONU. Seu propósito está anunciado logo no 1º artigo da Carta que a criou: "conseguir uma cooperação internacional para resolver os problemas internacionais de caráter econômico, social, cultural ou humanitário e para promover e estimular o respeito aos direitos humanos e às liberdades fundamentais".[23]

Arzabe e Graciano destacam que, por ocasião de elaboração da Carta, alguns grupos defenderam que a ela estivesse acoplada uma declaração de direitos, mas esta somente teve sua aprovação em 10 de dezembro de 1948, batizada de Declaração Universal dos Direitos do Homem. A Declaração reflete a disputa entre diferentes interesses e entre diversos grupos sociais e destes com o Estado, no cenário da Guerra Fria. Profundamente marcado por disputas ideológicas, o texto da Declaração de 1948 expressará "(...) a um só tempo, o discurso liberal dos direitos *civis e políticos*, nos artigos 3º a 21, com o discurso social dos direitos *econômicos, sociais e culturais*, nos artigos 22 a 28".[24] Estes últimos foram contemplados em resposta ao socialismo e a movimentos políticos de grande apelo popular. Para Trindade,[25] essas distintas previsões de 1948 expressam a hegemonia, no âmbito da ONU, de países do bloco capitalista.

> Já registramos a existência de distintas concepções de direitos humanos. Ao menos uma delas (a liberal) tende a valorizar direitos civis e políticos em detrimento dos sociais, econômicos e culturais. Outra —, a denominada socialista ou marxista por distintos autores —, em contraposição, defende a hierarquização exatamente oposta. Há uma terceira, também vinda de autores que reivindicam inspiração em ideias de Karl Marx, segundo a qual hierarquizar direitos é, sempre, fazer uma escolha subjetiva e autoritária. É desta última que nos aproximamos. A interdependência e a inter-relação entre as necessidades humanas ficam cada vez mais evidentes ao longo da história da humanidade, como vimos em exemplos ao final do Capítulo 1. As disputas existentes na Declaração Universal dos Direitos Humanos, em 1948, são expressão dessas tensões entre formas distintas de explicar, do ponto de vista

---

23 ARZABE & GRACIANO, 2015

24 ARZABE & GRACIANO, 2015 (grifos nossos).

25 TRINDADE, 2002.

> macroestrutural (considerando, portanto, dimensões econômicas, políticas, culturais e outras), a vida em sociedade.[26]

A Declaração é endereçada a todos os povos e nações com um ideal comum a ser atingido, a partir do cumprimento do teor de seus artigos. Em outras palavras, expressa uma pretensão universal, ainda que haja ciência de que o documento não tem adesão da totalidade dos países existentes no globo terrestre.

> Marx e Engels[27] afirmam que
>
> (...) cada nova classe que se coloca no lugar de outra que dominou antes dela é obrigada, precisamente para realizar o seu propósito, a apresentar o seu interesse como interesse universal de todos os membros da sociedade, ou seja, na expressão ideal: a dar às suas ideias a forma da universalidade, a apresentá-las como as únicas racionais e universalmente válidas.

Mesmo com esses limites, ela acabou por se constituir como um marco importante, embora insuficiente, na trajetória de lutas por direitos. Suas limitações são determinadas pelo próprio reconhecimento de necessidades humanas que, na vida concreta, não estão satisfeitas para todos, já que muitos segmentos populacionais continuam tendo seus direitos violados, mesmo que previstos genericamente no texto de 1948.

Elementos fundamentais e contemporâneos da Declaração são as ideias de universalidade e de indivisibilidade dos direitos, as quais Piovesan[28] ressalta nos seguintes termos:

---

26 Para aprofundar esse debate, sugerimos a leitura de RUIZ, 2014.

27 MARX, K.; ENGELS, F. *A ideologia alemã*. São Paulo: Expressão Popular, 2009. p. 69.

28 PIOVESAN, F. Os cinquenta anos da Declaração Universal dos Direitos Humanos. *Revista Pensamento Real*. Edição n. 4, 1999, pp. 5-7. Disponível em: <http://revistas.pucsp.br/index.php/pensamentorealidade/article/viewFile/8580/6378>. Acesso em: 15 abr. 2016.

> A indivisibilidade dos direitos humanos, por sua vez, é afirmada pela conjugação inédita de direitos civis e políticos e direitos econômicos, sociais e culturais. Ao combinar o valor da liberdade com o valor da igualdade, a Declaração demarca a concepção contemporânea de direitos humanos, pela qual os direitos humanos passam a ser concebidos como uma unidade interdependente e indivisível. Assim, partindo-se do critério metodológico que classifica os direitos humanos em gerações, adota-se o entendimento de que uma geração de direitos não substitui a outra, mas com ela interage. Isto é, afasta-se a ideia da sucessão "geracional" de direitos, na medida em que se acolhe a ideia da expansão, cumulação e fortalecimento dos direitos humanos consagrados, todos essencialmente complementares e em constante dinâmica de interação. Logo, apresentando os direitos humanos uma unidade indivisível, revela-se esvaziado o direito à liberdade quando não assegurado o direito à igualdade e, por sua vez, esvaziado revela-se o direito à igualdade quando não assegurada a liberdade.

As condições conjunturais (em outras palavras, o momento da luta de classes que ocorria ao final das duas grandes guerras) orientaram os contornos da Declaração de 1948. Isso não significa, contudo, que suas contradições não gerariam novos frutos poucos anos depois. Um deles seria o reconhecimento, em assembleias da ONU realizadas em 1966 e 1993, da indivisibilidade dos direitos humanos apontados há pouco por Piovesan.

Em 1966, assembleia da ONU realizada em Nova York buscou aprovar um Pacto Internacional de Direitos Humanos. Tentava-se reconhecer a debilidade que havia em apenas prever direitos, sem impor sanções aos países que eventualmente os violassem. Daí decorre a denominação de "pacto". A conjuntura do momento, contudo, não permitiu a aprovação de um único texto. Foram aprovados dois pactos: um de direitos civis e políticos, para os quais se reconhece implementação imediata (pensemos no *habeas corpus*, que, ao menos legalmente, tem essa previsão para quem é réu primário). Já para o pacto que prevê direitos econômicos, sociais e culturais, dentre outros, se prevê a tarefa de implementação progressiva do Estado, ou seja, a necessidade é reconhecida pelo documento internacional, mas sua efetiva realização depende da situação econômica e/ou política de cada país. Numa conjuntura em que verbas públicas são destinadas menos a políticas sociais que ao pagamento de supostas dívidas, já fica evidente o que resulta dessa previsão.

Ainda assim, o Pacto Internacional dos Direitos Econômicos, Sociais e Culturais preveria, em seus artigos 6º e 7º, direitos como trabalho livremente escolhido ou aceito; remuneração que proporcione, no mínimo, salário equitativo de igual valor, sem nenhuma distinção, em particular as de gênero; existência decente para quem trabalha e para sua família; descanso, lazer, limitação das horas de trabalho, férias remuneradas e periódicas, remuneração de feriados.[29]

A segmentação gerada pelos dois pactos de 1966, ao menos no que se refere aos textos das cartas internacionais de direitos humanos, só se veria superada em 1993, em Viena. Naquela Conferência da ONU aprovou-se a Declaração e Programa de Ação de Viena, que, em seu artigo 5º, prevê:[30]

> Todos os direitos humanos são universais, indivisíveis, interdependentes e inter-relacionados. A comunidade internacional deve tratar os direitos humanos de forma global, justa e equitativa, em pé de igualdade e com a mesma ênfase. Embora particularidades nacionais e regionais devam ser levadas em consideração, assim como diversos contextos históricos, culturais e religiosos, é dever dos Estados promover e proteger todos os direitos humanos e liberdades fundamentais, sejam quais forem seus regimes políticos, econômicos e culturais.

Ainda no que diz respeito ao sistema internacional de proteção aos direitos humanos, uma série de documentos internacionais foi aprovada após a criação da ONU e as duas grandes guerras mundiais. Alguns deles são a Convenção Internacional sobre a Eliminação de Todas as Formas de Discriminação Racial (1965); a Convenção contra a Tortura e Outros Tratamentos ou Penas Cruéis, Desumanos ou Degradantes (1975); a Convenção sobre a Eliminação de Todas as Formas de Discriminação contra a Mulher (1979); a Convenção sobre os Direitos da Criança (1989); a Convenção Internacional sobre os Direitos das Pessoas com Deficiência e seu Protocolo Facultativo (2007). Mais recentemente, a ONU aprovou, com grande divisão entre os países-membros da Organização, a Convenção Internacional dos Direitos da População LGBT. O documento ainda aguarda o número mínimo de adesão de países para que entre em vigor.

Além das convenções e tratados internacionais, que preveem medidas concretas em relação a países que descumpram suas previsões, são aprovadas no âmbito da ONU declarações acerca de diferentes necessidades humanas. Tais declarações

---

29  MAZZUOLI, 2005, p. 597.

30  MAZZUOLI, 2005, p. 529.

ainda não têm um caráter de punibilidade das violações ocorridas. Contudo, anunciam o reconhecimento de novas demandas a partir da conjuntura internacional. É o caso, por exemplo, da Declaração Universal dos Direitos dos Povos, de 1976, que anuncia, entre outros, o direito dos povos de preservação de sua identidade cultural e da posse pacífica de seu território.

Cada um desses documentos tem relevância para o cenário da luta por direitos humanos, mesmo quando versam sobre determinados grupos sociais, como crianças, mulheres e pessoas com deficiência. Não é possível detalhar, dadas as características do presente texto, a diversidade de previsões existentes nessas e em outras cartas internacionais. Como afirmamos, as convenções e os tratados preveem quais direitos estão formalmente reconhecidos pelos países signatários, as formas de denúncias de sua eventual violação, as instâncias para as quais podem ser encaminhadas e as possíveis punições aos Estados que as violarem.

Mesmo que haja um predomínio da dimensão legal e positivada nos documentos internacionais que conformam os sistemas internacional e nacionais de promoção e proteção a direitos humanos, eles são resultado de lutas sociais, de disputas em torno de modos de organização da sociedade, de conjunturas em que as classes subalternizadas conseguiram, com suas mobilizações, impor o reconhecimento de algumas de suas necessidades básicas como direitos.

### 2.2.1 Mecanismos do sistema internacional de proteção dos direitos humanos

Apesar do crescimento quantitativo dos documentos internacionais, bem como da ampliação de sua área de abrangência no que se refere à diversidade das necessidades humanas que passam a ser reconhecidas e afirmadas como direito, o âmbito da soberania nacional ainda se faz presente neste campo. Como dissemos, os países não podem ser obrigados a aderir a tais acordos. Mesmo àqueles que aderem é ainda frágil o poder de coerção para assegurar efetivamente o cumprimento do que fora assumido no ato de aprovação e adesão aos textos internacionais.

Dornelles[31] alerta que:

> O problema colocado para o direito internacional é que lhe falta o poder coercitivo, por não existir na ordem internacional um órgão controlador direto e fiscalizador com

---

31  DORNELLES, J. R. W. *O que são direitos humanos*. São Paulo: Brasiliense, 2013. p. 39.

> capacidade de exigibilidade sobre as ações violadoras de um Estado. As ações dos
> órgãos existentes têm apenas um caráter moral, chamando a atenção do Estado in-
> frator e da comunidade internacional para que cesse a violação, mesmo quando se
> trata dos casos mais dramáticos e flagelantes, como os de torturas, de desapareci-
> mentos forçados, de restrição às liberdades de opinião e de credo, massacres e geno-
> cídios notoriamente reconhecidos.

É possível concordar com Dornelles no sentido da fragilidade de algumas das medidas tomadas pela esfera internacional dos direitos humanos. Por exemplo, as sanções, em geral, são tomadas contra o Estado em que a violação acontece, não necessariamente motivando revisões de instituições e sujeitos que violam direitos e necessidades humanas em relação às práticas adotadas. É limitado, contudo, caracterizar todas as medidas internacionais como apenas morais. Como exemplo, temos no Brasil a Lei Maria da Penha, que, embora motive polêmicas entre setores que defendem o fim do sistema prisional, cria diversas políticas de proteção a mulheres que sofrem violência. A Lei Maria da Penha foi medida tomada em resposta à condenação sofrida pelo país no âmbito das cortes e tribunais internacionais após denúncias apresentadas sobre a situação da violência contra a mulher no país e da omissão do Estado em gerar medidas que as evitassem.

Ademais, alguns mecanismos foram adotados para buscar a efetividade dos direitos previstos e para controlar as ações violadoras de tais direitos ocorridas em cenários nacionais. São exemplos os conselhos, os comitês e os tribunais internacionais de direitos humanos, órgãos de poder jurisdicional cujas atuações já produziram frutos que alimentam a luta pelo provimento das necessidades humanas.

Na esfera da ONU foi instituída a Comissão dos Direitos Humanos, o Conselho Econômico e Social e a Assembleia Geral.

A Comissão dos Direitos Humanos é a principal receptora das queixas de violações do que está anunciado na Declaração Universal dos Direitos Humanos, cuja minuta foi de sua autoria. Recebida a denúncia, ela é analisada e, ao final da apuração dos fatos, é possível definir pela adoção ou não de medidas a serem implantadas no sentido de evitar ou extinguir as violações denunciadas. Também tem como função apresentar ao Conselho Econômico e Social propostas, recomendações, relatórios, minutas de declarações e de convenções internacionais.

Para monitorar se os países estão cumprindo o conjunto de direitos assegurados nas declarações internacionais, foram instituídos comitês, tais como o Comitê de

Direitos Humanos; o Comitê de Direitos Econômicos, Sociais e Culturais; o Comitê contra a Tortura e Outros Tratamentos ou Penas Cruéis, Desumanos ou Degradantes; o Comitê sobre a Eliminação de Todas as Formas de Discriminação Racial; o Comitê sobre os Direitos da Criança; o Comitê sobre a Eliminação de Todas as Formas de Discriminação contra a Mulher. Cada uma dessas instâncias tem previsões de como acessá-las nas Declarações e Convenções que lhes dão origem.

Com atribuições de julgamento dos Estados nacionais, temos a Corte Internacional de Justiça, a Corte Interamericana de Direitos Humanos e o Tribunal Penal Internacional.

A Corte Internacional de Justiça é o principal órgão judiciário da ONU. Foi instituída em junho de 1945, pela Carta das Nações Unidas, e começou a funcionar um ano depois; sua sede fica no Palácio da Paz, em Haia (Holanda), onde seu presidente é obrigado a fixar residência. É constituída por 15 juízes eleitos pela Assembleia Geral da ONU e pelo Conselho de Segurança para cumprir mandato de nove anos. A eleição acontece a cada três anos, quando se elegem cinco juízes. Todos os Estados-partes no Estatuto da Corte podem indicar candidato que, se eleito, não pode acumular essa função com outra, política ou administrativa, nem com outro cargo, nem atuar como advogado em nenhum caso. Rui Barbosa, Epitácio Pessoa, Filadelfo de Azevedo, Levi Carneiro, José Sette Câmara, José Francisco Rezek são juízes brasileiros que já foram eleitos para atuar na Corte, embora o primeiro deles não tenha assumido a função. A Corte deve agir em acordo com as normas internacionais e sua função é resolver conflitos legais submetidos pelos Estados-partes, emitindo decisões de caráter definitivo e obrigatório. Além disso, emite pareceres consultivos sobre questões legais que forem apresentadas pelos órgãos das Nações Unidas ou das agências especializadas.[32]

Por sua vez, a Corte Interamericana de Direitos Humanos tem sede em San José, na Costa Rica, e compõe o Sistema Interamericano de Proteção aos Direitos Humanos. Atua como órgão judicial autônomo, sob o fundamento da Convenção Americana de Direitos Humanos e de outros tratados. É constituída por sete juízes eleitos para cumprir mandato de seis anos, com possibilidade de uma única reeleição. Não pode haver juízes com a mesma nacionalidade, e eles devem ser

---

32   USP — Universidade de São Paulo. *Biblioteca Virtual de Direitos Humanos*. Corte Internacional de Justiça. Disponível em: <http://www.direitoshumanos.usp.br/index.php/Corte-Internacional-de-Justi%C3%A7a/o-que-e.html>. Acesso em: 4 abr. 2015.

nacionais dos Estados-membros da OEA. Somente esses Estados podem apresentar casos perante a Corte. Pessoas, grupos ou entidades só podem recorrer à Comissão Interamericana de Direitos Humanos e esta é que apresentará a situação à Corte. Tem competência para resolver conflitos sobre a interpretação da Convenção Americana de Direitos Humanos ou de outros tratados no âmbito dos Estados americanos e também para decidir sobre a ocorrência de violações dos direitos anunciados na referida norma, proferindo decisões fundamentadas e de natureza obrigatória e inapelável. Para atuar como julgadora, é condição que todos os procedimentos previstos na Convenção tenham sido esgotados, ou seja, é preciso que se tenha recorrido a todos os órgãos internos da nação para, somente depois, buscar resolução internacional da situação de violação de direitos.[33]

Há também o Tribunal Penal Internacional (TPI), que, embora não faça parte das Nações Unidas, coopera com a ONU. Tem sede em Haia, Holanda, e, se preciso, pode se reunir em local distinto de sua sede. É composto pela presidência, pelas divisões judiciais, pelo escritório do procurador e pelo secretariado. A presidência é constituída por três juízes, com mandato de três anos, que respondem pela administração do Tribunal. As divisões judiciais são três: de Pré-Julgamento, de Julgamentos e de Apelações, das quais fazem parte 18 juízes. O procurador, com mandato de nove anos, tem o apoio de dois vice-procuradores. Seu Escritório recebe as denúncias e deve proceder a sua avaliação, investigação e prosseguimento perante o Tribunal. O Secretariado responde pelos aspectos não jurídicos do Tribunal, funciona sob a autoridade do presidente deste e é chefiado pelo secretário. Atua em conformidade com o Estatuto de Roma e sua função é julgar não os Estados, mas as pessoas naturais destes acusadas de delitos de interesse internacional: genocídio, crimes contra a humanidade e crimes de guerra. É uma corte de última instância que só age se o caso: a) não foi investigado e julgado pelo sistema jurídico do Estado-parte; b) se isso ocorreu de modo parcial, sem observância dos devidos procedimentos legais e de forma a livrar o acusado de sua possível responsabilidade.

---

33  USP — Universidade de São Paulo. *Biblioteca Virtual de Direitos Humanos*. Corte Interamericana de Direitos Humanos. Disponível em: <http://www.direitoshumanos.usp.br/index.php/Corte-Interamericana-de-Direitos-Humanos/o-que-e.html>. Acesso em: 4 abr. 2015.

78  *Direitos humanos e Serviço Social*

No que diz respeito ao TPI, ainda é importante apontar que ele só exerce sua jurisdição em determinados casos:[34]

- O acusado é um nacional de um Estado-Parte ou de qualquer Estado que aceite a jurisdição do Tribunal.
- O crime tiver ocorrido no território de um Estado-Parte ou de qualquer Estado que aceite a jurisdição do Tribunal.
- O Conselho de Segurança das Nações Unidas tenha apresentado a situação ao Procurador, não importando a nacionalidade do acusado ou o local do crime.
- O crime tiver ocorrido após 1º de julho de 2002.
- Caso o país tenha aderido ao Tribunal após 1º de julho, o crime tiver ocorrido depois de sua adesão, exceto no caso de um país que já tivesse aceito a jurisdição do Tribunal antes da sua entrada em vigor.

Foram adotados, ainda, mecanismos extraconvencionais de proteção a direitos humanos, decorrentes de resoluções de órgãos legislativos da ONU. São os relatores especiais e os grupos de trabalho.

A atuação dos relatores especiais, representantes especiais ou *experts* independentes tem amparo na Convenção sobre Privilégios e Imunidades das Nações Unidas. São pessoas especialistas designadas pela Comissão de Direitos Humanos, a quem devem prestar contas anualmente. Devem verificar a situação dos direitos humanos genericamente em um país, ou a partir de um eixo temático, por meio de estudos, visitas, abordagens às pessoas e organismos locais e do recebimento de denúncias. Produzem um relatório sobre a situação e ofertam recomendações para superar o quadro de violação de direitos.

O Rio de Janeiro já recebeu, em distintas ocasiões, visitas de relatores e *experts* internacionais. Entidades ligadas ao Serviço Social, como o Conselho Regional de Serviço Social do Rio de Janeiro, tiveram a oportunidade de dialogar com esses representantes e apresentar-lhes informações e denúncias que vieram

---

34  USP — Universidade de São Paulo. *Biblioteca Virtual de Direitos Humanos*. Tribunal Penal Internacional. Disponível em: <http://www.direitoshumanos.usp.br/index.php/Tribunal-Penal-Internacional/o-que-e.html>. Acesso em: 4 abr. 2015c.

> a compor, posteriormente, seus relatórios internacionais sobre violações de direitos humanos no Brasil. Em duas ocasiões o motivo dessas visitas foi a existência de tortura. Em uma delas, o citado Conselho foi convidado pela representação da ONU a relatar o que vinha ocorrendo com a população que vive nas ruas da cidade em função da proximidade da Copa do Mundo de 2014 e dos Jogos Olímpicos de 2016. Outra relatoria com atuação relativa aos megaeventos no Brasil foi a exercida pela brasileira Raquel Rolnik, então relatora da ONU sobre o Direito à Moradia Adequada.

Os grupos de trabalho são mecanismos estabelecidos para denúncias e para a elaboração de propostas relacionadas a situações de violação de direitos humanos. Atuam ligados à Comissão de Direitos Humanos, e são compostos por pessoas conhecedoras do tema que é foco de sua atuação. Já foram instituídos o Grupo de Trabalho sobre Desaparecimentos Forçados ou Involuntários e o Grupo de Trabalho sobre Detenção Arbitrária.

## 2.2.2 Sistemas regionais de promoção e proteção de direitos humanos

Além do sistema global de proteção a direitos humanos, houve o desenvolvimento de sistemas correlatos em algumas regiões do mundo, casos de América, Europa e África. Eles não devem ser concebidos como concorrentes, mas como sistemas complementares que devem atuar em prol de assegurar o acesso aos direitos a todas as pessoas.

A Convenção Europeia de Direitos Humanos instituiu dois órgãos: a Comissão Europeia de Direitos do Homem e a Corte Europeia de Direitos do Homem.

Em 1981, a OUA adotou a Carta Africana de Direitos Humanos e dos Povos, igualmente denominada Carta de Banjul, cujo teor expressa o drama da luta por direitos no continente africano ao versar sobre a independência e a libertação da África, bem como sobre a necessidade de eliminação do colonialismo, do neocolonialismo, do *apartheid*, do sionismo, das bases militares estrangeiras e das diferentes formas de descriminação e preconceito. A Carta instituiu a Comissão Africana de Direitos Humanos. Há também em funcionamento a Corte Africana de Direitos Humanos e dos Povos.[35]

---

35  GIGANTE et al. *Sistema Africano de Proteção dos Direitos Humanos*. Disponível em: <http://academico.direito-rio.fgv.br/wiki/Sistema_Africano_de_Prote%C3%A7%>. Acesso em: 8 jun. 2015.

O Sistema Interamericano de Proteção existe ao menos desde a criação da OEA, em 1948. A OEA é composta pelos Estados americanos que ratificaram a Carta de sua fundação e não tem posição de subalternidade perante a ONU, sendo um de seus organismos constitutivos.

A OEA, segundo Gianella & Castanheira,[36] possui seis órgãos de execução: 1) Conferência Interamericana (realizada, geralmente, a cada cinco anos, delibera sobre ações e políticas gerais, bem como sobre a estrutura e funções dos demais órgãos); 2) reunião de consulta de ministros das Relações Exteriores (é órgão de consulta, aborda assuntos urgentes e de interesse comum dos Estados); 3) Conselho de Organização (é colaborador da ONU, decide sobre despesas e estatutos dos órgãos; é composto por embaixadores representantes de cada um dos Estados-membros); 4) União Pan-americana (órgão central e permanente da OEA, funciona como um escritório para promover relações econômicas, sociais, jurídicas e culturais entre os Estados-membros); 5) conferências especializadas (seus delegados são definidos a partir de temas diversificados); e 6) organismos especializados (prestam serviços em assuntos específicos e suas atividades são coordenadas pelo Conselho).[37]

O Sistema Interamericano é constituído por dois órgãos: a Comissão Interamericana de Direitos Humanos, sediada em Washington, nos Estados Unidos, e a Corte Interamericana de Direitos Humanos, sediada em San José, na Costa Rica.

A Comissão Interamericana de Direitos Humanos é composta por sete membros, de renomada competência na área dos direitos humanos, eleitos pela Assembleia da OEA, para cumprir mandato de quatro anos, que pode ser renovado. Recebe, analisa e investiga denúncias de violações de direitos humanos e supervisiona sua promoção no cenário dos países-membros, solicitando informações, verificando a compatibilidade da legislação nacional com a internacional, avaliando os progressos ou indicando ações para assegurar a aplicação das normas interamericanas. As denúncias podem ser apresentadas por uma pessoa, por um grupo, por entidade não governamental ou pelos Estados-membros. Sobre os requisitos para sua admissão, Gianella & Castanheira[38] sinalizam:

---

36 GIANNELLA, B. M.; CASTANHEIRA, B. R. *Mecanismos de implementação dos direitos humanos no âmbito da ONU e da OEA*. Disponível em: <http://www.pge.sp.gov.br/centrodeestudos/bibliotecavirtual/direitos/tratado2.htm>. Acesso em: 5 abr. 2015.

37 GIANNELLA & CASTANHEIRA, 1998.

38 GIANNELLA & CASTANHEIRA, 1998.

CAPÍTULO 2 | Os sistemas de proteção dos direitos humanos    81

a) que os remédios internos tenham se esgotado;

b) que a queixa seja apresentada em [até] seis meses da ciência da última decisão proferida no âmbito nacional;

c) que o assunto não esteja sendo solucionado por meio de outro procedimento internacional;

d) que constem da petição o nome, nacionalidade, profissão, domicílio e a assinatura da pessoa responsável pelo encaminhamento (salvo quando partir de Estado).

As autoras acrescentam que a petição será recusada se:

a) não apresentar fatos que possam consistir em violações aos direitos humanos;

b) for manifestamente infundada ou improcedente;

c) for substancialmente a mesma de outra já apreciada;

d) for anônima, ou contiver termos ofensivos.

Quando a apuração da denúncia revela a violação de direito, a Comissão negocia um acordo entre as partes e, se houver êxito a esse respeito, cópia é enviada ao denunciante, aos signatários da Convenção e ao secretário-geral da OEA, para publicação. Se não houver acordo, a Comissão elabora e remete aos envolvidos relatório com seu parecer, propostas e recomendações para a solução da violação do direito. Se em três meses não houver resolução do conflito, a denúncia pode ser remetida para a Corte Interamericana de Direitos Humanos e o relatório é divulgado no cenário internacional.[39]

Somente em dezembro de 1998, por meio do Decreto Legislativo n. 89/1998, o Brasil reconheceu a competência jurisdicional da Corte Interamericana de Direitos Humanos. Dois anos depois, assinou o Estatuto do Tribunal Internacional Criminal Permanente. Apesar da recente adesão brasileira, casos de violação dos direitos humanos em território nacional já chegaram a esses órgãos.

> A primeira denúncia contra o Estado brasileiro versa sobre a morte violenta de Damião Ximenes Lopes, nas dependências da Casa de Repouso Guararapes, em Sobral, no Ceará, a qual era conveniada com o Sistema Único de Saúde

---

39  GIANNELLA & CASTANHEIRA, 1998.

> (SUS) para oferecer internação psiquiátrica. O Brasil foi condenado por subme-
> ter Damião, durante sua internação, a condições desumanas, degradantes e de
> maus-tratos e por faltar com a investigação e garantias judiciais no encaminha-
> mento do caso.

Como registra Piovesan:[40]

> Cabe realçar que, no caso brasileiro, uma média de 50 casos foi impetrada contra o
> Estado brasileiro perante a Comissão Interamericana no período de 1970 a 1998.
> Estes casos foram encaminhados, via de regra, por entidades não governamentais de
> defesa dos direitos humanos, de âmbito nacional ou internacional e, por vezes, pela
> atuação conjunta dessas entidades. O universo dos 50 casos pode ser classificado em
> 7 grupos: 1) casos de detenção arbitrária e tortura cometidos durante o regime auto-
> ritário militar; 2) casos de violação dos direitos das populações indígenas; 3) casos de
> violência rural[41]; 4) casos de violência da polícia militar; 5) casos de violação dos
> direitos de crianças e adolescentes; 6) casos de violência contra a mulher[42] e 7) casos
> de discriminação racial.

Outro ator importante no eixo americano é o Instituto Interamericano de Direitos Humanos, criado em 1980, situado na cidade de San José, na Costa Rica, responsável pela promoção de pesquisa e de ensino na área de direitos humanos.

---

40 PIOVESAN, Relatórios. *O Sistema Internacional de Proteção dos Direitos Humanos e o Brasil*. 2001. Disponível em: <http://www.social.org.br/relatorio2000/relatorio002.htm>. Acesso em: 25 maio 2015.

41 O Movimento dos Trabalhadores Sem Terra (MST) é uma das entidades que apresentou denúncias internacionais relativas à violência rural, obtendo condenações internacionais do Brasil para casos como os ocorridos contra os agricultores Diniz Bento da Silva e Sétimo Garibaldi (SEDH, 2004). O Brasil foi condenado em razão de trabalhadores rurais terem sido vitimados com o grampeamento irregular de suas linhas telefônicas, pela divulgação ilegal destas e pela não responsabilização dos envolvidos (JUSTIÇA GLOBAL, 2010).

42 A Lei n. 11.340/2006, conhecida por Lei Maria da Penha, é fruto da condenação do Brasil por negligência, omissão e tolerância quanto à violência doméstica. A denúncia da violência sofrida pela biofarmacêutica cearense Maria da Penha, que ficou paraplégica após sofrer duas tentativas de assassinato por parte de seu marido, foi apresentada pela Comissão Interamericana de Direitos Humanos, já que a apuração nacional da situação se iniciou em 1983, que o julgamento válido se deu apenas em 1996 e a prisão do marido ocorreu somente em 2002, e resultou no cumprimento de pena privativa de liberdade de dois anos. O Brasil teve como uma das punições a recomendação de adoção de legislação específica em território nacional, além de pagamento de indenização à vítima da violência. Cf. SEDH, 2004.

### 2.2.3 O Sistema Nacional de Direitos Humanos (SNDH)

Em texto elaborado para contribuir com o debate do Movimento Nacional de Direitos Humanos (MNDH), Carbonari[43] aborda elementos importantes que passeiam por conceitos, desafios político-organizativos, princípios, estruturas e relações do SNDH.

O autor concebe o SNDH como um conjunto articulado, orgânico e descentralizado de instrumentos, mecanismos, órgãos e ações que visam à proteção integral de todos os direitos de todas as pessoas. Com abrangência nacional, considera o conjunto das diversidades e das estruturas constitutivas da realidade social, política, econômica e cultural que caracteriza o Brasil. Os direitos humanos, por sua vez, para o autor,[44]

> são patrimônio ético, jurídico e político construído pela humanidade, em suas lutas libertárias e emancipatórias (...) É neste sentido que se entende a concepção contemporânea de Direitos Humanos, que afirma a universalidade, a indivisibilidade e a interdependência e justiciabilidade de todos os direitos humanos (*formalmente reconhecidos ou não*).

O grifo feito ao final da citação é nosso e não é casual: nele acentua-se que, mesmo que seja um sistema de promoção e proteção de direitos que costuma se referir a normas previstas em tratados e convenções, na perspectiva de movimentos sociais e de outros sujeitos defensores do atendimento às necessidades humanas não é possível se limitar àqueles reconhecidos formalmente. Trata-se de reconhecer o caráter dialético dos direitos, como citado anteriormente.

Carbonari,[45] baseado no documento aprovado pela VIII Conferência Nacional de Direitos Humanos, identifica os seguintes princípios, que devem orientar as estratégias e ações do SNDH: a) atuação integral (ações de promoção, proteção e reparação, observando o princípio da norma mais favorável, seja nacional ou internacional); b) unicidade e descentralização (o sistema nacional também deve ser um todo único, como são os direitos humanos, e deve envolver as três esferas de

---

43 CARBONARI, P. C. *Sistema Nacional de Direitos Humanos* — SNDH. Subsídio para debate. 2004. Disponível em: <http://www.dhnet.org.br/direitos/militantes/carbonari/carbonari_sndh_subsidios_debate.pdf>. Acesso em: 20 abr. 2015.

44 CARBONARI, 2004.

45 CARBONARI, 2004.

governo: municipal, estadual e nacional); c) participação ampla e controle social (participação popular com pluralidade de instituições e de posições e organismos independentes que possam monitorar o sistema); d) intersetorialidade e interdisciplinaridade (o sistema deve operar congregando as diferentes políticas e sistemas já existentes); e) pluralidade (o sistema deve contemplar a diversidade de opiniões, de posições, de situações, bem como de gênero, expressão sexual, etnia, regionalidade, religiosidade, geração, condição física ou mental, desde que estas não sejam contrárias aos direitos humanos).

O SNDH tem sua estrutura sustentada em instrumentos, mecanismos, órgãos e ações. Os instrumentos abrangem as normativas vigentes, leis, planos e projetos, acrescidos de orçamento definido para ser possível implementar as ações. O autor avança no sentido de indicar a importância da ampliação e consolidação da experiência de adotar relatores nacionais e relatórios de cumprimento dos pactos assumidos pela nação.

Sobre os mecanismos, Carbonari[46] destaca os fluxos de promoção de direitos, de sua proteção, da resolução de violações e eventuais reparações.[47] Também aponta a necessidade do fortalecimento da sociedade civil organizada, de sistemáticas de formulação, execução, monitoramento e avaliação da promoção e proteção de direitos.

Embora Carbonari[48] destaque que a promoção dos direitos humanos deveria ser uma das principais atribuições do Estado, na sociedade capitalista instâncias e agentes estatais têm sido reconhecidos como principais violadores de direitos. Trata-se, portanto, da necessária disputa em torno de que sociabilidade defendemos e de como o Estado oferece ou não políticas públicas que respondam efetivamente às necessidades humanas.

---

46 CARBONARI, 2004.

47 Uma crítica comumente apresentada à previsão de reparações é a de que, na lógica da formulação legal capitalista, a medida a ser tomada seria necessariamente avaliada em determinado valor econômico, reduzindo o direito violado a mercadoria por cuja violação se oferece determinado preço. Embora a crítica seja relevante, consideramos não ser possível desprezar situações em que tais reparações não são imediatamente financeiras, tais como a devolução do direito à terra por comunidades tradicionais, ribeirinhas, quilombolas, indígenas expulsas de seus locais de moradia por ação de empresas, governos e por outros interesses da expansão capitalista. Se é óbvio que há, também aqui, uma valoração econômica (vinda do acesso à posse e trabalho da terra), há dimensões que a superam, como a preservação de tradições culturais, educacionais e afins.

48 CARBONARI, 2004.

O autor[49] afirma, ainda, a exigência de fortes cobranças da sociedade sobre o SNDH e sobre o Estado. Parece-nos imperativo reconhecer o papel de organizações como Anistia Internacional, Tortura Nunca Mais, Justiça Global e tantas outras na denúncia e promoção de educação em direitos humanos. Numa perspectiva de totalidade desses direitos e de sua relação com as necessidades humanas, é forçoso acrescentar, ainda, as lutas sociais desenvolvidas por movimentos antirracistas, feministas, sindicais, populares, partidos políticos democráticos, dentre outras instituições. No fundamental, assim, concordamos com Carbonari: não há como deixar nas mãos do Estado, sem pressões sociais, a tarefa de efetivar o acesso a direitos humanos. Isso alimentaria a ilusão de um Estado neutro, cujas ações naturalmente estariam voltadas para o atendimento das necessidades de todos.

## 2.3 Atuando nas contradições do Estado

Há muitas leituras distintas sobre o papel que deve cumprir (e que efetivamente cumpre) o Estado na sociedade contemporânea. Mesmo entre autores marxistas encontraremos aqueles que defendem que o Estado se constitui em mero reprodutor dos interesses do capital (perspectiva mais próxima da interpretação de Louis Althousser) até os que apontam que há contradições e espaços em disputa que devem ser considerados e tensionados no processo da luta de classes (perspectiva mais próxima da obra de Antonio Gramsci). De uma a outra ponta, outras perspectivas comparecerão ao debate, não havendo, a nosso ver, nenhum consenso sobre tais afirmações.

No que diz respeito à defesa e à potencialização de direitos humanos, nossa apreensão é de que devamos ter como horizonte a afirmação, presente em toda a produção de Marx, de que o elemento da contradição está em todos os fenômenos da vida social. Se nos parece bastante óbvio que as ações do Estado (e não nos referimos apenas ao Brasil) respondem a interesses capitalistas, há que se notar que inúmeras conquistas de lutas populares não vêm abrindo mão do reconhecimento de instâncias estatais e legais no processo de lutas de classes. Vejamos dois exemplos, um para cada uma dessas constatações.

---

49   CARBONARI, 2004.

Entidades e organizações populares como a Auditoria Cidadã da Dívida realizam e divulgam estudos que demonstram que cerca de 50% da riqueza construída por países como o Brasil são destinados a pagamento de dívidas internas e externas questionáveis — em geral, aliás, ao pagamento de juros dos valores tidos como principais de tais dívidas. Não há sequer uma política pública no Brasil que receba metade do investimento feito para o pagamento dos poucos detentores dos títulos dessas dívidas. Saúde, educação, habitação, previdência social, acesso à cultura, campanhas de combate a expressões como machismo, racismo, homofobia (em suas distintas dimensões), intolerância religiosa e tantas outras poderiam ser políticas de muito maior monta se o Estado brasileiro não se rendesse à lógica do pagamento de dívidas que a população brasileira, afinal, não contraiu. O discurso de que não há dinheiro para o investimento em acesso a direitos se esvazia a cada novo estudo apresentado por esses movimentos sociais e instituições de pesquisa.

Na outra ponta, é bastante possível afirmar que, se não fossem as legislações conquistadas nas enormes mobilizações populares da década de 1980 do século XX, o Brasil conviveria, atualmente, com situações muito piores em relação à saúde pública e ao tratamento destinado a suas crianças e adolescentes, para ficar em dois exemplos. O SUS e o Estatuto da Criança e do Adolescente (ECA), tão atacados pela lógica capitalista e por setores reacionários em nosso país na atualidade, continuam sendo referência internacional de políticas promotoras e protetivas de direitos. No que diz respeito à saúde, de direitos universais. No que diz respeito a crianças e adolescentes, de condições mínimas para que esses segmentos tenham possibilidades de desenvolver seu futuro e o de novas gerações por vir.

Não nos parece ser possível, portanto, tornar absoluto nenhum dos dois argumentos acima acerca do Estado. As contradições das lutas de classes e da sociedade contemporânea tendem a se fazer presentes em cada momento de nossas disputas pela satisfação das necessidades humanas.

# Capítulo 3

# O Brasil e alguns dos direitos humanos

## Introdução

Nos capítulos anteriores pudemos nos aproximar do que, para efeito deste livro, chamamos de direitos humanos. Também recuperamos alguns aspectos de sua história no país e no mundo, além da dimensão operativa que este debate reúne. Ou seja, como podemos nos utilizar — profissionalmente, e no sentido da ampliação do acesso da população (especialmente as classes subalternizadas) a políticas que atendam a suas necessidades —, ainda que no contraditório campo das previsões legais, de acúmulos que já foram realizados no âmbito das instâncias nacionais e internacionais de promoção e proteção de direitos humanos. Como vimos, em nossa perspectiva todos os direitos humanos são sociais.

A intenção deste terceiro capítulo do livro é apreciar como determinados direitos vêm sendo reconhecidos ou não, especialmente no Brasil. Para essa tarefa, resolvemos adotar o critério de selecionar direitos que ainda são caracterizados (em nossa visão, equivocadamente — repetimos) como sociais, civis e políticos. Um de nossos objetivos é destacar o quanto todos eles — embora com essa denominação inicial por parte de pesquisadores, militantes, profissionais — guardam profunda relação com a sociedade de cada época. No momento em que redigimos e que você, provavelmente, lê este texto, estamos falando da relação desses fenômenos com a sociedade capitalista e com as classes sociais que permanecem em disputa.

Assim, dialogaremos a seguir sobre quatro fenômenos distintos: o direito ao trabalho; o direito à liberdade — e sua recorrente violação no Brasil, com evidente perfil racial e de classe; violações decorrentes de práticas de tortura; e o direito à documentação civil.

## 3.1 O direito ao trabalho

O primeiro fenômeno para o qual pretendemos apresentar elementos de reflexão é o que costumamos chamar mundo do trabalho. Habitualmente, os direitos vinculados a essa dimensão da vida são considerados, na classificação originalmente proposta por Marshall,[1] como "direitos sociais". Antes de iniciarmos este diálogo, contudo, é preciso alertar quem nos lê sobre o que chamamos, aqui, de trabalho. Esse alerta parece-nos importante em função da polêmica, teórica e política em torno do que configura trabalho.

> Na interpretação da obra marxiana, há autores que defendem que trabalho se refere exclusivamente ao processo de alteração da natureza (matérias-primas) em objetos que podem obter valor de troca e de uso (mercadorias). Outros afirmam que tal atividade, na complexidade das sociedades contemporâneas, não se resume à esfera da produção de riquezas, mas também se estende a dimensões que dizem respeito à reprodução das relações sociais, de acesso a políticas sociais e a bens e serviços necessários para a vida. Trata-se de um debate complexo, que envolve categorias como trabalho produtivo e trabalho improdutivo e que tem importantes repercussões para determinadas dimensões da vida social.[2] Por exemplo, a que envolve estratégias de superação da desigual sociedade capitalista. Porém, por não ser o centro de nossos debates (nem de nossas pesquisas), nos limitaremos a registrar a existência de tais polêmicas e de sua importância.[3]

---

1   MARSHALL, T. H. *Cidadania, classe social e status*. Rio de Janeiro: Zahar, 1967.

2   MARX, K. *O Capital*: crítica da economia política. Livro 1, volume 1. O processo de produção do capital. 25. ed. Rio de Janeiro: Civilização Brasileira, 2008a; LOJKINE, J. *A classe operária em mutações*. Belo Horizonte: Oficina de Livros, 1990. p. 37-50.

3   Há obras de diversos autores que aprofundam esse tema em perspectiva marxista ou marxiana. No âmbito do Serviço Social, podemos sugerir obras de autores como: IAMAMOTO, M. V. *Serviço Social em tempos de capital fetiche*. Capital financeiro, trabalho e questão social. São Paulo: Cortez, 2007; LESSA, S. *Mundo dos homens*: trabalho e ser social. 3. ed. revista e corrigida. São Paulo: Instituto Lukács, 2012 e NETTO, J. P.; BRAZ, M. *Economia política*: uma introdução crítica. São Paulo: Cortez, 2006. Um livro de grande circulação na profissão, embora não seja de um assistente social, é: ANTUNES, R. *Adeus ao trabalho?* Ensaio sobre as metamorfoses e a centralidade do mundo do trabalho. 15. ed. São Paulo: Cortez, 2011.

Assim, para efeito deste livro, estamos chamando de trabalho a quase totalidade das atividades pelas quais pessoas obtêm condições financeiras de suprir minimamente suas necessidades de alimentação, vestuário, habitação, entre outras para suas vidas.

Recuperaremos, então, aspectos relacionados ao mundo do trabalho que dialoguem com as seguintes dimensões: a) violações de direitos no mundo do trabalho formal; b) tratamentos diferenciados destinados a segmentos das classes sociais em disputa, particularmente mulheres e negros; c) violações de direitos decorrentes do trabalho infantil; d) violações de direitos decorrentes do trabalho escravo.

Antes disso, contudo, cabe informar que o campo do trabalho integra o debate dos direitos humanos — inclusive na sua dimensão legal — há vários anos. Tal processo se deu em função, especialmente, de lutas de entidades de trabalhadores (sindicatos, associações, greves, mobilizações). Se olharmos, por exemplo, a Declaração dos Direitos do Homem e do Cidadão, da Revolução Francesa de 1789, direitos relacionados ao mundo do trabalho não estarão contemplados. Trindade alerta para as fundamentais ausências em seu conteúdo, ao afirmar que o sufrágio universal nem sequer foi mencionado, a igualdade entre sexos não chegou a ser cogitada (o "homem" do título da Declaração era mesmo só o do gênero masculino), o colonialismo francês (ou europeu em geral) não foi criticado, a escravidão não foi vituperada (e era uma realidade dramática naquele tempo), o direito ao trabalho foi esquecido etc. "Tão importantes quanto as ideias que a Declaração contém são as ideias que ela *não contém.*"[4]

Em perspectiva diametralmente oposta, no entanto, uma leitura da Declaração dos Direitos do Povo Trabalhador e Explorado, da Revolução Russa de 1917, permite perceber outra perspectiva para o debate.[5] Nela estão previstas a "obrigação universal de trabalhar" (capítulo II, artigo 3º, inciso "e"); o "direito de eleger e ser eleito" a "todos aqueles que obtenham meios de subsistência mediante trabalho produtivo e de interesse geral" (capítulo XIII, artigo 64, *caput* e inciso "a"); o veto ao mesmo direito a "pessoas que empregam trabalhadores assalariados com o

---

4   TRINDADE, J. D. de L. *História social dos direitos humanos*. São Paulo: Peirópolis, 2002. p. 55 (grifo do original).

5   A Declaração anuncia, desde seu início, que a Rússia é uma República composta de conselhos (os chamados *sovietes*) de deputados trabalhadores, soldados e camponeses e dá a esses sovietes todo o poder, detalhando ao longo da Declaração em que assuntos tais espaços são soberanos. A íntegra da Declaração pode ser encontrada em: URSS. Constituição da República Socialista Federativa Soviética Russa. In: VON KÖEIN, P. S. (Org.). *Marxismo revolucionário, trotskysmo e questões atuais da revolução socialista internacionalista*. Disponível em: <http://www.scientific-socialism.de/LeninDireitoeMoral100718.htm>. Acesso em: 28 dez. 2013.

objetivo de obtenção de lucro" ou "que não vivam dos rendimentos de seus respectivos trabalhos" (capítulo XIII, artigo 65, incisos "a" e "b"), entre outras medidas.

> A contradição é uma categoria central em nossa perspectiva para a análise da vida social. Ela está presente em todos os fenômenos e processos, cabendo a quem os observa atentamente buscar desvendá-la. No que se refere à Declaração dos Direitos do Povo Trabalhador e Explorado, por exemplo, seu texto veda a participação política a que nos referimos acima a "pessoas alienadas ou loucas, em procedimentos judiciários específicos, bem como aquelas sob tutela" (capítulo XVIII, artigo 65, inciso "f"), expressando possíveis contradições que hoje podemos identificar, já que o debate sobre saúde mental passou por grandes alterações ao longo de quase um século que nos separa daquela Declaração.

Ao longo do século XX, particularmente após as duas grandes guerras mundiais, o debate sobre a internacionalização de direitos humanos, sua previsão, sua efetiva promoção e outras dimensões se viu bastante alargado. Naquele momento, vivia-se pleno período de Guerra Fria, numa disputa entre perspectivas radicalmente distintas de organizar a vida, seja do ponto de vista da economia, da política, da cultura ou da complexa sociabilidade humana. Naquela conjuntura, o debate em torno de quais direitos humanos deviam ser reconhecidos como tal, e internacionalmente, não ficou à margem. Assim, a Declaração Universal de Direitos Humanos, de 1948, já teve um novo patamar para o reconhecimento ou não de direitos do mundo do trabalho. Antes de conhecermos algumas dessas previsões, é preciso apontar a existência de importantes críticas ao que tal Declaração previu. Aprovada em um período em que, ainda que dois blocos distintos de países se enfrentassem, um deles — o capitalista, liderado pelos Estados Unidos — mantinha sua hegemonia, a Declaração muitas vezes foi relegada a um papel de mera carta de intenções. Essa crítica não é feita apenas pelo bloco oposto, ou por pessoas que se identificam com a possibilidade de construção de uma sociedade anticapitalista. Vejamos como se posiciona Bobbio a respeito da existência de legislações que se tornam apenas declarações de intenções:[6] "O problema grave

---

6    BOBBIO, N. *A era dos direitos*. Rio de Janeiro: Elsevier, 2004. p. 25.

de nosso tempo, com relação aos direitos do homem, não era mais o de fundamentá-los, e sim o de protegê-los. Desde então, não tive razões para mudar de ideia".

> Para conhecer elementos da contribuição de Bobbio que o diferenciam de reflexões marxistas, uma leitura atenta de uma de suas obras mais conhecidas (*A era dos direitos*, de 2004) é instrutiva. Registre-se que a publicação é uma coletânea de intervenções que o autor fez em diferentes momentos — no trecho em destaque imediatamente após a presente nota o autor se refere, em 2004, à conferência proferida por ele em 2001. No entanto, comparecem, nessas distintas ocasiões, afirmações como a inexistência de um sujeito capaz de expressar valores universais (p. 122); a defesa da pós-modernidade (p. 209); não diferenciação entre leis e direitos (p. 3; 73-74), limitação do direito ao conteúdo previsto em normas (p. 74). Ainda assim, o autor apresenta contribuições importantes, como a que reconhece o caráter histórico dos direitos. Vejamos:
>
> > O campo dos direitos sociais [...] está em contínuo movimento: assim como as demandas de proteção social nasceram com a revolução industrial, é provável que o rápido desenvolvimento técnico e econômico traga consigo novas demandas, que hoje não somos capazes nem de prever. A Declaração Universal [de 1948] representa a consciência histórica que a humanidade tem dos próprios valores fundamentais na segunda metade do século XX. É uma síntese do passado e uma inspiração para o futuro: mas suas tábuas não foram gravadas de uma vez para sempre.[7]
>
> Um diálogo sobre alguns limites da contribuição de Bobbio para o debate sobre direitos humanos encontra-se no livro de Ruiz, *Direitos humanos e concepções contemporâneas*, nas páginas 229 a 242.[8]

Além dos avanços já obtidos em 1948 no âmbito da carta internacional da Organização das Nações Unidas (ONU), direitos do mundo do trabalho teriam

---

7 BOBBIO, 2004, p. 33.

8 RUIZ, J. L. de S. *Direitos humanos e concepções contemporâneas*. São Paulo: Cortez, 2014.

92 *Direitos humanos e Serviço Social*

outro campo de disputas, denúncias e estudos em outras instâncias e documentos internacionais. É o que ocorre com a Organização Internacional do Trabalho (OIT), fundada em 1919, cujas súmulas garantem direitos como férias, 13º salário, descanso semanal remunerado, além de se posicionar sobre liberdade de organização sindical — ou seja, a possibilidade que deve haver a trabalhadores e trabalhadoras de decidir qual a melhor forma de organizar suas lutas.

No âmbito das resoluções originadas de assembleias da ONU, o Pacto Internacional de Direitos Econômicos, Sociais e Culturais, de 1966, fará previsões sobre o direito de greve, por exemplo. Além de se manifestar, em seus artigos 6º e 7º, sobre liberdade ou aceitação de escolha de um trabalho (artigo 6º, inciso 1); formação técnica e profissional (artigo 6º, inciso 2); remuneração equitativa entre homens e mulheres (artigo 7º, inciso a-I); remuneração que permita existência decente a trabalhadores e familiares (artigo 7º, inciso a-II); descanso, lazer, folga semanal e férias remuneradas (artigo 7º, inciso "b"), entre outros.[9]

É importante destacar que o acesso universal e justo a direitos do mundo do trabalho (como os de quaisquer outras dimensões) depende não de sua previsão legal, mas, fundamentalmente, da luta entre classes.[10]

Contudo, é importante constatar que a previsão legal de direitos potencializa lutas populares e sindicais pelo reconhecimento e/ou satisfação de determinadas necessidades humanas, podendo evidenciar contradições da sociedade capitalista. Não deve, portanto, ser dimensão desconsiderada pelas lutas sociais. Parecem ser esses os casos, no Brasil, do Estatuto da Criança e do Adolescente (ECA), da Lei Orgânica da Saúde e de outras legislações que, embora com previsões ainda distantes de sua materialização concreta, contribuem para que se fortaleçam lutas contrárias a propostas violadoras de direitos, como as de redução da maioridade penal e/ou as da privatização das políticas sociais. Além disso, é importante observar que

> Os direitos humanos não podem ser reduzidos ao seu "momento jurídico", como tendem a fazer alguns profissionais do campo do Direito. (...) Do mesmo modo, os direitos humanos não podem ser tratados seriamente de forma apartada de seu ineliminável "momento jurídico", como parecem tender a fazer alguns dos interlocutores do campo

---

9   MAZZUOLI, V. de O. (Org.). *Coletânea de direito internacional.* 3. ed. São Paulo: Revista dos Tribunais, 2005. p. 597.

10  RUIZ, 2014.

CapÍtulo 3 | O Brasil e alguns dos direitos humanos    93

das Ciências Sociais de forma geral. Pelo menos uma parte decisiva do significado de "direitos humanos" diz respeito a um conjunto normativo — padrões de "dever-ser" — de elevado grau de positivação (ou seja, traduzido em normas postas, estabelecidas). Tratá-los, como muitas vezes acontece, como um mero tema especulativo — como, aliás, jamais é feito em relação às normas que tratam das finanças, do mercado, assalariamento — é já começar por tentar derrotá-los.[11, 12]

Por fim, é preciso considerar que, em uma sociedade organizada sob bases capitalistas, as lutas de trabalhadores por condições justas de trabalho têm óbvios limites. Isso vale, inclusive, para espaços de ação profissional que não estão diretamente ligados à produção de valor.[13] É o caso de pessoas que atuam, por exemplo, no âmbito do Estado. Também precisamos chamar atenção para o fato de que o mundo do trabalho é bastante complexo, não bastando, para sua crítica, adotar posturas pretensamente radicais e que não dialogam com a conjuntura e as condições objetivas de cada momento. O "hipercriticismo abstrato",[14] tão comum a setores populares em distintas conjunturas, tende a obscurecer o fato de que condições de trabalho estão mediadas por outros elementos. E que sua defesa, necessária e correta especialmente quando coletiva, não pode deixar de lado sujeitos sociais que são o centro da existência da atuação profissional em instâncias públicas, ou seja, usuários e usuárias de serviços eventualmente prestados. Nessas situações, o esforço por superar condições de trabalho insuficientes e, mesmo assim, oferecer serviços com qualidade tende a se tornar, inclusive, instrumentos de luta fundamental na defesa de condições mais qualificadas de atuação profissional.

Feito esse conjunto de considerações, podemos passar a um pequeno balanço do quadro atual de direitos do mundo do trabalho, especialmente no Brasil.

---

11   MARQUES, E. A. B. Direitos humanos: para um esboço de uma rota de colisão com a ordem da barbárie. In: FORTI, V.; BRITES, C. M. *Direitos humanos e serviço social*: polêmicas, debates e embates. Rio de Janeiro: Lumen Juris, 2011. p. 196.

12   Às reflexões de Marques podemos acrescer a dimensão operativa que a legislação referente às necessidades humanas detém para o exercício profissional daqueles que atuam com políticas sociais, como veremos brevemente na conclusão deste livro.

13   Sobre produção de valor, cf. MARX, 2008a; NETTO & BRAZ, 2006.

14   NETTO, J. P. *Ditadura e Serviço Social*: uma análise do Serviço Social no Brasil pós-64. 17. ed. São Paulo: Cortez, 2015.

### 3.1.1 Violações de direitos no mundo do trabalho formal

Como vimos há pouco, não há que se esperar, em uma sociedade capitalista, que as condições de trabalho sejam as ideais. Melhorá-las depende de organização e lutas coletivas. Também não é possível imaginar que a existência de previsões legais, inclusive para a organização do mundo do trabalho, seja garantia prévia e suficiente de que elas se constituirão em realidade objetiva. Isso seria desconsiderar as ações das classes em disputa na sociedade.

> Voltamos a chamar atenção para o fato de que nem sempre essas contradições se apresentam de forma direta. Ou, ainda, que nem sempre aquilo que identificamos como contradições entre classes se configura como tal. No âmbito do Estado, por exemplo, não se dá o processo de exploração do trabalho encontrado na indústria, posto que não há produção direta de mais--valia e, portanto, gestores não se apropriam diretamente da riqueza produzida por outrem. Tal processo é bastante complexo, exigindo apreensão das distinções entre aparência e essência, tão cara, por exemplo, a autores como Kosik, em *Dialética do concreto*.[15]

Identificamos, aqui, como "mundo do trabalho formal" aquele mediado por contratos, sejam celetistas, estatutários, autônomos ou outros. Há previsões a serem, em tese, cumpridas pelas partes envolvidas no processo. O que, como afirmamos acima, não impede a existência de significativas violações de direitos. Para ilustrá-lo, vamos visitar em três breves momentos os temas jornadas de trabalho, formas de contratação e assédio no trabalho.[16]

Apreciando o que é uma jornada de trabalho, Marx demonstra como o capital observa esse debate. Citemos a fonte:[17]

---

15 KOSIK, K. *Dialética do concreto*. 3. ed. Rio de Janeiro: Paz e Terra, 1976.

16 Essa escolha não significa que apenas nessas dimensões se encontrem violações de direitos no mundo do trabalho. Sua seleção justifica-se pelo papel que cumprem na atual conjuntura brasileira e/ou pela centralidade que exercem nas lutas das classes subalternizadas, além da intenção de um breve panorama no espaço de que dispomos nesta seção.

17 MARX, 2008a, p. 305-306.

O que é uma jornada de trabalho? Durante quanto tempo é permitido ao capital consumir a força de trabalho cujo valor diário paga? Por quanto tempo se pode prolongar a jornada de trabalho além do tempo necessário para reproduzir a própria força de trabalho? A estas perguntas (...) responde o capital: O dia de trabalho compreende todas as 24 horas, descontadas as poucas horas de pausa sem as quais a força de trabalho fica absolutamente impossibilitada de realizar novamente sua tarefa.

Jonathan Crary[18] abre o primeiro capítulo do livro que discute ações do capital sobre o sono com exemplos que, embora longos, vale a pena reproduzir:

Quem já viveu na costa oeste da América do Norte deve saber que todo ano centenas de espécies de pássaros migram, em função das estações, para o norte e para o sul, voando por várias distâncias ao longo da plataforma continental. Uma dessas espécies é o pardal de coroa branca. Sua rota os leva do Alasca ao norte do México no outono, e de volta ao norte na primavera. Diferente da maioria dos outros pássaros, esse tipo de pardal tem uma capacidade bastante incomum de permanecer acordado por até sete dias durante as migrações. (...) Nos últimos cinco anos, o Departamento de Defesa dos Estados Unidos gastou quantias enormes de dinheiro para estudar essas criaturas. Com recursos do governo, pesquisadores de diversas universidades (...) têm investigado a atividade cerebral dos pássaros durante esses longos períodos de vigília, com a esperança de obter conhecimentos aplicáveis aos seres humanos. O objetivo é descobrir como as pessoas poderiam ficar sem dormir e funcionar produtiva e eficientemente.[19]

Embora o objetivo inicial identificado pelo autor seja "a criação do soldado sem sono"[20] — ou seja, objetivos militares, tão caros ao capitalismo norte-americano em suas voltas com as seguidas crises desse sistema — Crary lembra que

---

18  CRARY, J. 24/7: *Capitalismo tardio e os fins do sono*. São Paulo: Cosac Naify, 2014.

19  CRARY, 2014, p. 11.

20  CRARY, 2014, p. 11.

> "A história mostra que inovações relacionadas à guerra são inevitavelmente assimiladas na esfera social mais ampla, e o soldado sem sono seria o precursor do trabalhador ou do consumidor sem sono".[21] No título e ao longo do seu livro, Crary se utiliza da curiosa e inventiva fórmula da vida 24/7 — vinte e quatro horas diárias por sete dias semanais — para denunciar tal estratégia capitalista. Como não reconhecer o acerto da observação de Marx, em *O Capital*?

Marx cita, entre diversas outras, fontes da imprensa do século XIX que apontam o trabalho de "cocheiros e condutores de Londres por 16 horas por dia por um miserável salário";[22] foguistas que trabalharam, ininterruptamente, 29 horas e 15 minutos, em determinada ocasião (com média, na semana pesquisada, entre 14 e 15 horas de trabalho);[23] além de trabalho infantil, a cujos dados voltaremos a seguir. Sabemos, por obra de distintos pesquisadores em diversas épocas, que uma das lutas sociais e trabalhistas mais explosivas sempre foi a que envolveu a jornada de trabalho.[24] Ao longo da história ela envolveu profissões muito distintas, inclusive a de assistentes sociais, já no final do século XX. A conquista da Lei n. 12.317/2010,[25] contudo, não garantiu que milhares de assistentes sociais que atuam no Brasil tivessem acesso a esse direito, uma vez que empregadores e empresários — inclusive, em alguns casos, com o auxílio de interpretações legais

---

21   CRARY, 2014, p. 13.

22   MARX, 2008a, p. 296.

23   MARX, 2008a, p. 294.

24   Antunes (2011, p. 110) lembra que "desde o advento do capitalismo, a redução da jornada de trabalho mostra-se central na ação dos trabalhadores, *condição preliminar* para uma vida emancipada" (grifo original). Chama atenção, ainda, para outro aspecto importante, especialmente em tempos contemporâneos, e que certamente dialoga com a realidade de profissionais que conquistam reduções legais de suas jornadas de trabalho. Antunes o faz citando Bernardo (2000, p. 46): "Um trabalhador contemporâneo, cuja atividade seja altamente complexa e que cumpra um horário de trabalho de sete horas por dia, trabalha muito mais tempo real do que alguém de outra época, que estivesse sujeito a um horário de quatorze horas diárias, mas cujo trabalho tinha um baixo grau de complexidade. A redução formal de horário corresponde a um aumento real do tempo de trabalho despendido durante esse período".

25   Prevê jornada máxima de 30 horas semanais para assistentes sociais no Brasil, em qualquer forma de contratação, sem redução de salários, cf. BRASIL, República Federativa do. Lei Federal n. 12.317/2010. Acrescenta dispositivo à Lei n. 8.662, de 7 de junho de 1993, para dispor sobre a duração do trabalho do Assistente Social. Disponível em: <http://www.planalto.gov.br/ccivil_03/_Ato2007-2010/2010/Lei/L12317.htm>. Acesso em: 5 maio 2015.

absolutamente controversas por parte do Judiciário — buscaram formas de impedir a concretização do direito à jornada máxima de 30 horas semanais. Uma de suas preocupações centrais, obviamente, é o potencial de que, uma vez reconhecido tal direito a uma parcela de trabalhadores e trabalhadoras, outras categorias profissionais se mobilizem por reivindicar o mesmo acesso — como, aliás, ocorre em 2016 com profissionais de Enfermagem e Psicologia.

Trata-se de mais uma batalha da intensa luta entre classes. São atacadas, frontalmente, as condições de vida das classes subalternizadas (como sua saúde, educação, relações familiares etc.). Viola-se a necessidade humana de ter tempo para desenvolver suas mais diversas potencialidades. Nas palavras de Antunes,[26] apreciando a relação entre tempo de trabalho e tempo livre,

> Uma vida cheia de sentido em todas as esferas do ser social, dada a *multilateralidade humana*, somente poderá efetivar-se através da demolição das barreiras existentes entre *tempo de trabalho* e *tempo de não trabalho*, de modo que, a partir de uma *atividade vital* cheia de sentido, autodeterminada, *para além da divisão hierárquica que subordina o trabalho ao capital hoje vigente* e, portanto, sob bases inteiramente novas, possa se desenvolver uma nova sociabilidade.

Ainda sobre a jornada de trabalho, cabe registrar que ela é elemento central no processo de exploração de mais-valia, ou sobretrabalho, apropriado pelo capital. Em Marx, os resultados distintos que decorrem da exploração da jornada de trabalho são denominados mais-valia absoluta e mais-valia relativa.[27]

No que se refere às formas de contratação, o Brasil vivencia — em 2016, momento em que este livro é concluído — grande polêmica sobre a adequação de contratação de trabalhadores por intermédio de terceiros, processo conhecido como terceirização. A intenção é ampliar o alcance das possibilidades de contratação de terceirizados (que são contratados por outras empresas, com impactos

---

26   ANTUNES, 2011, p. 113 (grifos originais).

27   MARX, 2008a, p. 573-610.

que veremos logo a seguir) até mesmo para as "ações-fim"[28] de cada empresa/ instituição, inclusive as públicas. Locatelli[29] demonstra alguns dos efeitos desse processo. Segundo o repórter da revista *CartaCapital*, dentre outros impactos: a) quem é terceirizado recebe salários 24% menores, em média, que os demais trabalhadores;[30] b) como trabalham, em média, três horas a mais que quem não é terceirizado, têm impacto sobre a possibilidade de criação de novos empregos; c) se acidentam mais no trabalho;[31] d) a terceirização favorece situações de trabalho escravo.[32] Além desses aspectos, Locatelli destaca a maior dificuldade para a própria organização sindical, posto que as pessoas que trabalham como terceirizadas se veem (ou são colocadas nessa situação por quem não é terceirizado) como "cidadãos de segunda classe", com refeitórios, vestiários e outras instalações de menor qualidade. Repare que nem sequer a concepção liberal de direitos,[33] defendida pelos capitalistas, é reconhecida em tal processo.

---

28 A distinção, aqui, é com as "ações-meio". Pense numa empresa de transportes. Motoristas seriam profissionais que têm contrato direto com a empresa. Numa escola, professores e professoras. Num posto de saúde, médicos e outros profissionais de saúde. Estas seriam "ações-fim", ligadas mais diretamente às ações que justificam a existência da empresa ou instituição. Atividades como limpeza e vigilância, contudo, seriam terceirizadas. Elas não constituiriam a finalidade central dessas instâncias, sendo, assim, consideradas "ações-meio". Esse debate vem trazendo dificuldades para o próprio movimento sindical, especialmente para aquelas entidades que se negam a construir estatutos que ousem enfrentar a legislação sindical existente e consideram, como trabalhadores e trabalhadoras de sua base de organização, o conjunto de pessoas que contribuem para o resultado final do processo de trabalho em uma empresa ou instituição. Quem é contratado pela via da terceirização, em geral, sofre maior exposição a condições degradantes de trabalho e a sindicatos que existem, em sua maioria, sem nenhuma conexão com as lutas das classes subalternizadas. Acerca da liberdade sindical e da proteção ao direito à sindicalização, cf. OIT — Organização Internacional do Trabalho. *Convenção 87 da Organização Internacional do Trabalho*. Disponível em: <http://www.oitbrasil.org.br/content/liberdade-sindical-e-prote cao-ao-direito-de-sindicalização>. Acesso em: 5 maio 2015.

29 LOCATELLI, P. Nove motivos para você se preocupar com a nova lei da terceirização. *Revista CartaCapital on-line*, 8 abr. 2015. Disponível em: <http://www.cartacapital.com.br/politica/nove-motivos-para-voce-se preocupar-com-a-nova-lei-da-terceirizacao-2769.html>. Acesso em: 1º maio 2015.

30 A fonte utilizada é o Departamento Intersindical de Estatística e Estudos Socioeconômicos, o DIEESE.

31 Na Petrobras, entre 1995 e 2013, 80% dos trabalhadores mortos em serviço eram subcontratados.

32 Segundo dados do Ministério do Trabalho e Emprego, entre os anos de 2010 e 2014 eram terceirizados cerca de 90% dos trabalhadores resgatados nos dez maiores flagrantes de trabalho escravo contemporâneo. Há que se registrar que, contemporaneamente, o trabalho escravo não é caracterizado pela ausência de contratos de trabalho e/ou de salários. Pessoas até recebem pelo trabalho que realizam. Contudo, acabam tendo dívidas — pelo local de repouso, pela alimentação consumida etc. — com seus próprios empregadores que superam, em muito, o valor recebido mensalmente. É a chamada "escravidão por dívida".

33 Aquela que, em linhas gerais, é oriunda das revoluções burguesas do século XVIII e que afirma que todas as pessoas são iguais perante a lei (RUIZ, 2014).

Dados como esses evidenciam que uma sociedade capitalista não permite conferir acesso a necessidades humanas em condições de igualdade e universalidade para todos que habitam o planeta. Isso porque a ausência de exploração de quem produz socialmente a riqueza que, posteriormente, é apropriada de forma privada significaria o fim do próprio capitalismo.

Outro processo muito atual no que se refere ao mundo do trabalho formal é o que se relaciona com o assédio no trabalho. Perceba que, propositalmente, não estamos utilizando o adjetivo "moral" com que o assédio tem sido debatido no Brasil. Caracterizar o assédio no trabalho como moral tende a contribuir para ocultar dimensões que são centrais ao fenômeno: o interesse por maior produtividade, especialmente aquela referida à produção de riquezas materiais ou de lucro — ainda que tais processos também possam ser encontrados em instituições públicas. Comentaremos essa dimensão no debate a seguir.

Assédio no trabalho geralmente tem sido caracterizado, por quem o pesquisa e por previsões legais, como procedimentos que submetem trabalhadores e trabalhadoras a situações constrangedoras. Todavia, isso não basta: é preciso caracterizar tratar-se de postura reiterativa e repetitiva. Seus impactos têm sido identificados como pertencentes a diversas dimensões. Do ponto de vista subjetivo, atingem a autoestima de quem sofre assédio, de forma que, às vezes, levam a pessoa a duvidar de sua própria capacidade e da qualidade de sua contribuição. Parece-nos possível afirmar que não se trata de um fenômeno novo na história do mundo do trabalho. É possível encontrar pressões de diferentes impactos e repercussões, inclusive físicas, em modos de produção como o escravismo ou o feudalismo. Porém, o avanço das lutas sindicais e a percepção de que o longo tempo que passamos em nosso trabalho impacta negativamente diversas esferas de nossas vidas têm resultado, na atualidade, em novas táticas de luta e denúncia de tais processos e de seus impactos sobre a vida de quem produz as riquezas.

Considerar, contudo, o assédio no trabalho como um comportamento moral ou individual de quem promove a pressão sobre outrem tende a secundarizar e/ou ocultar as reais razões do assédio. É nesse aspecto que consideramos necessário apontar algumas distinções acerca do que provoca assédio na iniciativa privada, particularmente em instituições que geram mais-valia e/ou lucro, de outros que surgem em instituições de prestação de serviços, sobretudo no Estado. Nossa apreensão é de que essas distinções possibilitam perceber que tais fenômenos podem impactar direitos de quem trabalha, mas — ao mesmo tempo — de quem recebe os serviços prestados. Ambos os processos guardam profundas relações com o modo de produção capitalista, com a forma como o Estado se organiza sob sua vigência, com a qualidade dos serviços prestados à população. Em outras palavras, podem provocar violação de direitos e desconsideração de necessidades humanas. Vejamos.

A pressão por maior produtividade no âmbito da indústria, por exemplo, em geral tem objetivo econômico. Bons exemplos são as linhas de montagem no modelo fordista de produção,[34] ou mesmo situações em que se contratam capatazes ou outros profissionais cuja única tarefa é exercer pressão sobre o ritmo de trabalho, de forma que se produza mais em menos tempo. Quando a força das lutas populares e sindicais impede que se estenda a jornada de trabalho, o capital precisa impor medidas que busquem viabilizar que a mesma produção obtida em jornadas mais extensas se efetive com jornadas menores.

A transição, pura e simples, desse mesmo processo para o que ocorre no Estado, aqui visto na dimensão de seu papel de empregador, sem considerar mediações e contradições eventualmente distintas, pode significar, ainda que involuntariamente, ampliar condições de violações de direitos. Como afirmamos há pouco, não necessariamente direitos de quem presta serviços, mas de quem os recebe. Na lógica da apropriação, pelo Estado, de premissas da organização capitalista do mundo do trabalho, é possível identificar semelhanças entre a gestão do trabalho nessas duas instâncias. Contudo, há inegáveis distinções presentes de parte a parte. Basta pensarmos no processo de estabelecimento de "metas" e objetivos profissionais. Quando assumimos para o âmbito do Estado o discurso da crítica abstrata às metas, sem apresentar-lhe alternativas concretas e que possam ser disputadas na conjuntura, é bastante grande a tendência a fortalecer discursos de que o Estado é "improdutivo", "inoperante", "excessivamente burocratizado", "lento", "sem respostas às necessidades da população". O pior é o que fica por detrás do debate: as questões centrais, aqui, são: a) para quem e por que metas e objetivos profissionais são definidos; b) quem os define. O envolvimento da população que recebe serviços públicos — majoritariamente composta por pessoas pertencentes às classes subalternizadas — na definição de metas e objetivos do Estado é processo que propicia um real controle social democrático das políticas sociais. Ademais, permite dialogar abertamente sobre dimensões que interferem na qualidade da prestação de tais serviços, como a efetiva condição existente para atingir os objetivos a serem eventualmente propostos pela população. Ou seja, a existência de metas é fundamental, mas deve

---

34 No excelente filme *Tempos modernos*, de Charles Chaplin (1936), tal processo de controle e pressão sobre maior produção é retratado com maestria.

ocorrer considerando as condições necessárias para sua obtenção, como as jornadas de trabalho a que nos referimos há pouco.

Parece-nos necessário retomar a reflexão sobre o quanto a qualidade com que exercemos nosso trabalho é um dos instrumentos de luta mais eficazes e contundentes para a disputa de melhores condições de exercício profissional. Reações coletivas e articuladas a outras categorias e profissões também estão entre estratégias prioritárias para debates como jornadas de trabalho e formas de contratação, entre outras.

No mundo do trabalho, dimensões de gênero e raça se inter-relacionam, podendo ampliar o aviltamento das condições de trabalho.[35] Machismo e racismo não são, na sociedade do capital e na contemporaneidade, meros comportamentos individuais preconceituosos e discriminadores. Institucionalizam-se em processos e fenômenos para os quais precisamos estar permanentemente atentos. Um deles é o quanto, ainda no início do século XXI, mulheres e negros permanecem com rendimento médio real inferior a homens e brancos. Vejamos.

Segundo dados de uma década (2003 a 2013) da Pesquisa Mensal de Empregos desenvolvida pelo Instituto Brasileiro de Geografia e Estatística (IBGE), em 2003 pretos e pardos recebiam 48,3% da renda mensal de brancos. Embora essa diferença tenha sido reduzida em dez anos, em 2013 esse percentual ainda atingia absurdos 57,4%. No total das seis regiões metropolitanas pesquisadas,[36] enquanto em 2003 o rendimento de um branco correspondia a R$ 1.875,19, o de um pardo ou preto correspondia a R$ 907,98. Em 2013 esses valores eram, respectivamente, de R$ 2.396,74 e de R$ 1.374,79.[37] A região metropolitana de Salvador era, em 2013, aquela em que se constatava a maior diferença entre remunerações de brancos em comparação a pretos e pardos: R$ 1.232,57 (R$ 2.523,49 para brancos — a terceira maior entre as regiões pesquisadas — e R$ 1.290,92 para pretos e pardos — a penúltima maior entre as mesmas localidades). Os valores são calculados sobre as médias das estimativas mensais identificadas.

---

35    Estatísticas que demonstram como racismo e machismo ainda se encontram enraizados na sociedade brasileira podem ser buscadas em outras dimensões da vida de negros e mulheres que não o aqui chamado mundo do trabalho. Como exemplo, podemos citar o alto índice de violência contra mulheres e o perfil do sistema prisional brasileiro, além do fato de negros pobres serem as principais vítimas de violência armada no país.

36    Belo Horizonte, Porto Alegre, Recife, Rio de Janeiro, Salvador e São Paulo.

37    IBGE — Instituto Brasileiro de Geografia e Estatística. Indicadores IBGE. *Principais destaques da evolução do mercado de trabalho nas regiões metropolitanas abrangidas pela pesquisa* — Recife, Salvador, Belo Horizonte, Rio de Janeiro, São Paulo e Porto Alegre, 2003 a 2013. Brasília: IBGE, 2013a. Disponível em: <http://www.ibge.gov.br/home/estatistica/indicadores/trabalhoerendimento/pme_nova/retrospectiva2003_2013.pdf>. Acesso em: 14 maio 2015.

Essas distinções raciais ocorrem também quando analisados, separadamente, dados relativos a homens e mulheres. Em 2013, homens pretos ou pardos recebiam remuneração equivalente a 56,5% da remuneração dos homens brancos (em 2003, a razão era de 47,4%). Entre mulheres, em 2013 a remuneração das pretas ou pardas equivalia a 57,8% da remuneração das brancas, valor que era de 49,7% em 2003.[38] Ou seja, apesar de ter sido identificada uma importante redução entre 2003 e 2013, a distinção de cor ou raça ainda é significativa e inaceitável entre trabalhadores e trabalhadoras.

Se considerado apenas o quesito sexo, diferenças significativas também se apresentam na mesma pesquisa. Enquanto em 2003 homens recebiam R$ 1.700,47, mulheres recebiam R$ 1.204,53 (70,8% do valor percebido por homens). Já em 2013, os valores eram, respectivamente, de R$ 2.195,30 e R$ 1.614,95 (mulheres recebiam em torno de 73,6% do valor percebido por homens).[39]

Também nesse campo, o acúmulo internacional sobre direitos humanos vem apontando, há décadas, a necessidade de políticas públicas que promovam a efetiva igualdade entre homens e mulheres ou pessoas de diferentes raças/etnias. O Brasil tem adotado e/ou debatido algumas políticas e ações para incidir sobre esse quadro, ainda que limitada e lentamente. São os casos das cotas em universidades públicas e para candidaturas femininas em disputas eleitorais para o Parlamento.

A mesma pesquisa do IBGE[40] demonstra a distinção existente entre rendimentos médios por anos de estudo. Segundo a pesquisa, houve um grande crescimento, nos últimos dez anos, do rendimento médio real de quem possuía até oito anos de estudo (43,4%, com a região metropolitana de Recife chegando a 69% nessa faixa). Ainda assim, o rendimento médio real sob essa ótica permaneceu bastante distinto. Em média, quem tinha até oito anos de estudo recebeu,

---

38  IBGE, 2013a.

39  Embora também sejam dados alarmantes, é importante apontar que a distinção de cor e raça tem efeito ainda superior à distinção sexual. Ambas são absurdas e merecem repúdio, mas não deve passar despercebido, para possibilitar uma melhor interpretação das razões e efeitos do machismo e do racismo institucionalizados na sociedade brasileira, o quanto tais fenômenos ainda guardam consideráveis distinções entre si.

40  IBGE, 2013a.

> em 2013, R$ 1.050,64 mensais. Quem tinha entre oito a dez anos de estudo, R$ 1.158,37. Quem possuía mais de 11 anos de estudo, R$ 2.402,20. Ou seja, ainda que ensino superior não seja garantia de empregabilidade (como bem demonstram os jovens gregos e espanhóis no período recente, principais vítimas da crise internacional do capital naqueles países), chegar ao nível superior de ensino no Brasil tende a garantir um rendimento médio muito superior aos de quem não ultrapassa 11 anos de estudo.

Em seu conjunto, esses dados demonstram o acerto de previsões de tratados internacionais, subscritos pelo Brasil, que preveem a obrigação do Estado de promover políticas de ação afirmativa (ou de discriminação positiva) enquanto segmentos populacionais têm empecilhos para satisfazer suas necessidades. Esse é um fenômeno interclassista. Negros, mulheres e outras pessoas, se pertencentes às classes dominantes, também sofrem preconceitos e discriminações. Contudo, na lógica da sociedade capitalista, esses preconceitos e discriminações serão acentuados se pessoas desses mesmos segmentos pertencerem a classes subalternizadas. Vale visitar os artigos de duas convenções internacionais que tratam do tema. O primeiro é o artigo 4º da Convenção pela Eliminação de Todas as Formas de Discriminação Contra a Mulher, aprovada em 1979. Seu texto afirma que[41]

> 1. A adoção, pelos Estados Partes [da Convenção], de medidas especiais de caráter temporário destinadas a acelerar a igualdade de fato entre o homem e a mulher não se considerará discriminação na forma definida nesta Convenção, mas de nenhuma maneira implicará, como consequência, a manutenção de normas desiguais ou separadas; essas medidas cessarão quando os objetivos de igualdade de oportunidade e tratamento houverem sido alcançados.

O texto da Convenção pela Eliminação de Todas as Formas de Discriminação Racial, aprovado em 1965, tem sentido similar em seu artigo 1º:[42]

---

41 MAZZUOLI, 2005, p. 614.

42 MAZZUOLI, 2005, p. 604.

4. Não serão consideradas discriminação racial as medidas especiais tomadas com o único objetivo de assegurar o progresso de certos grupos raciais ou étnicos ou de indivíduos que necessitem de proteção que possa ser necessária para proporcionar a tais grupos ou indivíduos igual gozo ou exercício de direitos humanos e liberdades fundamentais, contanto que tais medidas não conduzam, em consequência, à manutenção de direitos separados para diferentes grupos raciais e não prossigam após terem sido alcançados os seus objetivos.

Como vimos, a adesão de um país a um acordo, tratado ou outro documento internacional de direitos humanos é facultativa, devendo respeitar o âmbito de deliberação válida em cada território. Porém, uma vez assinadas, as previsões de cada instrumento de proteção e promoção de direitos humanos passam a ter peso de lei, como já sinalizado no Capítulo 2.

Por incrível que possa parecer, contudo, tais manifestações relativas ao mundo do trabalho talvez ainda não sejam as mais brutais geradas pela sociedade capitalista neste início do século. Apreciemos, rapidamente, duas outras consequências desse modo desigual de produção.

### 3.1.2 Trabalho escravo contemporâneo

A escravidão é outro fenômeno nada recente na história da humanidade. Sobre ela há registros históricos de alguns milênios. Entretanto, mesmo depois de oficialmente "abolida" no mundo todo, dados recentes da Divisão de Fiscalização para Erradicação do Trabalho Escravo, do Ministério do Trabalho e Emprego do governo federal brasileiro, demonstram que entre 1995 e 2015 foram resgatadas em propriedades rurais e em empresas localizadas em grandes centros urbanos 47.902 pessoas.[43] Dados de 2004 apontavam que, entre 1995 e aquele ano, teriam sido libertados 13.119 trabalhadores escravos,[44] o que permite levantar a hipótese de que esta continua sendo uma realidade bastante presente no país: políticas de maior

---

43 RICHARD, I. *Em duas décadas, fiscais resgataram do trabalho escravo quase 50 mil pessoas.* Agência Brasil, 28 jan. 2015. Disponível em: <http://agenciabrasil.ebc.com.br/direitos-humanos/noticia/2015-01/em-duas-decadas-fiscais-resgataram-do-trabalho-escravo-quase-50-mil>. Acesso em: 13 maio 2015.

44 SIDOW, E. 13.119 trabalhadores escravos foram libertados no Brasil desde 1995. In: *Direitos humanos no Brasil 2014*: relatório da Rede Social de Justiça e Direitos Humanos. São Paulo: Rede Social de Justiça e Direitos Humanos, 2004. p. 63-98.

CAPÍTULO 3 | O Brasil e alguns dos direitos humanos     105

eficácia na fiscalização e desmonte do trabalho escravo[45] seriam as principais responsáveis pelo aumento do número de situações registradas.

Aslan[46] e Beer[47] registram escravização de pessoas alguns séculos antes de Cristo; Rousseau[48] a denuncia em seu *Discurso sobre a origem e os fundamentos da desigualdade entre os homens*; Trindade[49] questiona o silêncio da Declaração dos Direitos do Homem e do Cidadão, da Revolução Francesa de 1789 ("era uma realidade dramática naquele tempo", diz, à página 55); Hobsbawm[50] a analisa em processos como o que levou à Guerra Civil norte-americana no século XIX ou em locais tão distantes e distintos como Brasil, Cuba, Ásia, Europa e Oriente Médio, além de apontar[51] seu peso para a economia característica de propriedades feudais ou semifeudais nos séculos XV e XVI — tendo entre suas principais vítimas negros africanos e populações indígenas. Dezenas de romances têm por pano de fundo, no Brasil e em outros países, a denúncia da escravidão (como nos casos de *A escrava Isaura*, de Bernardo Guimarães, 1875 — ou *A cabana do Pai Tomás*, de Harriet Beecher Stowe, 1852, demonstrando inclusive tratamentos diferenciados dispensados para determinados escravos).

Entre as razões apontadas por pesquisadores para a escravidão contemporânea estão a migração, o desemprego, as condições inadequadas de moradia,

---

45 Dentre as iniciativas de políticas públicas governamentais encontram-se o Disque 100; o Plano Nacional de Erradicação do Trabalho Escravo; a criação do Grupo Especial de Fiscalização Móvel do Ministério do Trabalho, em ações conjuntas com a Polícia Federal; a publicação periódica da chamada "lista suja", que denuncia empresários, políticos e outras pessoas responsáveis pela submissão de pessoas às condições de trabalho escravo ou análogo à escravidão.

46 ASLAN, R. *Zelota*: a vida e a época de Jesus de Nazaré. Rio de Janeiro: Zahar, 2013.

47 BEER, M. *História do socialismo e das lutas sociais*. São Paulo: Expressão Popular, 2006.

48 ROUSSEAU, J. J. *Discurso sobre as ciências e as artes*: discurso sobre a origem e os fundamentos da desigualdade entre os homens. São Paulo: Martin Claret, 2010.

49 TRINDADE, 2002.

50 HOBSBAWM, E. *A era do capital* (1848-1875). São Paulo: Paz e Terra, 2012.

51 HOBSBAWM, E. *A era das revoluções* (1789-1848). São Paulo: Paz e Terra, 2010.

106  *Direitos humanos e Serviço Social*

o analfabetismo, a pobreza e a concentração de terras.[52] Esse conjunto de dimensões leva pessoas a trabalhar em jornadas extensivas e exaustivas, em locais muito distantes de suas residências, sendo obrigadas a adquirir produtos de alimentação e higiene (a preços hiperfaturados) de vendas de propriedade de quem os escraviza, de forma que os salários que recebem ao final de cada período não são suficientes sequer para "pagar" pelo que adquiriram para sua subsistência. Esse conjunto de fenômenos acaba gerando a chamada "escravidão por dívida". A extensão territorial do Brasil contribui para dificultar a fiscalização e as denúncias de tais situações. Um exemplo: ainda que o Brasil tenha ratificado as convenções 29 e 105 da OIT (respectivamente, a Convenção sobre Trabalho Forçado ou Obrigatório, em 1957, e a Convenção sobre Abolição do Trabalho Forçado, em 1965), o registro da primeira denúncia pública se deu apenas em 1971. O trabalho escravo foi exposto por D. Pedro Casaldáliga, bispo de São Félix do Araguaia (MT), na Carta Pastoral *Uma igreja da Amazônia em conflito com o latifúndio e a marginalização social.*[53]

De lá para cá inúmeras mobilizações de instituições populares e da sociedade civil passaram a apresentar denúncias e a tomar iniciativas sobre esse fenômeno, pressionando o governo brasileiro a adotar medidas que, embora de efetividade reconhecida internacionalmente, ainda padecem de lacunas apontadas pelo mesmo relatório da ONU acima citado. O trabalho escravo contemporâneo permanece como um enorme desafio a ser superado pelo Brasil.

> Imannuel Wallerstein[54] faz interessante análise acerca do que interpreta como a crise terminal do sistema-mundo capitalista na contemporaneidade. Segundo o autor marxista, avanços como os da ciência e da tecnologia —

---

52  No *Relatório da Relatora Especial sobre Formas Contemporâneas de Escravidão, incluindo suas causas e consequências sobre sua visita ao Brasil,* a relatora especial da ONU, a advogada armênia Gulnara Shahinian, identifica a ligação da história do trabalho forçado no Brasil ao tráfico de escravos africanos e à escravização de indígenas para trabalharem em áreas como o cultivo da cana-de-açúcar, em processo que percorreu os séculos XVI a XIX.

53  BRASIL, Ministério do Trabalho e Emprego da República Federativa do. *Trabalho escravo no Brasil em retrospectiva*: referências para estudos e pesquisas. Brasília: MTE, 2012. Disponível em: <http://portal.mte.gov.br/data/files/8A7C816A350AC882013543FDF74540AB/retrospec_trab_escravo.pdf>. Acesso em: 15 abr. 2015.

54  WALLERSTEIN, I. *O universalismo europeu*: a retórica do poder. São Paulo: Boitempo, 2007.

como os do campo da comunicação, que, nas palavras de Harvey,[55] provocam uma profunda compressão do espaço e do tempo — fariam com que o capitalismo encontrasse, na atualidade, dificuldades cada vez maiores para descobrir os locais em que processos de hiperexploração do trabalho sejam promovidos por longo período. A organização sindical, a circulação de informações, as revoltas e mobilizações espontâneas de trabalhadores e trabalhadoras contra essa exploração não permitiriam a ampliação contínua e crescente de mais-valia, o que se constituiria em um dos centros principais de tal crise. Wallerstein alerta, contudo, que sua análise de uma crise terminal do sistema-mundo capitalista não significa afirmar que ela se concluirá em curto prazo. Para o autor, não é possível afirmar que tipo de sociabilidade o substituirá.

### 3.1.3 Trabalho infantil

Em 12 de junho de 2013, no Dia Mundial de Combate ao Trabalho Infantil, o Fundo das Nações Unidas para a Infância (Unicef) anunciou a estimativa de que cerca de 150 milhões de crianças entre 5 e 14 anos estejam envolvidas em trabalho infantil em países chamados de "em desenvolvimento".[56] Na mesma data, a OIT divulgava estimativas de que 7,4 milhões de crianças na mesma faixa etária estariam envolvidas em trabalho doméstico, exercido com nítida maioria por meninas. Fatores como inexistência de direitos trabalhistas e previdenciários, isolamento, discriminação, ausência da escola, separação de suas famílias estavam entre as preocupantes constatações daquelas instituições.[57]

Em análise sistematizada a partir de dados da Pesquisa Nacional por Amostra de Domicílios (Pnad-IBGE) de 2013, o Fórum Nacional de Prevenção e Erradicação do Trabalho Infantil identificou um quantitativo de 3.187.838 crianças entre 5 e 17

---

55  HARVEY, D. *A condição pós-moderna*. São Paulo. Loyola, 2003.

56  Em nível mundial, 13 anos antes (em 2000), a OIT estimou em 211 milhões o número de crianças entre 5 e 14 anos trabalhando no mundo, com os maiores percentuais encontrados na Ásia, na África e na América Latina. A respeito, cf. KASSOUF, A. L. *Trabalho infantil*: causas e consequências. São Paulo: Esalq/USP, 9 nov. 2005. Disponível em: <http://www.cepea.esalq.usp.br/pdf/texto.pdf>. Acesso em: 13 maio 2015.

57  ONUBR — Organização das Nações Unidas no Brasil. *150 milhões de crianças entre 5 e 14 anos sofrem com trabalho infantil nos países em desenvolvimento*. ONUBR, 12 jun. 2013 (atualizado em 12 dez. 2014). Disponível em: <http://nacoesunidas.org/150-milhoes-de-criancas-de-5-a-14-anos-sofrem-com-trabalho-infantil-em-todo-mundo-alerta-unicef/. Acesso em: 16 maio 2015.

anos[58] trabalhando no país. A distribuição por regiões geográficas demonstrava a preponderância do fenômeno, em números absolutos, nas regiões Nordeste e Sudeste. Eram, respectivamente, 1.057.357 (33,2% do total) e 1.000.254 (31,4%). Seguiam-se as regiões Sul (523.716, 16,4%), Norte (367.583, 11,5%) e Centro-Oeste (238.928, 7,5%). Entre 1992 e 2013 a ocorrência de trabalho infantil no Brasil diminuiu, segundo os dados oficiais, em 59%. Ainda assim, no ritmo de redução então em curso, a estimativa era de que em 2020 ainda existiriam 2 milhões de crianças e adolescentes trabalhando no Brasil. Novamente os dados indicavam o recorte racial do fenômeno: em 2013, 62,5% das crianças eram negras (1.992.186), enquanto 1.195.652, brancas (37,5%).

Em relação ao vínculo empregatício, 1.758.927 crianças (56,3%) estavam ocupadas como empregadas, embora apenas 15,3% (dos números totais) tivessem carteira assinada, ou seja, 41% não tinham nenhum vínculo empregatício legal, o que fragiliza ainda mais as condições de fiscalização e de algum acesso a direitos. Encontravam-se também as seguintes situações: 17,7% (552.513) não eram remuneradas; 11,7% (367.123) trabalhavam para o próprio consumo; 7,2% (224.412) atuavam por conta própria; 6,8% (213.613) como trabalhadoras domésticas e 0,3% (10.726) em outras situações (como empregador ou em construções para o próprio uso).

> É interessante perceber como a ideologia, sobre a qual refletimos no primeiro capítulo, interage com o tema do trabalho infantil. Dificilmente questionamos, por exemplo, o trabalho de crianças em novelas, em campanhas publicitárias ou em outras atividades comerciais e de comunicação. Ao contrário: costumamos achar singelo, bonito, simpático que apareçam crianças em algumas dessas situações. Além de deixarmos de nos perguntar sobre o desenvolvimento (educacional, físico, emocional etc.) de cada uma delas, tendemos a naturalizar outros trabalhos realizados por crianças, como as inúmeras tarefas domésticas que, muitas vezes, lhes são impostas contra sua vontade e colocando em risco seu

---

58 Embora o ECA, no Brasil, estabeleça distinções etárias entre crianças e adolescentes, a Convenção sobre os Direitos da Criança, da ONU, subscrita pelo Brasil, define como criança qualquer ser humano com menos de 18 anos de idade. A respeito, cf. MAZZUOLI, 2005, p. 636-698.

> próprio desenvolvimento. Isso tende a abrir espaço para naturalizarmos, também, a exploração capitalista desse segmento, visto por setores empresariais como mão de obra barata e que não se organiza coletivamente.

No Brasil, segundo Kassouf,[59] os primeiros relatos de trabalho infantil também remontam à escravidão. Acompanhando seus pais, filhos de escravos acabavam exercendo atividades que exigiam esforços muito superiores a suas condições físicas.

Esse não é, novamente, um fenômeno nacional, nem apenas vinculado à escravidão. Marx[60] demonstra como a indústria de fósforos de atrito (que, segundo o autor, data de 1833, "quando se inventou o processo de aplicar o fósforo ao palito de madeira") apresenta dados e depoimentos recolhidos por comissário de nome White, em 1863. Investigando doenças do trabalho nessa indústria, tal levantamento identificou que metade de seus trabalhadores tinha entre 13 e 18 anos de idade. Os relatos falam por si:

> Essa indústria é tão insalubre, repugnante e mal-afamada que somente a parte mais miserável da classe trabalhadora, viúvas famintas etc., cede-lhe seus filhos, crianças esfarrapadas, subnutridas, sem nunca terem frequentado escola. [61]

A jornada de trabalho costumava durar "entre 12, 14 e 15 horas, com trabalho noturno, refeições irregulares, em regra no próprio local de trabalho, empesteado pelo fósforo".[62] Um sócio-gerente de uma fábrica de Manchester, sr. Smith, assim relatava as condições de trabalho de então:

> Nós [o mesmo Smith] raramente paramos de trabalhar antes das 6 horas da tarde [ele quer dizer, de consumir "nossas" máquinas humanas], de modo que nós [ainda Smith] trabalhamos horas extraordinariamente durante o ano inteiro. (...) Os menores e os adultos [152 meninos e jovens com menos de 18 anos e 140 adultos] trabalhavam igualmente em média, durante os últimos 18 meses, pelo menos 7 dias de trabalho 5 horas por semana, ou seja, 78½ horas semanalmente. Nas 6 semanas que acabaram a 2 de maio deste ano (1863), a média foi superior a 8 dias de trabalho ou 84 horas por semana."[63]

---

59  KASSOUF, 2005.

60  MARX, 2008a, p. 286-287.

61  *Children´s Employm, Comission*, 1863, p. 24, 22 e XI, apud MARX, 2008a, p. 286.

62  MARX, 2008a, p. 286-287.

63  MARX, 2008a, p. 287-288.

110   *Direitos humanos e Serviço Social*

Novamente, portanto, podemos perceber como violações de direitos contra segmentos populacionais específicos não se constituem em problema para o capitalismo, na busca da ampliação de suas taxas de mais-valia e lucratividade. Mulheres, crianças, homossexuais,[64] negros e outros segmentos que puderem significar maior possibilidade de exploração serão, em momentos históricos distintos, alvos de tais iniciativas violadoras de direitos.

No que diz respeito ao trabalho infantil, Kassouf[65] argumenta que a existência de microdados em pesquisas domiciliares realizadas em diversos países demonstra haver uma imensa e complexa diversidade de causas que levam crianças a trabalhar. Dados como pobreza, trabalho em propriedades rurais familiares, escolaridade dos pais, famílias chefiadas por mulheres, número de irmãos e outros obtêm interessantes variações entre países e estudos realizados. No que se refere às consequências, contudo, elas tendem a gerar danos sobre a educação, o salário e a saúde dos indivíduos que trabalham quando crianças.

Por fim, é importante registrar que também há, em curso, iniciativas nacionais e internacionais de denúncia e geração de políticas sociais que visem combater o trabalho infantil pelo mundo. Embora com limites impostos por condições objetivas de vida, pelas fragilidades e contradições das políticas sociais[66] e pelo já citado interesse do capital em ampliar a exploração de segmentos que possam lhe opor menor resistência e maior lucratividade, políticas como o Programa de Erradicação do Trabalho Infantil, adotado pelo Brasil, têm obtido importantes impactos sobre o

---

64   A homossexualidade na história pode ser mais ou menos reprimida também em função de razões econômicas. Uma maior ou menor necessidade de "exército industrial de reserva" já esteve associada a políticas de maior ou menor tolerância a relações afetivas e sexuais não heterossexuais, que não teriam, por sua natureza, relação com a procriação. Dessa forma, não contribuiriam para o aumento ou a redução de taxas de natalidade. Guardariam, assim, relação com a futura mão de obra disponível em cada país. A respeito, cf. SPENCER, C. *Homossexualidade*: uma história. Rio de Janeiro: Record, 1996.

65   KASSOUF, 2005.

66   Em várias áreas para as quais existem políticas sociais, estas últimas não são sequer implementadas conforme as previsões legais existentes. Um bom exemplo é o sistema público de saúde no Brasil. Suas previsões legais são referência internacional. Contudo, a lógica privatista que a atual conjuntura impõe para as políticas sociais tem forte impacto sobre a possibilidade real de sua efetivação. Para uma apreensão preliminar de distintas polêmicas e apreensões sobre como se configuram e em que consistem as políticas sociais, há uma ampla bibliografia no campo do Serviço Social. Em tratamento bastante didático, cf. FALEIROS, V. de P. *O que é política social*. v. 168. 5. ed. São Paulo: Brasiliense, 1991; BEHRING, E. R.; BOSCHETTI, I. *Política social*: fundamentos e história. São Paulo: Cortez, 2006. Coleção Biblioteca Básica de Serviço Social, v. 2. e PASTORINI, A. As políticas sociais e o Serviço Social: instrumento de reversão ou manutenção das desigualdades? In: MONTAÑO, C. *A natureza do Serviço Social*. 2. ed. São Paulo: Cortez, 2009.

convencimento da sociedade a respeito da gravidade desse fenômeno e, mesmo, para a redução de índices oficiais de existência de trabalho infantil.

## 3.2 A privação de liberdade

Liberdade é um conceito amplo e complexo que por séculos tem sido abordado por diferentes pensadores, os quais lhe conferem significados e interpretações diferenciadas.

A variação do sentido conferido à liberdade não ocorre apenas em diferentes períodos históricos: no cenário de uma mesma sociedade é possível encontrar diversas interpretações. Conforme destaca Netto,[67] "o caráter histórico próprio à categoria de liberdade impede que se tenha dela uma concepção única, legítima e verdadeira para todos os tempos e todas as sociedades".

Ainda no século V antes de Cristo, o filósofo grego Sócrates dedicou escritos à questão da liberdade, mas sem questionar a situação de determinada parcela da população que à época vivia sob a condição de escravo. Platão, Descartes, Spinoza, Rousseau, Kant, Sartre, Nietzsche, Foucault, Hegel, Locke, Marx são pensadores que também se dedicaram ao tema com diferentes significados e sob distintas perspectivas. Considerando sua amplitude e as características deste texto, não é possível recuperar as diferentes abordagens sobre esse conceito nem o pensamento dos diversos autores que o abordaram.

Em tempos modernos, com a organização da sociedade em Estados nacionais e com seus sistemas burocráticos, o conceito de liberdade se aproxima da noção de necessidade, ocupando espaço nas reflexões do campo das ciências humanas e da filosofia, em que o debate ultrapassa fronteiras da metafísica e da teologia e chega ao domínio da teoria política.[68]

---

67 NETTO, J. P. Liberdade: o valor ético central do código (três notas didáticas). In: *Projeto ético político e exercício profissional em serviço social*: os princípios do código de ética articulados à atuação crítica de assistentes sociais. Conselho Regional de Serviço Social (Org.). Rio de Janeiro: Cress, 2013. p. 23.

68 BENTO, L. C. Breves considerações sobre o conceito de liberdade na filosofia e sua possível efetivação na práxis social da vida humana. *Revista saber eletrônico*, ano 1, v. 1, nov./2009-jun./2010, p. 25-37. Disponível em: <http://www.unifaj.edu.br/NetManager/documentos/BREVES%20CONSIDERA%C3%87%C3%95ES%20 SOBRE%20O%20CONCEITO%20DE%20LIBERDADE%20NA%20FILOSOFIA%20E%20SUA%20 POSS%C3%8DVEL%20EFETIVA%C3%87%C3%83O%20NA%20PR%C3%81XIS%20SOCIAL%20 DA%20VIDA%20HUMANA_.pdf>. Acesso em: 5 maio 2015.

Reconhecida como elemento essencial para a vida social e como necessidade humana, a liberdade é protegida em diferentes normas, as quais antecedem inclusive a Revolução Francesa, que a popularizou na tríade liberdade, igualdade, fraternidade. O que varia ao longo dos tempos históricos é para quem a chamada liberdade era prevista, concedida ou por quem era, efetivamente, vivenciada.

A Declaração dos Direitos do Homem e do Cidadão da Revolução Francesa, de 1789, afirma em seus artigos 1º e 2º que "Os homens nascem e são livres e iguais em direito" e que "A finalidade de toda associação política é a conservação dos direitos naturais e imprescritíveis do homem. Esses direitos são a liberdade, a propriedade, a segurança e a resistência à opressão".

A Declaração Universal dos Direitos do Homem de 1948 assegura que "Todo ser humano tem direito à vida, à liberdade e à segurança pessoal". E acrescenta que "Ninguém será submetido a tortura nem a tratamento ou castigo cruel, desumano ou degradante".

Também no Brasil a liberdade está protegida no texto constitucional de 1988, nos termos do artigo 5º, que versa sobre direitos e garantias fundamentais: "Todos são iguais perante a lei, sem distinção de qualquer natureza, garantindo-se aos brasileiros e aos estrangeiros residentes no País a inviolabilidade do direito à vida, à liberdade, à igualdade, à segurança e à propriedade".

Embora a liberdade esteja anunciada, em normas formais, como direito de todos no decorrer de vários séculos, registros históricos revelam que, ainda ao longo dessa mesma trajetória, várias pessoas são privadas desse direito também com base em previsões legais. Assim, a proteção legal da liberdade como direito parece não ter efetivamente superado seu caráter formal e quase abstrato para significativa parcela da população.

A liberdade é um elemento da vida social, não existe na natureza. Ela é "uma característica específica do ser social" e se materializa na possibilidade que este tem de realizar[69] escolhas diante de alternativas concretas. A afirmação de Netto nos permite refletir, portanto, que a deliberação sobre o acesso à liberdade ou a privação de liberdade de determinados segmentos da população é também uma escolha humana, tomada em função de distintos interesses, geralmente relacionados a dimensões econômicas, políticas, éticas, culturais etc.

---

69  NETTO, J. P. *Trab. Educ. Saúde*, Rio de Janeiro, v. 9, n. 2, p. 337-338, jul./out.2011. Entrevista. Disponível em: <http://www.scielo.br/pdf/tes/v9n2/10.pdf>. Acesso em: 10 maio 2015.

A prática de privar o outro de sua liberdade de ir e vir não é conduta recente na história. Voltando séculos atrás, temos a experiência do sistema feudal, no qual o servo tinha circulação restrita às terras de seu senhor, e também do regime escravocrata, em que a possibilidade de locomoção do escravo estava circunscrita ao caminho entre a senzala e os campos de trabalho.[70] Entretanto, em dias atuais apresenta contorno singular, sobretudo em território nacional, no qual cresce de modo vil o número de pessoas vitimadas pela perda de sua liberdade, especialmente no cenário do sistema prisional.

Importante observar que a privação de liberdade é fenômeno que ocorre sob o manto da legalidade, sob o amparo de instituições estatais, sob o fundamento de suposta recuperação daquele que perdeu a liberdade e em nome do "interesse da sociedade".[71] Mas, embora a ideia de privação de liberdade remeta quase que imediatamente ao contexto das prisões, onde se sustenta em pilares punitivos, não é ocorrência específica desse contexto e se materializa também em outros espaços societários, como hospitais psiquiátricos, instituições de cumprimento de medidas socioeducativas, abrigos de idosos e até em alguns espaços domiciliares.

Sendo a liberdade elemento tão precioso, é fundamental que se estabeleça uma reflexão sobre o cenário de violação desse direito. Quem são as pessoas atingidas pela privação de liberdade? Que resultados a privação de liberdade produz para a sociedade? Que resultados produz sobre quem é atingido por essa experiência? Quem ganha com a ocorrência dessa prática? Você gostaria de experimentar viver em privação de liberdade? Será que a privação de liberdade pode atingi-lo ou você está imune a essa ocorrência social? Quem merece estar em privação de liberdade? Por que alguém merece essa medida?

Essas são questões que certamente motivam diferentes respostas, construídas a partir de determinado referencial teórico, de determinada leitura de mundo. Conforme a linha adotada no presente livro, entendemos que a privação de liberdade

---

70  Sob o regime feudal, a maioria das pessoas morria no local em que havia nascido. Segundo Hobsbawm (2010, p. 32), "em 1861, nove em cada dez habitantes de 70 dos 90 departamentos franceses moravam no departamento onde haviam nascido". E mais: "[...] para a grande maioria dos habitantes do mundo as cartas eram inúteis, já que não sabiam ler, e o ato de viajar — exceto talvez o de ir e vir dos mercados — era absolutamente fora do comum. Se eles ou suas mercadorias se moviam por terra, isso era feito na imensa maioria das vezes a pé ou então nas baixas velocidades das carroças" (HOBSBAWM, 2010, p. 30).

71  Vale lembrar, aqui, citação anterior a Marx e Engels (2009) sobre o quanto valores particulares são apresentados como universais. No que diz respeito à privação de liberdade, sua apresentação como interesse de todos esconde o perfil da população efetivamente atingida pela existência de prisões, como veremos a seguir.

tem se caracterizado como medida punitiva e segregativa que fere direitos e viola a qualidade de vida, sobretudo de quem tem sido vítima de tal prática, mas que, por outro lado, alimenta e enriquece setores capitalistas ao mesmo tempo que oferece vagas no mercado de trabalho para parte importante da população.

> O Brasil liderava, em 2012, o mercado de segurança privada na América Latina. Tratava-se de um efetivo de nada menos que 1.675.415 profissionais. Os dados são da Organização dos Estados Americanos (OEA) e estão disponíveis em Sesvesp.[72] Em 2011 o Brasil tinha (segundo estudos de pesquisadores suíços do *Small Arms Survey*) o 5º maior mercado de segurança privada do mundo — atrás de Índia, China, Estados Unidos e Rússia.[73] Pesquisas recentes mostram que quatro desses cinco países detêm os maiores sistemas prisionais do planeta.

### 3.2.1 O sistema prisional

Prisões não são invenções recentes, porém é atual o movimento de cada vez mais aprisionar pessoas, mas não quaisquer pessoas.

No Brasil, o funcionamento do sistema prisional está regulamentado pela Lei n. 7.210,[74] Lei de Execução Penal (LEP), que prevê que "ao condenado e ao internado serão assegurados todos os direitos não atingidos pela sentença ou pela lei". Ela concebe a assistência ao preso e ao internado como dever do Estado. Tal assistência tem caráter amplo e será: material (fornecimento de alimentação, vestuário, instalações higiênicas e outras instalações e serviços que atendam aos presos nas suas necessidades pessoais); à saúde (de caráter preventivo e curativo, compreendendo atendimento médico, farmacêutico e odontológico); jurídica (destinada aos

---

72 SESVESP — Sindicato das Empresas de Segurança Privada, Segurança Eletrônica e Cursos de Formação do Estado de São Paulo. *Brasil lidera mercado de segurança privada das Américas.* Disponível em: <http://www.sesvesp.com.br/arquivos/GTJULHO%202014.pdf>. p. 5. Acesso em: 20 ago. 2014.

73 Cf. ABESE — Associação Brasileira de Empresas de Sistemas Eletrônicos de Segurança. *Brasil lidera mercado de segurança privada das Américas.* 29 out. 2012. Disponível em: <http://www.abese.org.br/clipping_29102012/Default.html#f8>. Acesso em: 19 ago. 2014.

74 BRASIL, República Federativa do. Lei n. 7.210, de 11 de julho de 1984. Institui a Lei de Execução Penal. Disponível em: <http://www.planalto.gov.br/ccivil_03/LEIS/L7210.htm>. Acesso em: 14 maio 2015.

presos e aos internados sem recursos financeiros para constituir advogado); educacional (instrução escolar, sendo o ensino de 1º grau obrigatório, e formação profissional); social (amparar o preso e o internado e prepará-los para o retorno à liberdade); e religiosa (liberdade de culto, com permissão de participação em serviços organizados no estabelecimento prisional e posse de livros de instrução religiosa). É assegurado, ainda, o direito ao trabalho e à remuneração.

Apesar das garantias previstas na norma, que já ultrapassa 30 anos, o sistema prisional não funciona em pleno acordo com esta e dificilmente assegura ao preso possibilidades efetivas de reorganizar os rumos de sua vida. Nos últimos oito anos, a população carcerária brasileira cresceu 87,7%, com um aumento de 296.919 para 557.286 o número de pessoas privadas de liberdade.[75]

Atualmente a superlotação das prisões é um grave problema para a sociedade brasileira, que tem parte de sua juventude segregada em um sistema prisional de péssima qualidade. Ele fomenta a violação de direitos e descumpre a própria norma vigente; não oferece condições mínimas de vida nem o provimento de necessidades básicas como educação, saúde e trabalho, além de obrigar centenas de pessoas a viverem amontoadas em espaços que foram projetados para um número menor que o de seus efetivos ocupantes.

Pesquisa do Departamento Penitenciário Nacional (Depen) do Ministério da Justiça nas unidades prisionais brasileiras em 2012 demonstrou que o acesso a políticas de educação e trabalho era enorme exceção. Castro[76] analisa esses dados, demonstrando que apenas 22% dos detentos trabalhavam no país. O Rio de Janeiro era o estado em que se encontravam os menores índices de população carcerária trabalhando (2,14%), contra 42,72% do estado de Santa Catarina. O mesmo levantamento apontou que também era baixíssimo o índice de presos que estudavam, uma realidade trágica em todos os estados brasileiros.

---

75 OTAVIO, C. Para reduzir população carcerária, Defensoria do Rio pede a juízes liberação de usuários de drogas. 6 jun. 2015. Disponível em: <http://forum.outerspace.terra.com.br/index.php?threads/para-reduzir-popula%C3%A7%C3%A3o-carcer%C3%A1ria-defensoria-do-rio-pede-a-ju%C3%ADzes-libera%C3%A7%C3%A3o-de-usu%C3%A1rios-de-drogas.423100/>. Acesso em: 6 jun. 2015.

76 CASTRO, J. Rio é estado do país onde presidiários menos trabalham. Jornal *O Globo*, Rio de Janeiro, 17 mar. 2013, 2. ed. Caderno País, p. 4.

> Dos 26 pesquisados, apenas seis superavam os 10% de presos estudando e apenas dois (Pernambuco, com 24,86%, e Espírito Santo, com 20,98%) iam além dos 20%.

Apesar de o Brasil ser signatário de tratados internacionais que anunciam o direito do preso de ter audiência com o juiz logo após sua prisão, e embora a Emenda Constitucional n. 45, de 2004, assegure, em seu artigo 5º, LXXVIII, a razoável duração do processo e os meios que garantam a celeridade de sua tramitação a todas as pessoas, seja na esfera judicial, seja na administrativa, 40% do contingente preso é de pessoas que ainda nem foram julgadas. São os chamados presos provisórios. Muitos nem sabem quando acontecerá sua primeira audiência: foi o caso de um preso provisório, no estado do Maranhão, que conseguiu ter sua primeira audiência apenas quatro anos depois de sua prisão, quando o Conselho Nacional de Justiça encaminhou o atendimento via mutirão carcerário.[77]

Iniciativa importante teve a Defensoria Pública Geral do Rio de Janeiro, que defende 80% dos réus em ações penais, ao adotar a prática de requerer a inconstitucionalidade de toda prisão de usuário de drogas no estado, já que, conforme o defensor público Daniel Lozoya, do Núcleo de Defesa dos Direitos Humanos daquela instituição:

> O artigo 28 da Lei Antidrogas, que criminaliza o uso, não prevê a pena de prisão. Propõe a prestação social alternativa. O problema é que, para a polícia, não existe usuário pobre. Se alguém é preso com drogas na favela, ele é logo acusado de tráfico.[78]

Daniel Lozoya reflete o caráter de classe social e o perfil da massa carcerária no país, que escancara a seletividade social que atinge segmentos específicos da população brasileira, confirmados pelo *Mapa do Encarceramento — Os Jovens do Brasil*, publicado pela parceria entre a Secretaria Nacional da Juventude (SNJ) e o Programa

---

77 OTAVIO, 2015.

78 OTAVIO, 2015.

das Nações Unidas para o Desenvolvimento (Pnud).[79] O mapa revela que o público mais vitimado pela privação de liberdade no sistema prisional é composto por jovens negros, pobres, de 18 a 24 anos. O crescimento da população encarcerada masculina cresceu 70%, enquanto a feminina aumentou 146%. "Negros foram presos 1,5 vez a mais do que brancos."[80] As prisões relacionadas a drogas e entorpecentes foram a categoria que mais cresceu, atingindo o patamar de 25%, o que se explica, inclusive, em razão de a lei não definir critérios objetivos que permitam diferenciar usuário de traficante no que se refere a quantidade e tipos de drogas.[81] O Mapa revela ainda que os crimes que mais motivam prisões estão relacionados a patrimônio e drogas e que 18,7% dos presos deveriam estar cumprindo penas alternativas.[82]

Hoje o Brasil tem a quarta maior população carcerária do mundo e está atrás apenas de Estados Unidos, China e Rússia. Pesquisa realizada pelo Depen[83] sobre a taxa de aprisionamento revela que, entre tais países, o Brasil é o único que apresenta tendência crescente do encarceramento populacional entre os anos de 2008 e 2013. Nos Estados Unidos houve redução de 8% da taxa de pessoas presas, enquanto a China diminuiu 9% e a Rússia atingiu o patamar de regressão de 24%. O Brasil somente está atrás da Indonésia em ritmo de crescimento da população prisional, porém esta apresenta quantitativo de pessoas presas bem inferior ao brasileiro: 167.163.

Em escala comparativa, se analisado um período de anos um pouco maior, entre 1992 e 2013, a taxa de encarceramento brasileira (número de presos por cada grupo de 100 mil habitantes) cresceu aproximadamente 317,9%, passando de 74 para 300,96 presos a cada mil habitantes, enquanto nos Estados Unidos o crescimento foi de quase 41%; na China, de 11%; na Rússia houve diminuição de aproximadamente 4%.[84]

---

79  PNUD BRASIL. Programa das Nações Unidas para o Desenvolvimento — Brasil. *População carcerária no Brasil aumenta 74% em sete anos*. 3 jun 2015. Disponível em: <http://www.pnud.org.br/Noticia. aspx?id=4084>. Acesso em: 5 jun. 2015.

80  PNUD, 2015.

81  Aqui merece ser registrada a importância do debate sobre a legalização das drogas, cujos frutos e decisões devem ter impacto futuro sobre essa realidade.

82  PNUD, 2015.

83  DEPEN — Departamento Penitenciário Nacional. Levantamento nacional de informações penitenciárias. Infopen, jun. 2014. Disponível em: <http://www.justica.gov.br/noticias/mj-divulgara-novo-relatorio-do-infopennesta-terca-feira/relatorio-depen-versao-web.pdf>. Acesso em: 2 jun. 2015. p. 14.

84  CONECTAS Direitos Humanos. *Mapa das prisões*. Novos dados do Ministério da Justiça retratam sistema falido. 27 nov. 2014. Disponível em: <http://www.conectas.org/pt/noticia/25378-mapa-das-prisoes>. Acesso em: 15 jun. 2015.

Direitos humanos e Serviço Social

O crescimento desse encarceramento reflete uma cultura punitiva fomentada por diferentes elementos, dentre os quais chama atenção o modo como a mídia apresenta suas reportagens, recorrendo ao teor sensacionalista que trata a violência menos como fato e mais como espetáculo.

> Para uma apreensão crítica sobre o debate que envolve a violência, sugerimos a leitura de Zizek.[85] O autor visita seis distintas situações objetivas de violência pelo mundo para ilustrar sua interpretação de como diferentes concepções sobre violência são adotadas pelo senso comum e no âmbito das políticas estatais. Entre as provocações que faz ao leitor encontra-se a pergunta: "O que é um assalto a banco comparado com a fundação de um banco?",[86] apresentando sua proposição de que não é possível dissociar sociedade capitalista e o que denominamos atualmente de violência, nem a organização de cada sociedade daquilo que ela própria admite ser violento.

Na pesquisa *Jornalismo Policial: indústria cultural e violência*, realizada pelos professores Pedro Fernando da Silva e Davi Mamblona Marques Romão,[87] do Instituto de Psicologia da USP, este segundo afirma que

> A forma como a violência é tratada pela mídia brasileira tem um papel importante ao construir um bode expiatório para o qual é dirigida a raiva gerada socialmente. "O Jornalismo Policial apresenta os 'criminosos' e 'vagabundos' como a fonte de todos os problemas que nos atingem. A estrutura do programa precisa direcionar para longe de si a raiva que ela mesma gera e o criminoso recebe em si tudo o que nossa ordem social nos obriga a reprimir", explica Romão. Como esses criminosos são, em sua maioria, jovens do sexo masculino, pobres e pardos, os preconceitos do Jornalismo Policial misturam-se com preconceitos de classe historicamente presentes em nossa sociedade.

---

85   ZIZEK, S. *Violência*: seis reflexões laterais. São Paulo: Boitempo, 2014

86   ZIZEK, 2014, p. 12.

87   ADESG — Associação dos Diplomados da Escola Superior de Guerra. *Estudo analisa indústria cultural e violência no jornalismo policial brasileiro*. Disponível em: <http://www.adesg.net.br/noticias/estudo-analisa-industria-cultural-e-violencia-no-jornalismo-policial-brasileiro>. Acesso em: 15 jun. 2015.

O investimento na cultura do medo favorece a ideia do poder punitivo e do aumento do encarceramento como estratégias de combate à violência. Ao mesmo tempo, potencializa o consumo de equipamentos e serviços de segurança, movendo a indústria que atua nesse setor e, consequentemente, sua lucratividade.[88] Como consequência, o debate sobre direitos humanos acaba legitimando a concepção que afirma que nem todos os humanos têm direito a ser tratado como humanos e podem, então, ser submetidos às condições desumanas das prisões e ter seu direito à liberdade violado a qualquer preço.

A própria LEP prevê, em seu texto, que uma pessoa presa seria "ressocializada" a partir da oferta de trabalho, educação e outras políticas. Como vimos pelos dados anteriores, tal oferta nem sequer se confirma. Porém, a pergunta que não pode calar é: por que uma pessoa precisa estar presa para ter acesso a tais políticas? A que interesses isso atende?

### 3.2.2 Medidas socioeducativas

A primeira legislação nacional a reconhecer que crianças e adolescentes não podem ser tratados como adultos e precisam de normas específicas foi o Código de Menores, de 1927. Este somente seria substituído por outro décadas depois, durante o período da ditadura militar, em 1979. Ambos foram estruturados com base na Doutrina da Situação Irregular e eram endereçados apenas a uma parcela da população infantojuvenil, que acabou batizada pejorativamente pelo termo "menor": aquela parcela considerada carente de condições necessárias à sua sobrevivência, vítima de maus-tratos, sem amparo dos pais e da família, em desvio de conduta e em ambiente contrário aos costumes da época.

Após décadas de vigência do Código de Menores e após muita discussão e organização da sociedade, foi aprovado, em 1990, o ECA, instituído pela Lei n. 8.069/1990.[89] Trata-se de norma nacional que dialoga com a Convenção sobre os Direitos da

---

88  No capitalismo, o discurso em torno da segurança (como vários outros, é verdade) tornou-se um negócio privado que movimenta bilhões de reais. No Brasil, em 2002, a estimativa era de 7 bilhões ao ano, chegando aos 36 bilhões em 2012 (PATURY, 2013).

89  BRASIL, República Federativa do. Lei n. 8.069 de 13 de julho de 1990. Dispõe sobre o Estatuto da Criança e do Adolescente e dá outras providências. Disponível em: <http://www.planalto.gov.br/ccivil_03/Leis/l8069. htm>. Acesso em: 10 maio 2015.

Criança,[90] documento que foi ratificado por 193 países, entre os quais o Brasil, o qual deve, então, observância a suas diretrizes.

O ECA, sedimentado na Doutrina da Proteção Integral, incorpora em seu texto a compreensão de que crianças e adolescentes também têm direitos, embora sejam pessoas distintas das adultas pois ainda estão em processo de desenvolvimento. Suas necessidades devem ter satisfação, com absoluta prioridade, assegurada pela família, pelo Estado e pela sociedade. A regra brasileira diferencia criança e adolescente, ao definir em seu artigo 2º que criança é "a pessoa até 12 anos de idade incompletos, e adolescente aquela entre 12 e 18 anos de idade". Já segundo a Convenção Internacional, todo ser humano com menos de 18 anos é criança.

Superando a ideia de que se educa pela punição, o ECA traz a proposta de responsabilização como elemento importante para a educação e a sociabilidade de crianças e adolescentes que cometerem ato infracional (conduta descrita como "crime" ou "contravenção penal").[91] Nesse caso, para crianças seriam aplicadas as medidas previstas no artigo 101:

> I — encaminhamento aos pais ou responsável, mediante termo de responsabilidade; II — orientação, apoio e acompanhamento temporários; III — matrícula e frequência obrigatórias em estabelecimento oficial de ensino fundamental[92]; IV — inclusão em programa comunitário ou oficial de auxílio à família, à criança e ao adolescente;

---

90 BRASIL, República Federativa do. Decreto n. 99.710 de 21 de novembro de 1990. Promulga a Convenção das Nações Unidas sobre o Direito da Criança /1989. Disponível em: <http://www.planalto.gov.br/ccivil_03/decreto/1990-1994/D99710.htm>. Acesso em: 20 maio 2015.

91 "Crime" e "contravenção penal" são palavras e conceitos carregados de sentido, que se modificam ao longo da história. Como Konder (2009b, p. 163-168) nos lembra, as palavras também são disputadas pelas lutas de classes. As perguntas feitas na seção anterior precisam voltar aqui: a quem interessa a atual definição do que é ou não crime? Quem são suas principais vítimas? Que impactos ela tem sobre distintos segmentos da população? Quem lucra com essa definição? Não naturalizar os processos sociais é um passo fundamental para uma apreensão crítica do mundo e da vida social.

92 A legislação brasileira ainda não reconhece como universal o ensino em todas as etapas da vida. Como dissemos no Capítulo 1, isso não implica que ele deixe de ser um direito, posto que é uma necessidade humana premente, com impactos concretos para a vida das pessoas, embora não sem contradições. Basta pensar no desemprego que atinge hoje os escolarizados jovens gregos e espanhóis. Ou seja, ter universidade não pressupõe, automaticamente, que a sociedade capitalista, tenha melhores condições de vida. Por outro lado, chamam atenção dados nacionais que demonstram que, quanto maior a escolarização formal de uma pessoa no Brasil, maior seu rendimento, mesmo que não atue em profissões que exijam nível superior de escolaridade (cf. nota de rodapé 90).

V — requisição de tratamento médico, psicológico ou psiquiátrico, em regime hospitalar ou ambulatorial; VI — inclusão em programa oficial ou comunitário de auxílio, orientação e tratamento a alcoólatras e toxicômanos;[93] VII — acolhimento institucional; VIII — inclusão em programa de acolhimento familiar; IX — colocação em família substituta.[94]

No caso de adolescentes autores de ato infracional, o ECA determina a esse público o cumprimento de medida socioeducativa. Elas são executadas por instituições específicas do Estado, que disponibilizam equipes especializadas para o acompanhamento desses jovens. Essas equipes se verão diante do intenso desafio de, ao mesmo tempo que são contratadas para cumprir o que está previsto em legislação como ato infracional, manter postura crítica em relação ao que cada sociedade define como comportamentos que merecem tal denominação. O eixo de sua atuação (bem como da promovida pelo Estado), à luz das previsões do próprio ECA, deve ser o interesse maior de crianças e adolescentes, ou seja, garantir que recebam atendimento condizente à sua condição de sujeito em processo de desenvolvimento e que lhe possibilitem acessar recursos e serviços capazes de auxiliá-los a reconduzir os rumos de sua vida.

Em janeiro de 2012, a Lei Federal n. 12.594[95] instituiu o Sistema Nacional de Atendimento Socioeducativo (Sinase) para regulamentar como o Poder Público, na figura de seus órgãos e agentes, deveria aplicar e executar as medidas socioeducativas a adolescentes. Reafirma a Doutrina da Proteção Integral e prevê a elaboração e a implementação de Planos de Atendimento Socioeducativo para as três esferas do governo; fixa a municipalização da execução das medidas de liberdade assistida e a prestação de serviços à comunidade a serem acompanhadas mediante a interlocução com o Sistema Único de Assistência Social (Suas); reforça o trabalho a ser

---

93 Novamente é importante definir o que entendemos por alcoólatras e toxicômanos. Os debates mais recentes de movimentos sociais têm partido da definição de que há distintos usos de drogas (entre elas o álcool, mas, também, medicações para sono, ansiedade e outros comportamentos tidos como "distúrbios psicológicos"). Essa acepção parte, em linhas gerais, da definição de que droga seria toda substância que causa alteração fisiológica do corpo humano. Incluiria, por exemplo, café, além de tabaco e álcool.

94 BRASIL, 1990.

95 BRASIL, República Federativa do. Lei n. 12.594 de 18 de janeiro de 2012. Institui o Sistema Nacional de Atendimento Socioeducativo e dá outras providências. Disponível em: <http://www.planalto.gov.br/ccivil_03/_ato2011-2014/2012/lei/l12594.htm>. Acesso em: 25 maio 2015.

realizado com as famílias de adolescentes e estabelece a construção de um Plano Individual de Atendimento (PIA) para cada adolescente.

A despeito dos avanços normativos, como acontece em outras áreas das políticas sociais, também aqui o Estado descumpre a lei, não desempenha suas obrigações e alimenta sua trágica faceta de violador de direitos. Apesar de ter mais de 25 anos, o Estatuto até hoje não foi devidamente implementado pelas gestões governamentais, o que impede que seja avaliado em sua eficácia e eficiência. A não implementação das diretrizes, ações e serviços previstos no ECA constitui grave violação aos direitos de crianças e adolescentes. E tem repercussão ainda mais grave sobre a vida de jovens que estão envolvidos com a autoria de atos infracionais, sobretudo os que se encontram em cumprimento de medidas de privação de liberdade.

Reiterando o que ocorre no sistema prisional, há superlotação das unidades existentes para o cumprimento de medidas socioeducativas de privação de liberdade. Elas estão localizadas, geralmente, nos grandes centros urbanos, o que impõe a adolescentes de cidades do interior o distanciamento de seus familiares. Muitas vezes, isso resulta em falta de contato e convivência com estes — que, via de regra, não dispõem de recursos financeiros para visitar seus filhos. Esses jovens em geral não são matriculados em unidades educacionais para prosseguirem com a escolarização; falta ensino profissionalizante, acompanhamento em saúde e tratamento especializado para os que usam drogas. Há insuficiência de recursos humanos para realizar o acompanhamento do jovem e, ainda, denúncias de maus-tratos, tortura e assassinatos dentro das unidades.

Segundo dados de 2015 anunciados pelo ministro da Secretaria de Direitos Humanos da Presidência da República, Pepe Vargas, dos 26 milhões de adolescentes brasileiros, 111 mil cumprem medida socioeducativa (0,08% do total de adolescentes no Brasil). Dentre os que cumprem a medida, 88 mil o fazem via prestação de serviços, com 23 mil estando privados de liberdade. E 63% dos que cumprem essa última medida o fazem em função de furto, roubo ou tráfico de drogas.[96] Apenas 0,01% praticou algum ato contra a vida.[97]

---

96  Lembramos importante aspecto citado há poucas páginas: a não distinção existente entre tráfico e posse para consumo.

97  INESC — Instituto de Estudos Socioeconômicos. *Adolescentes em privação de liberdade representam hoje menos de 1% dos jovens brasileiros.* Publicado em 23 abr. 2015. Disponível em: <http://www.inesc. org.br/noticias/noticias-gerais/2015/abril/adolescentes-em-privacao-de-liberdade-representam-hoje-menos-de-1-dos-jovens-brasileiros>. Acesso em: 25 mar. 2015.

Levantamento realizado pelo Departamento de Pesquisas Judiciárias do Conselho Nacional de Justiça, que envolveu visita, entre julho de 2010 e outubro de 2011, às unidades de medidas socioeducativas de privação de liberdade e entrevista com adolescentes, confirma um cenário de não acesso a serviços básicos fundamentais para o desenvolvimento infantojuvenil. Quanto ao perfil dos adolescentes: 60% têm entre 15 e 17 anos; 14% têm ao menos um filho; apenas 38% foram criados por mãe e pai; mais de 50% não frequentavam escola antes do cumprimento da medida, pararam de estudar aos 14 anos, entre a quinta e a sexta série do ensino fundamental e 8% não chegaram a ser alfabetizados; sete em cada 10 adolescentes declararam ser usuários de drogas.[98]

O estudo também avaliou a situação das unidades de cumprimento das medidas socioeducativas e constatou a "necessidade de mais investimentos estatais na estrutura dos estabelecimentos de internação, muitos dos quais carecem de pessoal e infraestrutura adequada".[99] Faltam vagas para atender de forma adequada a adolescentes e há unidades que abrigam mais do que o dobro de sua capacidade; aproximadamente 90% das unidades têm psicólogos e assistentes sociais,[100] mas médicos e advogados estão presentes em apenas 30%; um terço não possui enfermaria e mais de 50% não possuem gabinete odontológico. Além disso, um terço dos jovens afirmou ter sofrido algum tipo de agressão física de autoria de funcionários, em mais de 10% das unidades visitadas alegaram situações de abuso sexual, e 25% já vivenciaram situação de motins ou rebeliões. Apesar de o Estado ser responsável pela segurança desses adolescentes, em 5% das unidades já houve ocorrências de homicídio.

Esse retrato e tantas histórias revelam que esses adolescentes não conseguiram sequer acessar políticas públicas básicas e foram vitimados por situação de violência doméstica e estatal. Cabe nos perguntar: qual o sentido de defender a alteração da idade penal para que ainda mais cedo esses jovens sejam submetidos a um contexto pior que o atual (referimo-nos ao sistema prisional)? Há, mesmo, algum benefício para a vida desses adolescentes se privados da liberdade com menor idade e por mais tempo? Quem de fato se beneficia com isso? Onde esses jovens serão colocados e em que condições, se em ambos os sistemas (prisional e socioeducativo)

---

98  CNJ — Conselho Nacional de Justiça. *CNJ traça perfil dos adolescentes em conflito com a Lei*. 10 abr. 2012. Disponível em: <http://www.cnj.jus.br/noticias/cnj/58526-cnj-traca-perfil-dos-adolescentes-em-con flito-com-a-lei>. Acesso em: 15 maio 2015.

99  CNJ, 2012.

100 O que não significa que o quantitativo desses profissionais seja suficiente para o atendimento, com qualidade, da demanda existente.

124 *Direitos humanos e Serviço Social*

há superlotação e violência? Por que investir na construção de instituições para privação de liberdade, quando as demais políticas básicas e suas instituições carecem de investimentos? Que espécie de humanos se quer formar impondo-lhes uma trajetória de violação de direitos?

O fim da violência não virá dessas medidas. Trata-se de fenômeno muito mais complexo e que exige atenção para as diversas dimensões da vida social, como vimos abordando desde o Capítulo 1 deste livro.

### 3.2.3 Instituições psiquiátricas

Há mais de cem anos, o autor brasileiro Machado de Assis (1839-1908) realizou, por meio de sua obra *O Alienista*,[101] publicada entre 1881 e 1882, uma crítica ao modelo psiquiátrico hospitalar. O autor aborda a relação entre ciência e loucura e o poder médico, ao construir um romance no qual o médico Simão Bacamarte alterava, em cada distinto momento, as motivações da internação dos pacientes na unidade psiquiátrica Casa Verde, de modo que cada morador de Itaguaí poderia ser vitimado pela experiência da internação e, consequentemente, pela privação do direito à liberdade.

Embora remota, a obra literária mantém sua atualidade ao abordar as justificativas para a internação psiquiátrica, as quais parecem ganhar novas maquiagens nestes tempos atuais. Ela alimenta o debate e a crítica sobre as efetivas razões de manter parcela da população detida sob o manto do tratamento psiquiátrico, seja em unidades públicas de saúde, seja, principalmente, em unidades particulares, mas conveniadas com o Sistema Único de Saúde (SUS). A internação ocorre mesmo em instituições que não compõem o SUS, tais como as instituições privadas denominadas comunidades terapêuticas, para onde têm sido encaminhadas pessoas classificadas como usuárias de drogas.

A abordagem sobre a loucura e o louco é recheada de historicidade.[102] Um passeio pelos séculos possibilita conhecer como esse público recebeu atenção diferenciada ao longo da história e somente a partir do século XVIII passou a ser concebido como

---

101 ASSIS, J. M. M. de. *O alienista*. [Original publicado entre 1881 e 1882]. Disponível em: <http://www.dominiopublico.gov.br/download/texto/bv000231.pdf>. Acesso em: 20 jun. 2015.

102 Konder (2009b) resgata a origem etimológica da palavra "maluco" e alguns interesses existentes por trás de sua utilização. Cita o autor: "Segundo o dicionário etimológico de José Pedro Machado (de 1952), a palavra *maluco* deriva dos habitantes das Ilhas Molucas: por volta de 1570, os nativos se rebelaram contra os portugueses que tinham vindo explorá-los e os liquidaram sumariamente. A notícia do morticínio chegou a Portugal e os portugueses acharam que os revoltosos das Molucas só podiam ser loucos (isto é, *malucos*). Como ousavam matar os representantes de uma cultura superior, que chegavam trazendo as 'benesses' do colonialismo?".

doente. Trata-se de um período no qual se fortalece a ideia de institucionalização como alternativa adequada para diversas situações sociais. Assim, surgem diferenciadas instituições, que vão acolher diferentes públicos — colégios internos, asilos, orfanatos e hospitais psiquiátricos — e conformar um cenário de "institucionalização das necessidades da sociedade".[103]

Esse modelo de atendimento é responsável por um grave contexto de violação dos direitos daqueles que permaneceram e ainda permanecem internados por décadas nos hospitais psiquiátricos. Esse padrão de (des)atendimento submeteu esse público a condições objetivas de vida desumanas: superlotação, falta de roupas, falta de atendimento interdisciplinar e, muitas vezes, falta de alimentos, de medicação e de atenção integral em saúde, além do rompimento de vínculos familiares e comunitários e da perda dos filhos, sumariamente enviados à adoção.

Um importante retrato desse cenário de horror está registrado no livro *Holocausto brasileiro*, da jornalista Daniela Arbex,[104] no qual é recuperada a história do hospital psiquiátrico de Barbacena, Minas Gerais, criado em 1903. Estima-se que nele tenham morrido cerca de 60 mil pacientes ao longo de 80 anos e que 70% dos pacientes nem mesmo sofriam de algum transtorno mental. No hospital vários corpos foram vendidos para faculdades de medicina, camas foram substituídas por capim e muitos pacientes nunca chegaram a saber o motivo de sua internação. O livro retrata, por exemplo, o caso de Antônio Gomes da Silva, internado por requerimento de um delegado de polícia e que "só falou a primeira palavra depois de 24 anos de internação, durante a apresentação de uma banda", pois nunca lhe perguntaram nada e nunca soube o motivo de sua internação, que perdurou por 34 anos. Somente em 2003 ele conseguiu sair das dependências hospitalares e passou a viver em uma residência terapêutica.

Residências terapêuticas são equipamentos fundamentais para o processo de desinstitucionalização e devem ser implementadas pelo Poder Executivo municipal. Elas não são serviços de saúde, mas unidades residenciais localizadas no

---

103 ACIOLY, Y. *Reforma psiquiátrica*: construção de outro lugar social para a loucura? Disponível em: <http://www.uece.br/labvida/dmdocuments/reforma_psiquiatrica.pdf>. Acesso em: 20 maio 2015.

104 ARBEX, D. *Holocausto brasileiro*: vida, genocídio e 60.000 mortes no maior hospício do Brasil. São Paulo: Geração Editorial, 2013.

> espaço urbano, onde devem passar a morar, no máximo, oito pessoas oriundas de situação de longa internação psiquiátrica, as quais devem receber suporte profissional conforme suas necessidades. O acompanhamento da doença mental dessas pessoas compõe o processo de reabilitação psicossocial — que, por sua vez, envolve outras demandas desses sujeitos — e deve ser realizado na rede de serviços extra-hospitalar (Caps, hospital-dia, ambulatório), conforme cada caso.

Além dessas atrozes ocorrências no contexto hospitalar psiquiátrico, faltam condições adequadas a seus trabalhadores. É, também, preciso destacar a imensa quantia de verba pública que foi repassada à iniciativa privada para o atendimento a essa população.

Não estamos aqui versando somente sobre dados e fatos do século passado: trata-se de uma trajetória iniciada há décadas, ainda não superada neste século.

Neste sentido, Souza[105] recupera recente pesquisa realizada na UFSCar[106] sobre a realidade de três cidades do estado de São Paulo (Sorocaba, Salto de Pirapora e Piedade) onde funcionavam sete hospitais psiquiátricos particulares, dos quais apenas um era gerido por instituição filantrópica — a qual, em tese, não tem fins lucrativos. O estudo demonstrou que essas instituições concentram grande número de leitos financiados pelo SUS: 2.792. Entre 2004 e 2011, foi realizado um repasse de quase 40 milhões de reais para financiá-los.

A autora registra que, ao longo dos referidos sete anos, o professor identificou a morte de 863 pacientes psiquiátricos, numa média de um paciente a cada três dias. Também foi traçado um breve perfil dessas vítimas:[107]

> Entre eles, muitos jovens. A idade média dos mortos na região é de 53 anos, enquanto no restante do Estado é de 62 anos. E morre-se muito mais no inverno, em especial por doenças infectocontagiosas e problemas respiratórios (o que não acontece em

---

105 SOUZA, D. de P. *A loucura em Sorocaba*: 7 manicômios e 836 mortos. Boletim *on-line*. Jornal digital dos membros, alunos e ex-alunos. abr. 2012. Disponível em: <http://www.sedes.org.br/Departamentos/Psicanalise/index.php?apg=b_visor&pub=20&ordem=12>. Acesso em: 20 jun. 2015.

106 Universidade Federal de São Carlos, unidade de Sorocaba. A pesquisa foi coordenada pelo Prof. Dr. Marcos Roberto Vieira Garcia.

107 SOUZA, 2012.

outras localidades), o que sugere que os pacientes não tiveram os cuidados necessários nos dias frios nem foram encaminhados para tratamentos da clínica geral (como no caso de gripes, pneumonia, infartos etc.). Existe também um número significativo de mortes por motivos mal esclarecidos.

As iniciativas de institucionalização de determinadas parcelas da população surgem em terras brasileiras a partir da chegada da família real, em 1808. Esse fato altera a dinâmica das relações então vigentes na sociedade do Brasil Colônia, de bases patriarcais, escravocratas e rurais. Para melhor acolher a Corte, busca-se aproximar a realidade nacional do panorama europeu, o que tem impacto em diferentes dimensões da vida social: educação, cultura, economia. Torna-se forçoso àquele tempo organizar a cidade, disciplinar a população, colocar ordem na sociedade, urbanizar e higienizar o espaço e a vida. Nesse período, importantes instituições são construídas para asilar determinadas parcelas da população, a exemplo do que já acontecia na Europa. Essa prática foi adotada também em nome da ciência, da oferta de tratamento, educação e de condições de vida àqueles que então continuam a viver em sociedade (afinal, tais instituições dela fazem parte e estão localizadas em território nacional), mas passaram a ser vitimados por um cotidiano de segregação.

A cidade sede da corte portuguesa e que logo se tornou capital do Império, Rio de Janeiro, passou a sediar importantes instituições dessa natureza, conforme aponta Junior:[108] Hospício Dom Pedro II (1852), Imperial Instituto de Meninos Cegos (1854), Colégio Nacional para Surdos-Mudos (1856). Havia, ainda, instituições ou pavilhões específicos em hospitais para determinadas doenças, como tuberculose e hanseníase. E mesmo a definição de espaços destinados a enterrar os mortos, que até então não existiam: os cemitérios.[109]

Em todas essas áreas de institucionalização, as pesquisas realizadas revelam dados de violação de direitos daqueles que lá foram asilados. No que se refere a hospitais psiquiátricos, a realidade foi tão aviltante que fomentou o surgimento, em torno dos anos 1970, do movimento da reforma psiquiátrica. Essa reforma critica o

---

108 JUNIOR, M. C. M. L. As primeiras ações e organizações voltadas para as pessoas com deficiência. 28 dez. 2011. Disponível em: <http://www.bengalalegal.com/asprimeiras-historia-pcd>. Acesso em: 2 dez. 2015.

109 HIPÓLITO, P. Uma breve história dos cemitérios. 11 jan. 2011. Disponível em: <http://www.historiaehistoria. com.br/materia.cfm?tb=artigos&id=148>. Acesso em: 2 jun. 2015.

128  *Direitos humanos e Serviço Social*

modelo hospitalocêntrico (o que já vinha acontecendo na Europa) e a forte influência da iniciativa privada na saúde mental, que consumia alto repasse de verba pública. Busca inspiração na experiência italiana, em que Franco Basaglia encaminha o fechamento dos manicômios.

A reforma psiquiátrica refuta o paradigma asilar e suas formas de segregação e desumanização. Propõe não somente o fechamento de hospitais psiquiátricos, mas uma desospitalização erguida sob novas formas de atenção e cuidado à pessoa com transtorno mental, com a oferta de diferentes serviços substitutivos que assegurem cuidados conforme as necessidades do sujeito, tais como o atendimento ambulatorial, o hospital-dia, os Caps, os Serviços de Residências Terapêuticas (SRTs) e os serviços de urgência psiquiátrica em hospitais gerais. Trata-se de investir na construção de um novo lugar social que não reduza esse sujeito a rótulos de anormal, doente, incapaz, perigoso, mas que o conceba de forma integral, como pessoa que tem direitos e singularidades.

> [A] 'negação da instituição' não é a negação da doença mental, nem a negação da psiquiatria, tampouco o simples fechamento do hospital psiquiátrico, mas uma coisa muito mais complexa, que diz respeito fundamentalmente à negação do mandato que as instituições da sociedade delegam à psiquiatria para isolar, exorcizar, negar e anular os sujeitos à margem da normalidade social.[110]

Amarante[111] refuta a perspectiva de que implementar a reforma psiquiátrica é reformar serviços e destaca alterações no plano da cultura: "É culturalmente que pessoas demandam manicômio, exclusão, limitação do outro". Somam-se aos aspectos culturais apontados por Amarante outras dimensões da vida em grandes cidades: interesses econômicos, a disposição de esconder situações de extrema pobreza (pensemos nas pessoas que vivem em ruas e são levadas para essas instituições), perspectivas de ordem política de diversos governos.

Um importante pilar da luta pela reforma psiquiátrica (que é, sobretudo, a luta pelos direitos das pessoas com transtorno mental) é a Declaração de Caracas,

---

110 ROTELLI, F.; AMARANTE, P. Reformas psiquiátricas na Itália e no Brasil: aspectos históricos e metodológicos. In: BEZERRA JÚNIOR, B.; Amarante, P. (Org.). *Psiquiatria sem hospício*: contribuições ao estudo da reforma psiquiátrica. Rio de Janeiro: Relume-Dumará, 1992. p.44

111 AMARANTE apud DOMINGUEZ, B. *Amarante*: "É a cultura que faz pessoas demandarem manicômio, exclusão, limitação". 8 dez. 2014. Disponível em: <http://portal.fiocruz.br/pt-br/content/entrevista-e-culturalmente-que-pessoas-demandam-manicomio-exclusao-limitacao-do-outro>. Acesso em: 15 jun. 2015.

CAPÍTULO 3 | O Brasil e alguns dos direitos humanos 129

adotada pela Organização Mundial de Saúde (OMS), em 1990, que convoca os países signatários, como o Brasil, a reorganizar o tratamento ofertado no campo da saúde mental. No país, esse compromisso foi assumido por meio da Lei n. 10.216, de 2001, que "dispõe sobre a proteção e os direitos das pessoas portadoras de transtornos mentais e redireciona o modelo assistencial em saúde mental".[112]

A previsão legal é um marco importante, entretanto não suficiente, para assegurar os direitos das pessoas com transtorno mental. Como acontece em tantas outras áreas da política pública, aqui também a lei não tem sido adequadamente cumprida. Embora aproximadamente 30 mil leitos tenham sido fechados na iniciativa privada após 2011, em setembro de 2014 o Brasil contabilizava a implantação de apenas 2.129 Caps,[113] instituições que, em tese, assumiram o acompanhamento das milhares de pessoas que tiveram alta hospitalar. Até 2012 somente 3.470 pessoas egressas das prolongadas internações psiquiátricas foram inseridas em residências terapêuticas e 4.085 foram contempladas pelo Programa de Volta para Casa.[114]

Em 2012 ainda eram mantidos em território nacional 29.958 leitos psiquiátricos — um número que chama atenção quando se sabe que muitas das pessoas que ocupam tais leitos estão institucionalizadas não para tratamento de saúde, mas porque não possuem local para residir diante da alta hospitalar. O estigma que acompanha a doença mental, a carência material das famílias, a fragilidade da política pública e a prolongada internação fomentaram o rompimento de vínculos familiares e afetivos, o que inviabiliza a possibilidade de retorno ao lar parental.

Por outro lado, vítimas da internação prolongada, desnecessária e muitas vezes sem qualidade, essas pessoas deveriam ser contempladas com a alta hospitalar planejada e com a inserção nos serviços de residências terapêuticas. Segundo o Ministério da Saúde,[115] havia "aproximadamente 12.000 pacientes internados que poderiam ser beneficiários dos SRTs". Considerando esse dado e o número de pessoas

---

112 BRASIL, República Federativa do. Lei n. 10.216, de 2001. Dispõe sobre a proteção e os direitos das pessoas portadoras de transtornos mentais e redireciona o modelo assistencial em saúde mental. Disponível em: <http://www.planalto.gov.br/ccivil_03/leis/leis_2001/l10216.htm>. Acesso em: 5 maio 2015.

113 Fechamento de vagas de internação em hospitais psiquiátricos preocupa. 18 set. 2014. *Bom Dia Brasil*. Disponível em: <http://g1.globo.com/bom-dia-brasil/noticia/2014/09/fechamento-de-vagas-de-internacao-em-hospitais-psiquiatricos-preocupa.html>. Acesso em: 20 jun. 2015.

114 Instituído pela Lei n. 10.708, de 31 de julho de 2003, que regulamenta benefício mensal (R$ 240,00) com finalidade de reabilitação psicossocial para pacientes egressos de longa internação psiquiátrica (BRASIL, 2003).

115 BRASIL. República Federativa do. *Residências terapêuticas*: para quem precisa de cuidados em saúde mental, o melhor é viver em sociedade. Brasília: Ministério da Saúde, 2004.

que em 2012 tinha acessado tal recurso, como vimos, não há como negar que o contingente que ainda continua submetido a internação psiquiátrica e sem ser contemplado com vaga em SRTs está com seus direitos violados. Como o Estado, na figura do gestor municipal, não materializa adequadamente a política de desinstitucionalização, essas pessoas continuam submetidas a condições inadequadas em unidades hospitalares, são privadas da possibilidade de vida em sociedade na condição de sujeito livre, são impedidas de estabelecer vínculos com a comunidade e de usufruir das possibilidades ofertadas, ainda que com alguns limites, da vida desinstitucionalizada, de fazer coisas básicas e simples como ir à padaria, escolher a blusa que quer comprar, passear na praça.

Cabe destacar a dificuldade de localização de dados nacionais quanto à exata quantidade e a um perfil preciso da população que vivencia situações de internação psiquiátrica prolongada. Para ilustrar a situação, apresentamos dados do estado do Rio de Janeiro, os quais, certamente, configuram-se como um significativo retrato do que deve ser a realidade nacional.

Conforme dados cadastrados no Módulo de Saúde Mental do Ministério Público do Estado do Rio de Janeiro,[116] referente ao ano de 2014, havia então 13.332 pessoas internadas. Destas, 8.554 estavam submetidas a longo tempo de internação (mais de um ano), o que representa 64,2% dos pacientes. Desse total, 7.209 não possuíam nenhuma referência familiar e 12.440 não recebiam visitas, embora 7.983 estivessem interditados (ou seja, possuíam alguém nomeado como curador, por meio de sentença judicial, que deveria lhe prestar assistência e zelar por seus direitos). Apenas 6.394 apresentavam informações sobre sua documentação pessoal; 1.616 possuíam mais de 60 anos de idade.

Temos, aqui, um grave cenário de privação de liberdade de um contingente populacional que traz o rótulo da doença mental e profundas cicatrizes de violações de seus direitos.

Como visto na presente seção, a privação de liberdade é fenômeno que atinge distintos segmentos populacionais. Além dos citados, poderíamos apontar o tratamento dispensado a pessoas que fazem uso de determinadas drogas, pessoas que vivem nas ruas e outros segmentos populacionais, sempre com evidente recorte de classe social.

---

116 MPERJ — Ministério Público do Estado do Rio de Janeiro. *Censo MSM*. Módulo de Saúde Mental. 2014. Rio de Janeiro, 2015.

## 3.3 Tortura e violação de direitos

Algumas manifestações de rua[117] no Brasil, ocorridas em 2015, surpreenderam por um aspecto específico: a defesa de intervenção militar no país. A surpresa nem é tão localizada no fato de essa reivindicação voltar à conjuntura. Setores capitalistas e de pessoas com maiores rendas no Brasil foram beneficiados ao longo das décadas que durou a ditadura. Não se conformam com quaisquer avanços democráticos, ainda que muito distantes de uma democracia social efetiva, com redução de desigualdade social, com real e intensa redistribuição de renda, com acesso universalizado a políticas sociais que atendam às demandas da população. Basta observar o ocorrido em 2014 no Rio de Janeiro, quando militares resolveram comemorar a "revolução" de abril de 1964, pública e atrevidamente. Como era de esperar, movimentos sociais, militantes democratas, partidos políticos e outros setores se aglomeraram na região da Cinelândia (centro daquela cidade) para relembrar a tragédia que o golpe (não revolução) de 1º de abril significou para o país.

Nesta seção, veremos, a seguir, uma de suas mais violentas expressões: a tortura. Voltando ao ato do centro do Rio, os manifestantes usaram fotos e cartazes de torturados, tinta vermelha para lembrar sangue derramado naquele período e outras iniciativas criativas e críticas. Foram tratados, novamente, a gás lacrimogêneo pela polícia — também ela herdeira de características militares e que se espraiam para outras dimensões da vida, o que vários movimentos sociais e analistas denominam militarização das polícias e da política.

Então o que surpreendeu nessas recentes manifestações? O fato de que muitos e muitas jovens, especialmente de estratos sociais mais abastados (como demonstraram pesquisas de diferentes instituições e pesquisadores, várias delas disponíveis na internet[118]),

---

117 Referimo-nos a manifestações em 2015 que demonstraram insatisfação com resultados eleitorais recentes, especialmente com o governo federal, e que trouxeram às ruas pessoas de perfis distintos daqueles que costumam ocupá-las em defesa de seus direitos.

118 Pesquisas de diferentes institutos (como Datafolha e Fundação Perseu Abramo) e de pesquisadores de universidades (Universidade Federal de São Paulo e Universidade de São Paulo), embora apresentando questões distintas para manifestantes, no momento de identificação do perfil demonstram resultados muito semelhantes, entre eles maioria com nível superior completo e mais de 40% com renda acima de 10 salários mínimos. A respeito, cf. <http://www1.folha.uol.com.br/poder/2015/03/1603885-maioria-foi-as-ruas-contra-corrupcao-diz-datafolha.shtml>; http://novo.fpabramo.org.br/sites/default/files/fpa-pesquisa-manifes tacoes.pdf>; <http://epocanegocios.globo.com/Informacao/Resultados/noticia/2015/04/48-dos-manifestan tes-no-protesto-de-domingo-tinham-renda-superior-r-79-mil.html>. Acessos em: 10 jun. 2015.

se juntavam a outros segmentos na defesa da volta da ditadura via intervenção militar. Não nos parece ser possível, conforme vimos pelo perfil encontrado nas manifestações, depositar toda a explicação desse processo na ausência de educação. Os setores que defendem tal postura não estão entre os menos escolarizados no país. Ao contrário: compõem, em sua maioria, um índice percentual baixíssimo de pessoas que concluem cursos superiores no Brasil, índices que continuam envergonhando o governo federal mundo afora. Parece-nos mais adequado identificar que a atual conjuntura tem permitido, por razões diversas, que posições conservadoras ou reacionárias se reapresentem publicamente, sem os constrangimentos que havia na sociedade em função do momento político-econômico-cultural inaugurado pelo processo de redemocratização do país.

Baseamo-nos, aqui, nas distinções feitas por Ruiz.[119] Como um exemplo inicial, basta lembrar que uma perspectiva liberal de acesso a direitos — que pretende, em geral, conservar a vida como está, sob hegemonia do capital e de uma democracia liberal que o sustente — defende que, *perante a lei*, todos e todas nós somos iguais. Hoje temos condições de, à luz da materialidade da vida, da análise concreta dos fenômenos sociais contemporâneos, demonstrar como essa perspectiva é ilusória e ideológica (no sentido que vimos no Capítulo 1, de ocultação do real). Quando as revoluções burguesas de 1776 e 1789, respectivamente nos Estados Unidos e na França, surgiram, contudo, esta foi uma perspectiva revolucionária, explosiva, que varreu da face do planeta Terra o feudalismo como modo de produção de riquezas.[120] Além de fomentar lutas concretas em perspectiva igualitária e socialista,[121] a defesa da igualdade chegou a ter impactos mesmo sobre discursos religiosos. Se até então se defendia que pobre sempre será pobre e rico sempre será rico por obra e vontade divina, a partir de então a ideia de igualdade de direitos comparece ao discurso cristão e permite uma reinterpretação inclusive de textos bíblicos, passando a fundamentar uma leitura de que todas as pessoas seriam iguais porque filhas de um mesmo deus. Assim, é fundamental

---

119 RUIZ, 2014.

120 HOBSBAWM, 2010.

121 TRINDADE, 2002.

> notar as distinções existentes entre discursos e propostas conservadoras e reacionárias. Estas, que vêm dando sustentação teórica e política à defesa da ampliação do sistema prisional, à redução da maioridade penal e outros retrocessos, não se baseiam na igualdade de todas as pessoas perante a lei, mas em sua distinção. Haveria alguns seres mais humanos que outros, como demonstra a frase que tais setores costumam repetir: "direitos humanos para humanos direitos".

Nesta seção pretendemos dialogar sobre a tortura. Embora ela não seja, como veremos, exclusiva de momentos ditatoriais, pretendemos resgatar algumas demonstrações do que, no Brasil, ela significou como instrumento de sustentação do golpe militar iniciado em 1964. Mas esse não será o único aspecto. Adicionaremos reflexões sobre o conceito contemporâneo de tortura, algumas citações históricas de autores sobre esse fenômeno, impactos atuais de tais comportamentos e medidas existentes para seu combate.

## 3.3.1 Definição de tortura e sua utilização na história

A Convenção contra a Tortura e Outros Tratamentos ou Penas Cruéis, Desumanos ou Degradantes foi aprovada no âmbito da ONU em 1984. Vale visitar sua definição de tortura, constante em seu artigo 1º:[122]

> (...) o termo "tortura" designa qualquer ato pelo qual dores ou sofrimentos agudos, físicos ou mentais, são infligidos intencionalmente a uma pessoa a fim de obter, dela ou de terceira pessoa, informações ou confissões; de castigá-la por ato que ela ou terceira pessoa tenha cometido, ou seja suspeita de ter cometido; de intimidar ou coagir esta pessoa ou outras pessoas; ou por qualquer motivo baseado em discriminação de qualquer natureza; quando tais dores ou sofrimentos são infligidos por um funcionário público ou outra pessoa no exercício de função pública, ou por sua instigação, ou com seu conhecimento ou aquiescência. Não se considerará como tortura as dores ou sofrimentos que sejam consequência unicamente de sanções legítimas, ou que sejam inerentes a tais sanções ou que dela decorram. O presente artigo não será interpretado de maneira a restringir qualquer instrumento internacional ou legislação nacional que contenha ou possa conter dispositivos de alcance mais amplo.

---

122 MAZZUOLI, 2005, p. 626-627.

Uma apreciação crítica da definição de tortura permite-nos perceber avanços e limites. Em seu início, a caracterização de que tortura abrange quaisquer dores ou sofrimentos agudos, mesmo mentais, pode nos levar à justa pergunta: quaisquer aprisionamentos de pessoas, então, seriam tortura? Afinal, é incontestável que, privado de liberdade, qualquer ser humano terá sofrimentos ou dores agudas, mesmo que não necessariamente físicas. Talvez seja por isso que, já quase ao final da definição, apareça a afirmação de que não serão considerados tortura dores ou sofrimentos que sejam consequência de "sanções legítimas". Voltam aqui, com toda força, as observações e provocações feitas por Lyra Filho[123] (ver o Capítulo 1) acerca do que é legal e o que é legítimo. Prisões, embora nem sempre sejam legais, são tidas como legítimas em uma sociedade que pretende tirar de circulação determinada parte de sua população. Vimos exemplos desses fenômenos ao longo deste livro, como na seção anterior a esta. Classificar, então, algumas torturas como legítimas faz parte do processo de disputa social que existe em torno do uso da violência como forma de controle, repressão e até de extermínio de uma parte da população.

Mesmo com essas ressalvas, é possível afirmar que tortura é mais, portanto, que dor física infligida contra qualquer pessoa. Pode, ainda, ser imposta contra pessoas em situações que não ditaduras, mas em tentativas de obtenção de informações por agentes do Estado ou que para ele estejam atuando. É o que vem ocorrendo nos Estados Unidos, por exemplo, especialmente contra muçulmanos (o que denota a discriminação acima descrita) após os acontecimentos de 11 de setembro de 2001. Marques,[124] ao analisar como na atual etapa de acumulação capitalista direitos individuais vêm sendo violados em países capitalistas centrais, relata, como ações tomadas pelos Estados Unidos, medidas que implicaram a caça de qualquer suspeito (tendo estrangeiros, especialmente, como alvo); prisões e deportações em condições sub-humanas ou precárias; a detenção de crianças migrantes (estimadas pela Anistia Internacional entre cinco e seis mil), com a presença de situações punitivas e tratamentos humilhantes; a forte repressão às manifestações populares contrárias à reação militar promovida pelos Estados Unidos contra países supostamente

---

123 LYRA FILHO, R. *O que é direito*. 21. reimpressão da 18. edição de 1996. São Paulo: Brasiliense, 2012.

124 MARQUES, E. A. B. *Imperialismo e direitos humanos no século XXI*: restrições legais e violações diretas às liberdades individuais na atual fase de acumulação capitalista. Tese (Doutorado em Serviço Social). Universidade Federal do Rio de Janeiro. Rio de Janeiro, 2006, p. 277.

suspeitos de envolvimento com o ataque às Torres Gêmeas;[125] a tortura para a obtenção de confissões, na intenção de provocar a produção de provas.[126]

Hobsbawm,[127] analisando o século XX (que, segundo sua obra, "foi o século mais assassino de que temos registro, tanto na escala, frequência e extensão da guerra que o preencheu"[128]), apresenta estimativa de Brzezinski, em 1993,[129] de que 187 milhões de pessoas teriam sido assassinadas, especialmente em função das duas grandes guerras mundiais. Nesse quadro inimaginável, afirma, é possível que a tortura ficasse algo obscurecida, vista quase "como parte normal das operações de segurança pública nos Estados modernos".[130] Citando Peters, o autor afirma[131]

> No início do século XX, a tortura fora oficialmente encerrada em toda a Europa Ocidental. Depois de 1945, voltamos a acostumar-nos, sem grande repulsa, a seu uso em pelo menos um terço dos Estados membros das Nações Unidas, incluindo alguns dos mais velhos e civilizados.

Importante destacar que diversos historiadores e analistas apontam a eficácia do discurso bélico para vários momentos em que crises do capital se agudizam. A indústria armamentista permanece como uma das grandes formas de "reaquecimento" da economia, ocultando massacres estrategicamente denominados "guerras".

> Guerras, pelo próprio sentido da palavra, exigiria maior condição de igualdade entre os lados que se enfrentam do que o quadro verificado após 11 de setembro de 2011, por exemplo, nas invasões promovidas pelos Estados Unidos no Afeganistão e no Iraque.

---

125 Sobre o ataque às Torres Gêmeas, cf. indicações da nota de rodapé 10, no Capítulo 1 deste livro.

126 MARQUES, 2006, p. 102-104.

127 HOBSBAWM, E. *Era dos extremos*: o breve século XX (1914-1991). São Paulo: Companhia das Letras, 1995. p. 22.

128 HOBSBAWM, 1995, p. 22.

129 HOBSBAWM, 1995, p. 21.

130 HOBSBAWM, 1995, p. 23.

131 PETERS, 1985 apud HOSBAWM, 1995, p. 56.

136  *Direitos humanos e Serviço Social*

Também a tortura, contudo, não pode ser vista como uma característica exclusiva da sociedade organizada sob o modo de produção capitalista. Arns[132] lembra que dados históricos apontam Jesus, que viveu há pouco mais de dois milênios, como uma das figuras históricas que sofreram tortura. Aslan[133] reúne, ao longo do livro *Zelota*, elementos que explicam politicamente como se dava tal processo na sociedade de então. Segundo o autor (baseado não apenas em leitura histórica de textos bíblicos, mas também em descobertas arqueológicas e traduções de textos hoje disponíveis), diversas lutas sociais ocorriam naquele momento histórico. Uma delas era contra o domínio romano, que havia conquistado Jerusalém, deixando massas de camponeses em condições deploráveis, despojadas de suas terras, sem meio de alimentação própria e de suas famílias. O fenômeno da migração em busca de trabalho era constante. Havia, porém, grupos de "camponeses guerreiros" que, partindo de esconderijos em cavernas e grutas da região da Galileia, organizavam ataques contra a aristocracia judaica e contra agentes da república de Roma.

> Como Hobin Hoods judeus, eles roubavam dos ricos e, às vezes, davam aos pobres. Para os fiéis, essas gangues camponesas eram nada mais nada menos que a personificação física da raiva e do sofrimento dos pobres. Eles eram heróis, símbolos de fervor contra a agressão romana, dispensadores da justiça divina para os judeus traidores. Os romanos tinham um termo diferente para eles. Eles os chamavam de *lestai*. Bandidos.[134]

Como vimos no Capítulo 1, "bandidos", para os romanos, significava "ladrão" ou "agitador". A busca por uma sociedade justa, à época intitulada "Reino de Deus", era, nas palavras de Aslan, "um chamado à revolução".[135] Jesus era um desses "bandidos", mas, certamente, não o único:

> O fim de Jesus teria sido rápido e despercebido por todos, salvo, talvez, por um punhado de discípulos que estavam chorando ao pé do morro, olhando para seu mestre

---

132 ARNS, C. P. E. Prefácio do Cardeal-Arcebispo de São Paulo. In: Arquidiocese de São Paulo. *Brasil*: nunca mais. Petrópolis: Vozes, 2011. p. 11.

133 ASLAN, 2013.

134 ASLAN, 2013, p. 44.

135 ASLAN, 2013, p. 141.

aleijado e mutilado (...). A morte de um criminoso de Estado pendurado em uma cruz no Gólgota era um evento tragicamente banal. Dezenas morreram com Jesus naquele dia, seus corpos quebrados e flácidos pendurados por dias para servir às aves de rapina que circulavam acima deles e aos cães que saíam na calada da noite para terminar o que os pássaros deixavam para trás.[136]

O projeto *Brasil: Nunca Mais*,[137] utilizado como referência principal de subseções que virão a seguir, destaca características de como tais procedimentos ocorreram ao longo dos séculos. E também os relaciona com o que era, então, considerado "crime", além da divisão de classes existente. Vejamos:

Ao longo dos séculos, a tortura era um *direito do senhor sobre os escravos*, considerados coisas, ou foi aplicada como pena advinda de sentenças criminais. O apedrejamento, o chumbo derretido na pele, a decepação dos órgãos, eram penas impostas *a infratores ou supostos infratores das leis* e visavam obediência ao princípio do Talião, resumido pelo célebre axioma "olho por olho, dente por dente", e tinham como fundamento o ressarcimento do mal causado através da aplicação do mesmo mal a quem o causara. Já o Código de Hamurabi, ordenamento legal do século XVIII a.C., adotado na Babilônia, previa *para os criminosos* a empalação, a fogueira, a amputação de órgãos e a quebra dos ossos.[138]

Potter, por sua vez, analisa a prática da tortura no Brasil, como desdobramento de traços históricos que marcam nosso país. Nessa perspectiva, tortura seria

(...) uma indicação dos valores herdados que influenciam uma sociedade ou nação. O que aconteceu no Brasil [a tortura durante a ditadura militar] precisa ser visto à luz da sua longa história desde 1500 quando os primeiros colonizadores chegaram. O tratamento dos índios, a cruel instituição da escravidão que somente foi abolida em 1888, e a forma violenta como o Brasil foi explorado através dos séculos, tudo isso deixou suas marcas na mentalidade do povo e especialmente nas classes dominantes.[139]

---

136 ASLAN, 2013, p. 190.

137 ARQUIDIOCESE DE SÃO PAULO. *Brasil*: nunca mais. Petrópolis: Vozes, 2011.

138 ARQUIDIOCESE DE SÃO PAULO, 2011, p. 332-333 (grifos nossos).

139 POTTER, P. Prefácio do Ex-Secretário-Geral do Conselho Mundial de Igrejas. In: ARQUIDIOCESE DE SÃO PAULO. *Brasil*: nunca mais. Petrópolis: Vozes, 2011. p. 19.

138 *Direitos humanos e Serviço Social*

Esses fenômenos históricos, vistos em perspectiva da totalidade das dimensões que envolvem a vida dos sujeitos sociais de que tratamos no primeiro capítulo, além de exporem a inter-relação com a organização político-econômica de cada etapa histórica, podem contribuir para uma explicação das razões da naturalização de torturas na vida real ou, mesmo, de seu sucesso em obras de ficção.

Pesquisa encomendada pela BBC, de Londres, realizada em 2006 com 27 mil pessoas em 25 países (todos signatários da Convenção de Combate à Tortura da ONU), indicou que quase um terço da população mundial (29%) apoiava a prática de tortura em determinadas circunstâncias. No Brasil, 61% dos entrevistados diziam não aceitar a prática, enquanto 32% a condicionavam a certas circunstâncias.[140] Alguns anos depois, em 2014, a Anistia Internacional divulgou pesquisa realizada em 21 países sobre o que chamou de sensação de segurança da população ao ser detida por autoridades policiais. 80% dos brasileiros entrevistados relataram receio de sofrer torturas em caso de detenção (a média mundial foi de 44%), seguidos pelo México (64%).[141]

Do ponto de vista da vida concreta, basta observar como parte da população apoia, de imediato, agressões policiais cometidas "em nome da obtenção de confissões", em geral com forte recorte racial (novamente a discriminação de que fala a Convenção contra a Tortura). São os mesmos argumentos que levam, ainda, à relativização ou vulgarização de comportamentos como os adotados contra o pedreiro Amarildo, então morador da Rocinha, Rio de Janeiro. As apurações em curso vão demonstrando até o momento que Amarildo teria sido vítima de tortura e de assassinato por parte de forças policiais (outra caracterização de tortura da Convenção: policiais são parte do Estado; estão muito presentes em favelas e localidades pobres pelo país e pelo mundo, demonstrando não uma ausência do Estado,

---

140 Disponível em: <http://g1.globo.com/Noticias/Mundo/0,,AA1316823-5602,00-PESQUISA+DIZ+QUE+DA+POPULACAO+MUNDIAL+APOIA+TORTURA.html>. Acesso em: 16 maio 2015.

141 Disponível em: <http://www.brasil247.com/pt/247/favela247/139840/80-dos-brasileiros-temem-torturapolicial.htm>. Acesso em: 16 maio 2015.

CAPÍTULO 3 | O Brasil e alguns dos direitos humanos     139

mas uma seletividade de quais "serviços" são oferecidos, no que movimentos sociais e moradores vêm chamando de evidente criminalização da pobreza).

A ocorrência com Amarildo é, infelizmente, mais comum do que se costuma imaginar. Em 1992, também no âmbito da ONU, foi aprovada uma Declaração voltada para prever ações contra tais ocorrências. Elas são denominadas desaparecimento forçado de pessoas e são caracterizadas, nos considerandos do documento, como aquelas em que

> (...) pessoas são presas, detidas ou raptadas contra a sua vontade ou de outra forma privadas de liberdade por agentes governamentais de qualquer ramo ou nível, que de seguida se recusam a revelar o destino ou paradeiro das pessoas em causa ou se recusam a reconhecer a privação de liberdade, assim subtraindo tais pessoas à proteção da lei.[142]

Além de serem recorrentes em situações como as ditaduras latino-americanas ocorridas ao longo do século XX (basta verificar as mobilizações das Mães da Praça de Maio, na Argentina, ou de familiares de desaparecidos no Araguaia, no Brasil), elas também ocorrem em períodos reconhecidos como democráticos. No Brasil, um exemplo é o da mobilização das Mães de Acari (que buscam informações de seus 11 filhos — sete então com menos de 18 anos —, desaparecidos em sítio em Magé, em junho de 1990). Trindade é um dos que destacam esses aspectos, ao afirmar que

> Os Estados imperiais retomaram as práticas de eliminar sumariamente 'inimigos' escolhidos, sequestrar 'suspeitos' e torturá-los em campos de concentração — sejam campos juridicamente 'extraterritorializados' (caso de Guantánamo); sejam cárceres mantidos em países ocupados (Iraque, Afeganistão);

---

142 ONU — Organização das Nações Unidas. *Declaração sobre a proteção de todas as pessoas contra os desaparecimentos forçados*. 1992. Disponível em: <http://www.direitoshumanos.usp.br/index.php/Direitos-Humanos-na-Administração-da-Justiça.-Proteção-dos-Prisioneiros-e-Detidos.-Proteção-contra-a-Tortura-Maus-tratos-e-Desaparecimento/declaracao-sobre-a-protecao-de-todas-as-pessoas-contra-os-desaparecimentos-forcados.html>. Acesso em: 16 maio 2015.

140   *Direitos humanos e Serviço Social*

> sejam prisões clandestinas em Estados coniventes (Paquistão, Egito, Polônia etc.); sejam, ainda, em inacessíveis navios de guerra fundeados em águas internacionais. Os sequestrados e torturados são mantidos indefinidamente em cativeiro, sem acusação formal, sem defensor e, no mais das vezes, até sem o reconhecimento oficial de haverem sido capturados. A esses prisioneiros invisíveis são recusadas todas as garantias jurídicas, a começar pelas garantias previstas nas Convenções de Genebra para prisioneiros de guerra.[143]

No que se refere à ficção, basta verificar o sucesso internacional de seriados como *24 horas* (em título utilizado no Brasil), em que um agente secreto norte--americano usa e abusa de táticas de tortura para, hipoteticamente, livrar a população de supostas ameaças... Não por acaso, Jack Bauer, o personagem em questão, é tido e apresentado como "o herói" do seriado.

Percebemos, portanto, quanto a temática da tortura permanece atual no início do século XXI. O que não nos permite observá-la como fenômeno secundário, nem sequer apreciá-la com "(...) o foco da análise totalizadora para os aspectos mais visíveis, (...) para as 'pontas dos icebergs'", observando apenas efeitos e consequências das desigualdades sociais entre nós, não "suas causas e razões profundas".[144] Tortura se relaciona com nossa história; é algo legitimado em distintos países e continentes; é mecanismo utilizado por países centrais para agir em conjunturas de crise capitalista e de enfrentamento a mobilizações populares que questionam as intensas desigualdades sociais ainda vigentes.

### 3.3.2 Tortura e ditadura no Brasil

Como afirmamos no início desta seção, há em curso no país tentativas de desconsiderar a gravidade dos fatos ocorridos ao longo da ditadura no Brasil. Elas se expressam em diferentes formas. No âmbito da mídia impressa, um exemplo clássico foi a tentativa do jornal de maior circulação nacional, a *Folha de S.Paulo*,[145] de descaracterizar

---

143 TRINDADE, J. D. de L. *Os direitos humanos na perspectiva de Marx e Engels*. São Paulo: Alfa-Omega, 2011. p. 312 (grifo do original).

144 FREIRE, S. de M.; PEREIRA, J. A. S. Desigualdade persistente e subcidadania no Brasil contemporâneo. In: FREIRE, S. de M. (Org.). *Direitos humanos e questão social na América Latina*. Rio de Janeiro: Gramma, 2009. p. 43.

145 FOLHA DE S.PAULO. *Editorial*. Limites a Chávez. 17 fev. 2009. Disponível em: <http://www1.folha.uol.com.br/fsp/opiniao/fz1702200901.htm>. Acesso em: 18 fev. 2009.

a violência daquele regime, qualificando-o de "ditabranda" em editorial publicado em 17 de fevereiro de 2009.[146] Nas manifestações recentes, o mesmo discurso reaparece, com a tentativa de justificar tal posição com o suposto "avanço dos comunistas sobre o Brasil", com vistas a "transformar o país em uma nova Cuba".[147]

Nesta e nas próximas páginas, pretendemos resgatar relatos e análises já públicos no Brasil para demonstrar o equívoco de tais argumentações.

Nossa primeira sugestão é que você que nos lê procure assistir ao documentário *O dia que durou 21 anos*, do diretor Camilo Tavares. Nele, nos depoimentos de pessoas que vivenciaram aquele momento político e que tinham distintas posições sobre a conjuntura, fica evidente que a ditadura brasileira não economizou esforços nem táticas violentas para imprimir o rumo que diversos agentes impuseram ao momento político nacional. Destaca-se a ação central do governo norte-americano para o planejamento e para assegurar o regime então instalado, de forma próxima ao que ocorria na conjuntura latino-americana e mesmo mundial de então.

Contudo, o documento histórico da maior importância, por sua origem, contundência, fonte e impacto, foi a publicação oriunda das ações do projeto *Brasil: Nunca Mais*.[148] Apresentaremos, a seguir, elementos obtidos dessa fonte para a apreensão do que foi aquele período brasileiro a partir de relatos registrados em arquivos oficiais. Ela nos permite discutir até onde chegam as práticas de tortura.

> Segundo o prefácio de Potter,[149] o projeto *Brasil: Nunca Mais* foi resultado de pesquisas de um grupo de pessoas que analisou processos da Justiça Militar brasileira entre abril de 1964 e março de 1979. A pesquisa durou mais de cinco anos e consultou milhares de páginas e centenas de processos judiciais.

---

146 O editorial visava, em princípio, questionar o governo de Hugo Chávez, na Venezuela. Posteriormente, ainda que mantivesse parte do teor de sua crítica, o jornal foi forçado a reconhecer, em março do mesmo ano, o erro na utilização da expressão "ditabranda" para a ditadura brasileira. Milhares de pessoas, entre elas o renomado jurista e professor da USP Fábio Konder Comparato e o arquiteto Oscar Niemeyer, assinaram manifesto contra o jornal que repercutiu nacional e internacionalmente (OBSERVATÓRIO DA IMPRENSA, 2009.)

147 Duas das três pesquisas com manifestantes de 2015 citadas há pouco trazem dados que confirmam essa tentativa de justificar ações militares.

148 POTTER, P. Prefácio do Ex-Secretário-Geral do Conselho Mundial de Igrejas. In: ARQUIDIOCESE DE SÃO PAULO. *Brasil*: nunca mais. Petrópolis: Vozes, 2011.

149 POTTER, 2011.

142 *Direitos humanos e Serviço Social*

> Sua apresentação relata a opção metodológica de não recolher informações pres-
> tadas a entidades e militantes de direitos humanos nem ouvir as próprias vítimas
> para não fragilizar a credibilidade de seus resultados. Contudo, afirma que havia
> uma "contrapartida compensadora: o que se produzisse como constatação de
> irregularidades, de atos ilegais, de medidas injustas, de denúncias sobre torturas
> e mortes, teria a dimensão de prova indiscutível. Definitiva".[150] Essa compensa-
> ção viria das fontes selecionadas, já que eram processos oficiais movidos pela
> própria Justiça Militar.

Uma primeira observação feita pela publicação[151] diz respeito à variedade de modos e instrumentos de tortura. Eis alguns dos citados:

a) O "pau de arara"[152] e o "afogamento".

> (...) barra de ferro que é atravessada entre os punhos amarrados e a dobra do joelho,
> sendo o "conjunto" colocado entre duas mesas, ficando o corpo do torturado pendurado
> a cerca de 20 ou 30 cm do solo. Este método quase nunca é utilizado isoladamente,
> seus "complementos" normais são eletrochoques, a palmatória e o afogamento.
>
> O afogamento é um dos "complementos" do pau de arara. Um pequeno tubo de
> borracha é introduzido na boca do torturado e passa a lançar água.
>
> (...) e teve introduzido em suas narinas, na boca, uma mangueira de água corrente,
> a qual era obrigado a respirar cada vez que recebia uma descarga de choques elétricos.

b) A "cadeira do dragão", em São Paulo e no Rio de Janeiro.[153]

---

150 ARQUIDIOCESE DE SÃO PAULO, 2011, p. 24-25.

151 ARQUIDIOCESE DE SÃO PAULO, 2011, p. 31-43.

152 O primeiro e o segundo relatos são de próprio punho, feitos pelo estudante de 21 anos Augusto César Salles
Galvão, de Belo Horizonte (ARQUIDIOCESE DE SÃO PAULO, 2011, p. 373). O terceiro, de José Milton
Ferreira de Almeida, 31 anos, engenheiro, do Rio de Janeiro, em auto de qualificação e interrogatório
(ARQUIDIOCESE DE SÃO PAULO, 2011, p. 373-374).

153 Os dois primeiros relatos são de São Paulo. O primeiro é de Almeida, citado na nota anterior. O segundo
é de Marlene de Sousa Soccas, 35 anos, dentista, de São Paulo, em carta ao juiz auditor. O terceiro é do
jornalista José Augusto Dias Pires, 24 anos, do Rio de Janeiro, em auto de qualificação e interrogatório
(ARQUIDIOCESE DE SÃO PAULO, 2011, p. 374).

(...) sentou-se numa cadeira conhecida como cadeira do dragão, que é uma cadeira extremamente pesada, cujo assento é de zinco, e que na parte posterior tem uma proeminência para ser introduzido um dos terminais da máquina de choque chamado magneto; que, além disso, a cadeira apresentava uma travessa de madeira que empurrava as suas pernas para trás, de modo que a cada espasmo de descarga as suas pernas batessem na travessa citada, provocando ferimentos profundos.

Despida brutalmente pelos policiais, fui sentada na "cadeira do dragão", sobre uma placa metálica, pés e mãos amarrados, fios elétricos ligados ao corpo tocando língua, ouvidos, olhos, pulsos, seios e órgãos genitais.

(...) foi obrigado a se sentar em uma cadeira, tipo barbeiro, à qual foi amarrado com correias revestidas de espumas, além de outras placas de espuma que cobriam seu corpo; que amarraram seus dedos com fios elétricos, dedos dos pés e mãos, iniciando-se, também, então uma série de choques elétricos; que, ao mesmo tempo, outro torturador com um bastão elétrico dava choques entre as pernas e o pênis do interrogado.

## c) A "geladeira".[154]

(...) que por cinco dias foi metida numa "geladeira" na Polícia do Exército, na Barão de Mesquita.

(...) conduzido para uma pequena sala de aproximadamente dois metros por dois metros, sem janelas, com paredes espessas, revestidas de fórmica e com um pequeno visor de vidro escuro em uma das paredes; (...) a partir desse instante, somente podia ouvir vozes que surgiam de alto-falantes instalados no teto, e que passou a ser xingado por uma sucessão de palavras de baixo calão, gritadas por várias vozes diferentes, simultâneas; que, imediatamente, passou a protestar também em altos brados contra o tratamento inadmissível de que estava sendo vítima e que todos se calaram e as vozes foram substituídas por ruídos eletrônicos tão fortes e tão intensos que não escutou mais a própria voz; (...) que havia instantes em que os ruídos eletrônicos eram interrompidos e que as paredes do cubículo eram batidas com muita intensidade durante muito tempo por algo semelhante a martelo ou tamanco e que em outras

---

154 O primeiro depoimento é de Jandira Andrade Gitirana Praia Fiúza, 24 anos, jornalista, em auto de qualificação e interrogatório. A rua Barão de Mesquita localiza-se no bairro da Tijuca, na cidade do Rio de Janeiro. O segundo depoimento é de José Miguel Camolez, 31 anos, engenheiro civil e capitão-tenente, engenheiro naval reformado, também em auto de qualificação e interrogatório (ARQUIDIOCESE DE SÃO PAULO, 2011, p. 374).

144　*Direitos humanos e Serviço Social*

ocasiões o sistema de ar era desligado e permanecia assim durante muito tempo, tornando a atmosfera penosa, passando então a respirar lentamente.

d) Gravidez, insetos e animais, sevícias sexuais.[155]

(...) que apesar de estar grávida na ocasião e disto ter ciência os seus torturadores (...) ficou vários dias sem qualquer alimentação.

(...) que foi transferida para o DOI da PE[156] da B. Mesquita, onde foi submetida a torturas com choque, drogas, sevícias sexuais, exposição de cobras e baratas; que essas torturas foram efetuadas pelos próprios oficiais.

(...) a interroganda quer ainda declarar que durante a primeira fase do interrogatório foram colocadas baratas sobre o seu corpo, e introduzida uma no seu ânus.

Há, ainda, relatos de lesões físicas diversas produzidas por lâminas de barbear, latas, cigarros, fogo, palmatórias em testículos, "telefones" — tapas nos dois ouvidos que ensurdecem quem os recebe —, amarras ao pênis para impedir urina, entre outras.[157] Torturadores adicionavam zombarias à situação dos torturados e tomavam cuidados para que as torturas não fossem identificadas como tal:

Com a aplicação destas descargas elétricas, meu corpo se contraía violentamente. Por inúmeras vezes a cadeira caiu no chão e eu bati com a cabeça na parede. As contrações provocavam um constante e forte atrito com a cadeira, causa dos hematomas e das feridas constatadas em meu corpo pelo laudo médico. Não contentes com este tipo de torturas, meus algozes resolveram submeter-me ao que chamavam "tortura chinesa". Deitaram-me nu e encapuçado num colchão, amarraram minhas pernas e braços e prenderam estes ao meu pescoço. Para não deixarem marcas dos choques, colocaram pequenas tiras de gase nos meus dedos do pé. Molharam meu corpo com água, por várias vezes, para que a descarga elétrica tivesse maior efeito.

---

155 Os três depoimentos constam de autos de qualificação e interrogatório. São, respectivamente, de Miriam de Almeida Leitão Netto, 20 anos, jornalista do Rio de Janeiro; Janete de Oliveira Carvalho, 23 anos, secretária, do Rio de Janeiro; Lúcia Maria Murat Vasconcelos, 23 anos, estudante, com registro dos autos feito no Rio de Janeiro e em Salvador (ARQUIDIOCESE DE SÃO PAULO, 2011, p. 375).

156 Referência ao Departamento de Operações de Informações do I Exército, localizado na rua Barão de Mesquita, no Rio de Janeiro.

157 ARQUIDIOCESE DE SÃO PAULO, 2011, p. 41-42; 375.

CAPÍTULO 3 | O Brasil e alguns dos direitos humanos    145

> Os choques se sucederam até o fim do dia (...). Durante as descargas elétricas, os torturadores faziam galhofa com a minha situação de saúde, afirmando que os choques iriam fazer-me louco ou curar a minha epilepsia.[158]

Nem sequer crianças eram poupadas das ações de torturadores. Sequestros temporários, ameaças de tortura para obter depoimentos e supostas confissões de pais, entre outras ações similares, eram práticas voltadas para atingir crianças de até três anos de idade.

> Ameaças como jogar crianças pela janela eram feitas para obter supostas confissões de mães. A professora Maria Madalena Prata Soares, de 26 anos, esposa de estudante morto por órgãos de segurança, narrou ao Conselho da Auditoria Militar de Minas Gerais, em 1973, ter sido ameaçada de ter seu filho de quatro anos de idade jogado do segundo andar durante três dias seguidos.[159] Tais procedimentos também atingiram a assistente social Rosalina Santa Cruz. Nascida em Olinda, Pernambuco, em sua segunda prisão por órgãos da ditadura, Rosalina teve seu filho de cinco meses retirado de suas mãos e policiais ameaçaram jogá-lo pela janela. Seu depoimento foi feito em evento realizado pelo Conselho Federal de Serviço Social, em 2014. Ele mostrou como cinco assistentes sociais, das cinco regiões geográficas do país, viram-se às voltas com torturas, prisões e ameaças do regime militar. São eles: Jorge Krug; Vicente Faleiros; Joaquina Barata; Cândida Moreira Magalhães e Rosalina Santa Cruz.[160]

Uma segunda observação importante diz respeito ao perfil dos perseguidos pela ditadura militar brasileira. Em 695 dos processos analisados pelo projeto *Brasil: Nunca Mais* foram identificados 7.367 nomes de pessoas levadas ao banco dos réus pela Junta Militar (alguns deles em mais de um processo). Destacamos alguns dados apontados pela publicação da Arquidiocese de São Paulo:

---

158  Depoimento de Aldo Silva Arantes, advogado, 38 anos, São Paulo, em carta de próprio punho anexada ao processo (p. 376). (ARQUIDIOCESE DE SÃO PAULO, 2011, p. 43.)

159  ARQUIDIOCESE DE SÃO PAULO, 2011, p. 45.

160  Cf. CFESS — Conselho Federal de Serviço Social. *Mesa histórica reúne assistentes sociais que enfrentaram a ditadura.* Disponível em: <http://www.cfess.org.br/visualizar/noticia/cod/1121>. Acesso em: 15 out. 2014.

a) Sexo: 88% dos réus eram homens; 12%, mulheres.[161]

b) Idade: 38,9% tinham até 25 anos — 91 não tinham atingido 18 anos no momento da ação penal.[162]

c) Escolaridade: 2.491 de 4.476 réus (em cujos processos constavam esse dado) tinham nível superior; apenas 91 eram analfabetos.[163]

d) Militância política: quase dois terços dos processos estudados pelo Projeto citam organizações partidárias então proibidas e duramente perseguidas após o regime militar;[164] um dos argumentos utilizados por militares era um possível "poder bélico" dessas organizações, aspecto analisado pelo projeto *Brasil: Nunca Mais* em perspectiva distinta; a maioria desses militantes e organizações adotava orientação marxista.

e) Setores sociais não necessariamente militantes: foram especialmente atingidos pela perseguição militar sindicalistas, estudantes, militares que supostamente divergiam da orientação ditatorial, políticos, jornalistas e religiosos.[165]

Uma terceira observação é que grande parte desses processos e providências eram tomados sem nenhuma acusação formal. Mesmo procedimentos legais adotados pelo próprio regime militar eram geralmente desconsiderados.[166] Confissões obtidas sob tortura e coação foram um dos aspectos corriqueiros.

---

161 ARQUIDIOCESE DE SÃO PAULO, 2011, p. 95.

162 ARQUIDIOCESE DE SÃO PAULO, 2011, p. 96.

163 O documento final analisa esses dados da seguinte forma: "O grau de instrução dos processados permite induzir, com certa segurança, se invocados os próprios dados governamentais acerca da pirâmide seletiva que existe no sistema de educação, no país, que a extração social dos envolvidos na resistência era predominantemente de classe média. (...) Ou seja, mais da metade havia atingido a universidade, num contexto nacional em que pouco mais de 1% da população chega até ela. Apenas 91 desses réus declararam-se analfabetos, e sabe-se que, no Brasil, estes atingem mais de 20 milhões entre os cidadãos maiores de 18 anos" (ARQUIDIOCESE DE SÃO PAULO, 2011, p. 96).

164 O relato do projeto *Brasil: Nunca Mais* cita, textualmente, algumas dessas organizações, a exemplo de: Partido Comunista Brasileiro (PCB); algumas de suas dissidências, como a Ação Libertadora Nacional (ALN), a Frente de Libertação do Nordeste (FLNE), o Partido Comunista Brasileiro Revolucionário (PCBR), o Movimento Revolucionário 8 de outubro (MR-8); o Partido Comunista do Brasil (PCdoB); a Ação Popular (AP, composta por cristãos progressistas, especialmente ligados à Juventude Universitária Católica — JUC); grupos trotskistas (militantes inspirados nas ideias de Leon Trotsky, um dos líderes da Revolução Russa de 1917); diversas organizações de caráter nacionalista revolucionário. A respeito, cf. ARQUIDIOCESE DE SÃO PAULO, 2011, p. 101-130.

165 ARQUIDIOCESE DE SÃO PAULO, 2011, p. 135-180.

166 A publicação utilizada como base principal para esta seção analisa tais aspectos ao longo de seu texto, como em seu Capítulo 12 (ARQUIDIOCESE DE SÃO PAULO, 2011, p. 199-222).

Não é nossa pretensão resgatar toda a fundamental obra histórica desenvolvida pelo projeto *Brasil: Nunca Mais*, embora a consideremos leitura fundamental para conhecer nossa história e para contribuir para que tais absurdos jamais voltem a ocorrer. Nossa intenção ao usá-lo como referência foi destacar aspectos que demonstram como a perspectiva política e teórica utilizada ao longo do regime militar no Brasil pode seguir oferecendo fundamentos para comportamentos e políticas adotados no século XXI no país. Passaremos, então, a apontar alguns desses aspectos.

### 3.3.3 Tortura contemporânea

É bastante usual vermos formas de tortura adotadas na contemporaneidade apresentadas sob outras justificativas, a exemplo de "resistência à prisão", "tolerância zero com violência e criminalidade", "defesa patriótica de nações centrais contra terroristas". Como vimos anteriormente, as características centrais de cada fenômeno nem sempre se manifestam de forma aparente.[167]

> Marx, em *O Capital*, afirma: "Se a aparência e a essência das coisas coincidissem, a ciência seria desnecessária". Um olhar mais apurado e crítico sobre os fenômenos, portanto, tende a possibilitar que se evidenciem aspectos e dimensões que não estão à vista em um primeiro momento.

No que diz respeito à tortura praticada no século XXI, ela pode vir revestida de outras roupagens. Uma das que vêm sendo mais denunciadas por movimentos sociais, pesquisadores da violência, moradores de favelas e locais periféricos das grandes cidades, parlamentares, especialistas internacionais em direitos humanos, entre outros, é o chamado auto de resistência.

Segundo a Comissão de Defesa de Direitos Humanos e da Cidadania (CDDHC) da Assembleia Legislativa do Rio de Janeiro, o auto de resistência é "o resultado de uma estrutura autoritária e desvalorizada":

---

167 MARX, K. *O Capital*: crítica da economia política. Livro III, 2º tomo. São Paulo: Abril, 1983.

148 *Direitos humanos e Serviço Social*

> Criado a partir da interpretação do artigo 292 do Código de Processo Penal no perío-
> do da ditadura militar, para justificar a não prisão em flagrante do policial autor de
> homicídio, a medida administrativa do denominado "auto de resistência", ao longo
> de décadas, deu respaldo a dezenas de execuções sumárias realizadas pela polícia do
> estado do Rio [de Janeiro].[168]

Segundo o relatório, "dados oficiais apontam que a polícia fluminense é recordista mundial em número de mortes em confrontos armados". Entre 2007 e 2010, "morreram em confronto com agentes da lei" 4.370 pessoas naquele estado, 1.330 delas apenas em 2007 (o maior número desde o início da série histórica registrada pelo próprio Instituto de Segurança Pública do Rio de Janeiro). Ainda segundo o relatório da referida Comissão, o Laboratório de Análise da Violência da Universidade do Estado do Rio de Janeiro (UERJ), estudando dezenas de casos registrados como autos de resistência nos anos 1990, mostrou que "indícios médico-legais comprovam que 60% das mortes foram cometidas por disparos pelas costas e na cabeça".[169] Esse procedimento caracteriza não um confronto armado, mas execução sumária de supostos inimigos.

Outro fenômeno bastante presente na sociedade contemporânea é o de desaparecimentos forçados, tratado brevemente há algumas páginas e à nota de rodapé 137. Se já são alarmantes os dados sobre desaparecimentos durante o regime militar no Brasil, divulgados pelas distintas comissões da verdade criadas pelo país para apurar tais fatos, a triste notícia é que tal realidade não se extinguiu com o final da ditadura.

Segundo o mesmo relatório da CDDHC, entre 2003 e 2011, com dados disponibilizados pelo próprio Instituto de Segurança Pública do Estado do Rio de Janeiro, foram registrados nada menos que 44.457 desaparecimentos. Uma média anual de 4.939,66 desaparecimentos, ou 13,5 por dia.[170] Sua apuração permanece seletiva, como aponta Cano:

---

168 CDDHC — Comissão de Defesa de Direitos Humanos e Cidadania da Assembleia Legislativa do Estado do Rio de Janeiro (Alerj). *Relatório 2009-2012*. Rio de Janeiro: Alerj, 2012. p. 51

169 CDDHC, 2012, p. 51.

170 Cálculos providenciados por nós a partir de tabela publicada pelo citado relatório, CDDHC, 2012, p. 51.

CAPÍTULO 3 | O Brasil e alguns dos direitos humanos    149

> É claro que a CPI [Comissão Parlamentar de Inquérito] das milícias[171] tem um papel muito importante, mas ela só foi possível por causa da tortura aos jornalistas de "O Dia". A partir daí, a mídia se posiciona claramente, o poder público reage. (...) O próprio pedido da CPI só foi aprovado após a tortura aos jornalistas (...). Se torturar pé-rapado, o Estado, talvez, não precise dar tanta resposta. É uma tristeza dizer isso num relatório, embora seja verdade, um sinal de sinceridade. Mas é triste o Estado reconhecer que só a tortura contra pessoas de alta visibilidade deflagrou uma resposta do poder público.[172]

Não explicados, tais desaparecimentos geram impactos como os vivenciados pelos familiares de Amarildo, da Rocinha: eles não conseguem obter informações sobre seu paradeiro, não sabem se está vivo, não conseguem providenciar acesso a direitos gerados quando um familiar vai a óbito, têm maior dificuldade de acionar instâncias estatais eventualmente responsáveis.

Se no período ditatorial no Brasil a tortura era justificada para obter informações e depoimentos, atualmente sobre sua existência é proposta uma cortina que tenta justificá-la com o discurso do suposto combate à violência.

> O debate sobre violência é outro realizado com forte carga ideológica. Zizek (2014, p. 62) afirma que a própria imposição do que seja violento implicaria o estabelecimento de uma situação não violenta tida como normal, "ao passo que a forma mais alta de violência é justamente a imposição desse critério por referência ao qual certas situações passam a ser percebidas como 'violência'". Em artigo de 2012, Zizek cita novo exemplo. Acerca da acusação de "violentos"

---

171 O relatório da CPI citada por Cano afirma: "Desde que grupos de agentes do Estado, utilizando-se de métodos violentos passaram a dominar comunidades inteiras nas regiões mais carentes do município do Rio [de Janeiro], exercendo à margem da Lei o papel de polícia e juiz, o conceito de milícia consagrado nos dicionários foi superado. A expressão 'milícias' se incorporou ao vocabulário da segurança pública no Estado do Rio [de Janeiro] e começou a ser usada frequentemente por órgãos de imprensa quando as mesmas tiveram vertiginoso aumento, a partir de 2004. Ficou ainda mais consolidado após os atentados ocorridos no final de dezembro de 2006, tidos como uma ação de represália de facções de narcotraficantes à propagação de 'milícias' na cidade" (ALERJ, 2008, p. 34). Dicionários nacionais atribuem à "milícia" o significado de carreira, disciplina, vida militar, ou mesmo o conjunto da força militar de um país, sem, portanto, apontar a conotação advinda da realidade identificada pela citada Comissão.

172 CANO apud CDDHC, 2012, p. 57.

# 150  *Direitos humanos e Serviço Social*

> jovens das diversas experiências do movimento Occupy, esparramadas pelo mundo, pergunta:
>
> Os manifestantes são violentos? É verdade que sua linguagem pode parecer violenta (ocupação e tudo mais), mas eles são violentos apenas no sentido que Mahatma Gandhi era violento; são violentos porque querem dar um basta no modo como as coisas são feitas — mas o que é essa violência quando comparada àquela necessária para sustentar o suave funcionamento do sistema capitalista global?[173]

## 3.3.4 Experiências operativas de combate à tortura

A evolução histórica do debate em torno dos direitos humanos registra possibilidades de reconhecer que há, nele, dimensões operativas. Elas surgiram, como vimos no Capítulo 2, especialmente em reação a violações internacionalmente ocorridas, sobretudo no cenário das duas grandes guerras mundiais. Em outras palavras, ações cotidianas que (embora não isentas de contradições institucionais nem desprovidas de nítidos enfrentamentos entre distintos interesses) podem jogar luz sobre a ocorrência de violações de direitos, denunciá-las e propor formas de reduzir sua incidência no rumo de sua eliminação.

> Essa eliminação, por sua vez, depende do quanto formos capazes de construir uma sociabilidade alternativa à do capital, como nos alerta Karl Marx[174] ao diferenciar emancipação política da efetiva emancipação humana. Em nossa leitura, nessa obra, Marx afirma ser possível emancipar-se politicamente mesmo no âmbito do Estado sob a lógica do capital (ter acesso a meios de satisfação de determinadas necessidades, como a não discriminação por confissão religiosa). A origem do debate que realiza com Bruno Bauer em *Para a questão judaica* está na reivindicação de judeus de serem tratados com igualdade na Alemanha de então. Contudo, não seria possível acessar o que ele denomina emancipação humana em sociedades regidas pela exploração de seres humanos por outros.

---

173  ZIZEk, 2014, p. 17 (grifo original).

174  MARX, K. *Para a questão judaica*. São Paulo: Expressão Popular, 2009b.

> Essa possibilidade só seria possível em uma sociedade que Marx chama de comunista, sem a existência de classes sociais e sem a exploração do trabalho alheio. Em nossa leitura, decorrência disso é que também o acesso igualitário e universal a todas as necessidades humanas para uma vida digna depende de outra sociabilidade.

Neste bojo de possíveis alternativas encontram-se aquelas previstas pelas convenções e tratados internacionais da ONU e de outras instâncias regionais de defesa de direitos humanos. Como também já observamos, aquelas constantes de documentos internacionais subscritos pelo Brasil detêm reconhecimento legal conferido pelo artigo 5º da Constituição Federal hoje em vigor.[175] Cabe a nós utilizá-las, portanto, em formas de enfrentamento de fenômenos como a tortura, inclusive em ações profissionais, como veremos na conclusão deste livro.

Uma experiência em crescimento no Brasil é a formação de comitês e mecanismos de combate à tortura e a outros tratamentos cruéis e degradantes. Tais espaços, compostos por instituições da sociedade civil e por profissionais de reconhecido perfil e acúmulo, eleitos e em dedicação exclusiva às tarefas de apurar situações de tortura e afins, vêm contribuindo significativamente para a construção de proposições alternativas a situações que ainda persistem pelo país.

Inspirada nas previsões do Protocolo Facultativo à Convenção contra a Tortura e Outros Tratamentos ou Penas Cruéis, Desumanos ou Degradantes (aprovado em 1984 no âmbito da ONU e em vigor no Brasil desde 2007),[176] a existência dessas instâncias tem na Lei Estadual n. 5.778/2010[177] uma de suas principais referências,

---

175 Apontamos anteriormente limites e potencialidades existentes no âmbito da previsão legal de direitos, quando dialogamos sobre a importância de legislações nacionais como o ECA e de políticas como o SUS, além de termos expressado nossa concordância com observações de Marques (2011, p.195-209).

176 Cf. BRASIL, República Federativa do. *Decreto n. 6.085, de 19 de abril de 2007*. Promulga o Protocolo Facultativo à Convenção contra a Tortura e Outros Tratamentos ou Penas Cruéis, Desumanos ou Degradantes, adotado em 18 de dezembro de 2002. Brasília: Casa Civil, 2007b. Disponível em: <www.planalto.gov.br/ccivil_03/_Ato2007-2010/2007/Decreto/D6085.htm>. Acesso em: 16 maio 2015.

177 ALERJ — Assembleia Legislativa do Estado do Rio de Janeiro. Lei n. 5.778, de 30 de junho de 2010. Institui o Comitê Estadual para a Prevenção e Combate à Tortura do Rio de Janeiro e o Mecanismo Estadual de Prevenção e Combate à Tortura do Rio de Janeiro, e dá outras providências. Rio de Janeiro: Alerj, 2010. Disponível em: <http://alerjln1.alerj.rj.gov.br/contlei.nsf/b24a2da5a077847c032564f4005d4bf2/abd38a 182e33170383257757005bdb5c?OpenDocument>. Acesso em: 16 maio 2015.

152 *Direitos humanos e Serviço Social*

posto que foi a primeira experiência no Brasil de instauração de comitê e mecanismo em âmbito estadual. O Comitê Estadual é composto por representações dos três poderes do Estado, por conselhos profissionais e por representações de entidades da sociedade civil eleitas para sua composição. Além de avaliar e subsidiar a execução de ações de combate à tortura no Rio de Janeiro, o Comitê aprecia a atuação do Mecanismo de Combate à Tortura e tem por tarefa, entre outras, difundir práticas que rumem nesse sentido. Por sua vez, o Mecanismo é composto por seis membros, com notório conhecimento, atuação e experiência na defesa e promoção de direitos humanos. Sua seleção é feita em processo público, devendo ter caráter multidisciplinar, buscar equilíbrio de gênero e ter representados grupos étnicos e minorias existentes naquele estado. Sua eleição é feita pelos componentes do Comitê. Uma vez eleitos, os membros do Mecanismo têm mandato de quatro anos e devem ter dedicação exclusiva, sendo remunerados por esse período. O Mecanismo realiza visitas e apura denúncias de tortura no estado do Rio de Janeiro e apresenta, anualmente e de forma pública, relatório de suas ações, constatações, recomendações e providências tomadas.

Há, ainda, organizações e movimentos voltados para lutas contra a tortura, como o Grupo Tortura Nunca Mais, a Anistia Internacional, o Justiça Global e outras diversas instituições.

Conhecer esse conjunto de iniciativas, bem como a possibilidade de apresentação de denúncias anônimas, é fundamental para a ação de profissionais de distintas categorias, de pessoas e movimentos sociais que defendem direitos humanos. Eles não podem ficar restritos a princípios éticos defendidos por diferentes concepções: é necessário utilizar-se das possibilidades que já existem de atuar em sua defesa, já que, como vimos no capítulo inicial deste livro, eles correspondem às amplas e dialéticas necessidades que seres humanos criam ao longo da vida.

## 3.4 O direito à documentação civil e a universalização do acesso ao registro de nascimento

Em tempos contemporâneos, estar identificado e documentado tornou-se imperativo. Embora possa haver diversidade no cenário de cada nação quanto ao rol de documentação que é exigida para identificar cada cidadão, bem como quanto aos mecanismos de acesso a ela, é possível considerar que a documentação civil tornou-se uma necessidade humana, decorrente do atual modo de organização da sociedade.

Neste século, a manifestação oral de uma informação, do fato concreto do nascimento e dos vínculos familiares, não é suficiente para comprovar a existência e a identificação de uma pessoa, nem sua origem. Sobrepõe-se o valor da mensagem registrada no papel timbrado de órgãos da burocracia estatal: o documento oficial.

Desse modo, a apresentação de documento tornou-se condição para um indivíduo provar quem é e ter a possibilidade de acessar diferentes direitos. Ao longo da história da humanidade, uma vasta documentação foi aos poucos instituída, com o propósito de auxiliar os mecanismos de identificação dos sujeitos e, ao mesmo tempo, de promover a organização e o controle da vida social.

Assim, no Brasil, certidão de nascimento, carteira de identidade, cadastro de pessoa física (CPF), título de eleitor, carteira de trabalho e certificado de reservista (este, até o momento, somente para pessoas do sexo masculino) constituem o rol de documentação que cada pessoa deve adquirir ao longo de sua vida. Entretanto, o acesso a tais documentos ainda não está universalizado em território nacional. Trata-se de uma realidade que não é exclusividade brasileira: atinge também o cenário de diversos outros países.

A partir do século XX, tal questão tornou-se de interesse mundial e foi incorporada em Declarações Internacionais, por meio das quais se afirma a necessidade de identificação do indivíduo, afiançando a personalidade como um direito. Por meio de tais cartas também se busca comprometer as diversas nações signatárias com a universalização do acesso de seus patriotas à documentação.

Recentemente, a problemática da falta de documentação civil foi abordada no Fórum Mundial de Direitos Humanos, entre os dias 10 e 13 de dezembro de 2013, em Brasília (DF). No evento, um dos painéis versou sobre o tema "Registro Civil de Nascimento (RCN) na América Latina e no Brasil: o esforço da universalização" e contou com a explanação de representantes da Secretaria Especial de Direitos Humanos/Ministério da Justiça, do Ministério de Combate à Fome, do Ministério da Educação, do IBGE, do Conselho Latino-Americano e do Caribe de Registro Civil, Identidade e Estatísticas Vitais (Clarciev).[178]

Reconhecendo a falta de documentação — que atinge determinada parcela da população brasileira — como um problema social que precisa ser superado, algumas iniciativas começaram a ser adotadas, sobretudo nas últimas décadas,

---

178 O Clarciev tem 19 países-membros e foi fundado em 2005 com o propósito de possibilitar o intercâmbio de experiências no campo do registro civil e da identificação de pessoas.

154  *Direitos humanos e Serviço Social*

de modo a fomentar a universalização do acesso à documentação para todas as pessoas, sem discriminação.

Nesse sentido, considerando a amplitude da temática, a diversidade de documentos e as características deste livro, optamos por realizar um recorte focado na questão do registro civil de nascimento no Brasil. As considerações que serão apresentadas, embora versando sobre um único documento, fornecerão ao leitor um panorama sobre o inquietante contexto de dificuldade de acesso à documentação no país, que atinge, em especial, integrantes da classe social pauperizada, ainda que não lhe seja uma exclusividade.

Embora já devidamente documentadas, pessoas oriundas de diferentes classes sociais, mas vitimadas por situação de calamidades, desastres ambientais ou acidentes, também podem ficar sem sua documentação civil e, provavelmente, terão dificuldades para comprovar quem são e para obter a segunda via dos documentos. Como obter a segunda vida da certidão de nascimento sem lembrar em qual cartório foi feito o registro? E se tiver sido feito em estado diferente daquele em que a pessoa reside atualmente?

Também pessoas idosas atingidas por processos demenciais, que prejudicam sua capacidade de memória e de orientação, podem se perder pelas ruas da cidade ou ser propositalmente abandonadas e, ao serem abordadas ou acolhidas por instituições, não conseguirem fornecer informações. Como saber quem é essa pessoa? Quais são seus vínculos pessoais, familiares, sua história? De onde ela veio?

### 3.4.1 Nascimento: registro e certidão

A realização do registro das pessoas remonta à Antiguidade e possibilitava conhecer o quantitativo populacional, informação importante inclusive para fins militares. No período da Idade Média, percebe-se maior cuidado com a documentação de tais registros e investimento nessa prática ao longo dos séculos XIV e XV. A Igreja Católica realizava o registro de pessoas ilustres da sociedade daquele tempo (clero e realeza), bem como de seus fiéis. Com a separação entre Igreja e Estado, provocada pela Revolução Francesa, este, aos poucos, assumiu a função registral.[179]

---

179 PESSOA, J. L. de L. *Registro Civil de Nascimento*: direito fundamental e pressuposto para o exercício da cidadania. Brasil, 1988-2006. Campos dos Goytacazes, 2006. Dissertação (Curso de pós-graduação — Mestrado em Direito). Faculdade de Direito de Campos. Disponível em: <http://fdc.br/Arquivos/Mestrado/Dissertacoes/Integra/JaderLucioLimaPessoa.pdf>. Acesso em: 25 maio 2015.

O registro civil do nascimento de uma pessoa é a inscrição do ato de nascer no ofício de registro das pessoas naturais, de modo a publicizar e reconhecer oficialmente a existência do indivíduo para/pela sociedade. É um direito que, se violado, irá alimentar novas práticas de violações de direitos para cujo acesso se exige a apresentação da certidão de nascimento, a exemplo do acesso à educação formal.

O dever do registro indica que se trata de um fato juridicamente relevante para a sociedade. É por meio dele que o Estado identifica e reconhece seu cidadão.[180]

O registro do nascimento tem visibilidade para o público por meio da certidão de nascimento, que deve ser prova do registro e sem a qual o indivíduo não consegue acessar as demais documentações, que também são exigências para o exercício de diversos direitos: casar, votar e ser votado, realizar exames no SUS, matricular-se em unidades de ensino, abrir conta em banco, inscrever-se em programas sociais, obter vaga no mercado formal de trabalho. A importância do registro de nascimento guarda relação também com o cenário de algumas políticas públicas cujos planejamentos e execuções devem considerar a estimativa populacional e a taxa de natalidade.

Atualmente, a certidão de nascimento é um documento que contém dados biográficos do sujeito, os quais constituem um conjunto de informações específicas para cada indivíduo social que revelam sua origem, seus vínculos primários na sociedade com um núcleo familiar e com uma nação. O registro da data e do local de nascimento, com informação do município e do estado, vincula o nascido a um tempo histórico e a um território local, municipal, estadual e nacional.

## 3.4.2 Fundamentos no cenário internacional

No século XX, um dos principais documentos internacionais, a Declaração Universal dos Direitos Humanos, de 1948, destaca a importância de a pessoa humana ser reconhecida como tal e busca comprometer o Estado com o reconhecimento da individualidade de cada sujeito. O artigo 6º da referida Declaração anuncia: "Toda pessoa tem o direito de ser, em todos os lugares, reconhecida como pessoa perante a lei".

O reconhecimento formal da existência de uma pessoa se realiza com sua nomeação oficial mediante o registro de seu nascimento, a partir do qual cada sujeito passa a ser detentor de direitos e de deveres e tem suas origens familiares e pátrias estabelecidas. Neste sentido, o texto da referida Carta, em seu artigo 15, assegura que "toda pessoa tem direito a uma nacionalidade".

---

180 PESSOA, 2006.

156 *Direitos humanos e Serviço Social*

Em 1966, o direito de personalidade é claramente afiançado no texto do Pacto Internacional sobre Direitos Civis e Políticos, em cujo artigo 16 se lê: "toda pessoa terá direito, em qualquer lugar, ao reconhecimento de sua personalidade jurídica".

O reconhecimento do direito de personalidade também está presente no artigo 7º da Convenção das Nações Unidas sobre o Direito da Criança, aprovada em 1989: "Desde o nascimento, toda criança terá direito a um nome e a uma nacionalidade".

Com esse direito já afirmado em várias normativas, no ano 2000, o texto da Declaração do Milênio das Nações Unidas, em seu Capítulo V, sobre Direitos Humanos, Democracia e Boa Governança, investe na convocação dos países signatários a agir para assegurá-lo de fato. Estes devem, assim, "Esforçar-nos por conseguir a plena proteção e a promoção dos direitos civis, políticos, econômicos, sociais e culturais de todas as pessoas, em todos os países".

Em 2002, a Assembleia Geral das Nações Unidas sobre a Criança, em sua 27ª Sessão Especial, aprova o documento *Um mundo para as Crianças*, no qual define a estratégia de proteção dessa parcela populacional a ser implementada pelos países signatários, entre os quais se inclui o Brasil:

> Desenvolver sistemas que garantam o registro civil de todas as crianças ao nascer ou pouco depois disso, bem como o exercício de seu direito a ter um nome e uma nacionalidade, de acordo com a legislação nacional e os instrumentos internacionais pertinentes.[181]

Diante de um cenário mundial no qual se afirmam direitos e que pressiona por iniciativas que os assegurem efetivamente à população, alguns países adotaram medidas para buscar cumprir, ainda que lenta e parcialmente, os acordos dos quais são signatários, como é o caso do Brasil.

### 3.4.3 Fundamentos jurídicos no cenário nacional

Foi em fins do Brasil Império, em 1874, que o Decreto n. 5.604 regulamentou os registros civis de nascimentos, casamentos e óbitos. No entanto, foi o advento da República que fortaleceu essa responsabilidade estatal, retirando oficialmente essa

---

181 UNICEF — Fundo das Nações Unidas para a Infância. *Um mundo para as Crianças*. Relatório da Sessão Especial da Assembleia Geral das Nações Unidas sobre a Criança. A meta das Nações Unidas para o milênio. 2002. Disponível em: <http://www.unicef.org/brazil/pt/um_mundo.pdf>. Acesso em: 25 maio 2015.

obrigação das mãos da Igreja Católica, que, como acontecia em outros países, era quem controlava o registro dos nascimentos desde que este passou a ser feito em terras brasileiras.

O dever do registro civil é determinado pelo Decreto n. 9.886, de 7 de março de 1888, que institui a obrigatoriedade do registro de nascimento, casamento e óbito, em serviços que são criados pelo Estado. Este cede a gestão de tais serviços a figuras ilustres da sociedade, de modo vitalício e hereditário, alimentando os acordos e interesses políticos da era republicana.

No século XX, como signatário de diversas normas internacionais que reconhecem direitos individuais de cada pessoa, no que se inclui o direito de personalidade, que implica o reconhecimento formal da existência do indivíduo mediante o registro oficial de seu nascimento, o Brasil confere ao conteúdo desses documentos internacionais o caráter de norma vigente no cenário nacional. Assim, ao construir legislação própria, referenda os compromissos que assumiu no cenário mundial. Nesse sentido, ao longo das últimas décadas, um conjunto legislativo foi produzido a respeito dos laços de filiação e do registro civil de nascimento.

A Lei n. 6.015, de 31 de dezembro de 1973,[182] regula o registro civil no Brasil e é denominada Lei dos Registros Públicos. O direito ao Registro Civil de Nascimento alça *status* constitucional com a Constituição Federal de 1988, assegurado no Título II, que trata dos Direitos e Garantias Fundamentais, em seu artigo 5º, inciso LXXVI. A seguir, o inciso LXXVII assegura a gratuidade dos atos necessários ao exercício da cidadania. O Código Civil de 2002, Lei n. 10.406,[183] afirma que os nascimentos serão objeto de registro público (art. 9º) e que "toda pessoa tem direito ao nome, nele compreendidos o prenome e o sobrenome" (art. 16). A Lei n. 9.534/97,[184] por sua vez, universalizou o direito à gratuidade do Registro

---

182 BRASIL, República Federativa do. Lei n. 6.015 de 31 de dezembro de 1973. Dispõe sobre os Registros Públicos e dá outras providências. Brasília: Senado Federal, 1973. Disponível em: <http://www.planalto. gov.br/CCivil_03/leis/L6015original.htm>. Acesso em: 25 maio 2015.

183 BRASIL, República Federativa do. Lei n. 10.406, de 10 de janeiro de 2002. Institui o Código Civil. 2002. Disponível em: <http://www.planalto.gov.br/ccivil_03/leis/2002/L10406.htm>. Acesso em: 14 maio 2015.

184 BRASIL, República Federativa do. Lei n. 9.534 de 10 de dezembro de 1997. Dá nova redação ao art. 30 da Lei n. 6.015, de 31 de dezembro de 1973, que dispõe sobre os registros públicos; acrescenta inciso ao art. 1º da Lei n. 9.265, de 12 de fevereiro de 1996, que trata da gratuidade dos atos necessários ao exercício da cidadania; e altera os arts. 30 e 45 da Lei n. 8.935, de 18 de novembro de 1994, que dispõe sobre os serviços notariais e de registro. Disponível em: <http://www.planalto.gov.br/CCivil_03/leis/L9534.htm>. Acesso em: 20 maio 2015.

Civil de Nascimento em todo o território nacional, bem como à obtenção da primeira via da Certidão do Nascimento.

Sobre o sistema registral, a Constituição traz importantes alterações. Em seu artigo 227, § 6º, afirma: "Os filhos, havidos ou não da relação do casamento, ou por adoção, terão os mesmos direitos e qualificações, proibidas quaisquer designações discriminatórias relativas à filiação". E encerra a delegação dos serviços que realizam o registro civil a pessoas privadas escolhidas a partir de conveniências políticas, como passou a acontecer no início da era republicana. A Constituição institui que os responsáveis pelo Ofício do Registro Civil das Pessoas Naturais serão nomeados por meio de concurso público.

Nesse sentido, posteriormente, a Lei Federal n. 8.935/94, conhecida como Lei dos Cartórios,[185] regulamenta o artigo 236 da CF/88, ao definir sua natureza, atribuições e competências, e melhor especifica esse concurso público, a ser realizado pelo Poder Judiciário e do qual poderão participar os bacharéis em Direito.

Dialogando com o artigo 227, o Estatuto da Criança e do Adolescente reafirma o texto constitucional. E a Lei n. 8.560/92[186] regula a filiação no direito civil, determinando a investigação da paternidade dos filhos havidos fora do casamento.

Apesar dos avanços normativos, o Brasil, neste início de século, ainda conserva em seu território pessoas — crianças e adultos — que não conseguem acessar a certidão de nascimento e até que nunca tiveram o seu nascimento oficialmente registrado. Trata-se de um percentual populacional de exata proporção desconhecida, mas cujas vítimas diariamente aparecem em diferentes equipamentos do Estado, onde noticiam sua condição de não documentado. Porém, não conseguem uma resolução para a questão, que se configura, nos dias atuais, como uma grave violação a direitos humanos, já que sem documentos o acesso a direitos e benefícios resulta muitas vezes impossível.

---

185 BRASIL, República Federativa do. Lei Federal n. 8.935 de 18 de novembro de 1994. Regulamenta o art. 236 da Constituição Federal, dispondo sobre serviços notariais e de registro. (Lei dos cartórios). Disponível em: <http://www.planalto.gov.br/CCivil_03/leis/L8935.htm>. Acesso em: 25 maio 2015.

186 BRASIL, República Federativa do. Lei n. 8.560 de 29 de dezembro de 1992. Regula a investigação de paternidade dos filhos havidos fora do casamento e dá outras providências. Disponível em: <http://www. planalto.gov.br/CCivil_03/leis/L8560.htm>. Acesso em: 10 maio 2015.

### 3.4.4 O problema do sub-registro no Brasil

O Brasil é um dos vários países atingidos pela problemática do sub-registro de nascimento. Segundo parâmetros internacionais definidos pela ONU, seria de 5% o índice máximo para se considerar erradicado o sub-registro de nascimento em um país.

Por sub-registro de nascimento entende-se o conjunto de nascimentos ocorridos no ano de referência do levantamento Estatísticas do Registro Civil e não registrados no próprio ano ou até o fim do primeiro trimestre do ano subsequente.[187]

Recenseamento realizado em 2010 estimou que 600 mil crianças de até 10 anos não foram registradas no Brasil. Segundo Claudio Dutra Crespo, coordenador do tema "População e indicadores sociais" do IBGE,

> O sub-registro está concentrado num seguimento da população mais pobre. O resultado do Censo mostrou que 70% dos que não tinham registro possuíam renda *per capita* de até um quarto do salário mínimo. Há ainda algumas situações específicas, como a da população indígena e dos ribeirinhos, pois são pessoas que estão muito distantes, não só do cartório, como dos serviços, ou seja, onde os serviços avançam, melhoram o acesso ao registro de nascimento.[188]

É preciso destacar que esses números não contemplam a grave realidade de brasileiros adultos, inclusive idosos, que não tiveram seus nascimentos lavrados em cartório e que, deste modo, oficialmente ainda não existem. Não há, sequer, dados precisos que estimem a quantidade dessas pessoas. Trata-se de um contingente populacional atingido por situações

> de partos domiciliares, de migração populacional, daqueles que vivem em entidades de abrigo, da população de rua, daqueles com transtorno mental, da população carcerária e dos indígenas. Esse índice não foi computado ainda pelo IBGE, mas estima-se que seja de 20% da população brasileira.[189]

---

187 IBGE — Instituto Brasileiro de Geografia e Estatística. *Estatísticas do Registro Civil*, 2008. Disponível em: <http://www.ibge.gov.br/home/estatistica/populacao/registrocivil/2008/comentarios.pdf>. Acesso em: 25 fev. 2015.

188 Cf. RECIVIL. *Revista do Sindicato dos Oficiais de Registro Civil* — MG. Ano XIII, n.76, jan. 2014, p. 28.

189 JUSCORREGE, 2014, p. 5.

A explicação para esse quadro de sub-registro civil é diversificada e envolve situações que expressam as difíceis condições de vida de significativa parcela da população brasileira. Elas envolvem o desconhecimento da importância do documento, a espera das mães pela iniciativa do pai de assumir e registrar o filho, a falta de documentação dos pais, que a perderam ou nunca foram registrados, a distância dos cartórios de registro civil e as despesas de deslocamento,[190] além de causas como a ausência paterna por motivo de trabalho ou privação de liberdade,

Pesquisa realizada por Brasileiro[191] com mulheres em uma unidade pública de saúde do estado do Rio de Janeiro, entre os anos de 1999 e 2007, partiu da seguinte questão "Por que ainda não registrou seu filho?". As respostas obtidas foram: "esperando pelo pai"; "problemas com documentos do pai e/ou da mãe"; "o pai ou a mãe é relaxado"; "achavam que tinha multa"; "pai está trabalhando"; "problemas com a Declaração de nascido Vivo (DNV)"; "falta de tempo"; "dúvidas do pai quanto à paternidade"; "porque a mãe nunca foi registrada"; "não tem dinheiro para a passagem", entre outras. Nessas outras, aparecem as seguintes justificativas: "pai da criança faleceu"; "pai da criança é casado com outra mulher"; "mãe estava de resguardo"; "mãe é adolescente"; "filhos ficaram doentes"; "por nada, não"; "esperando aparecer um companheiro"; "pai não quer que os filhos estudem"; "pai da criança está preso"; "mãe não sabe andar sozinha na rua"; "pais estão brigados"; "o pai é dependente da avó".

Tais respostas ilustram bem a situação a que nos referimos anteriormente e a diversidade de razões para que o registro não seja efetivado.

### 3.4.5 Favorecendo o acesso

Segundo dados da Estatística do Registro Civil do IBGE, em 2002, era de 20,3% o índice estimado de sub-registro de nascimento. Uma década depois, esse percentual caiu para 6,7%, aproximando-se do índice razoável definido pela ONU.[192]

Essa queda pode ser explicada por algumas medidas que foram adotadas em território nacional, mas que ainda são insuficientes para erradicar tal violação de direitos.

---

190 JUSCORREGE, 2014, p. 5.

191 BRASILEIRO, T. V. *"Filho de"*: um estudo sobre o sub-registro de nascimento na cidade do Rio de Janeiro. Tese de Doutorado apresentada à PUC/RJ. 2008. (mimeo).

192 IBGE, 2012.

Vale conhecer, ainda que em linhas gerais, algumas dessas medidas. Para melhor visualização de como os estados da federação também podem contribuir para a questão, ilustramos o tema com a experiência do Rio de Janeiro.

### 3.4.5.1 GRATUIDADE UNIVERSALIZADA

A Lei n. 9.534, de 10 de dezembro de 1997,[193] assegurou a gratuidade universal do registro civil, bem como a obtenção da primeira via da respectiva certidão. Até então, a gratuidade contemplava somente aqueles que comprovassem insuficiência de recursos, o que gerava constrangimentos e dificuldades aos que necessitavam se enquadrar nessa qualificação, que acabavam por depender de ofícios emitidos pela Defensoria Pública ou por entidades assistenciais.

Apesar da importância da gratuidade assegurada pela referida lei, é preciso reconhecer que ela não contempla a situação daqueles que necessitam da segunda via do documento e não dispõem do valor monetário para pagar as custas cobradas pelos cartórios. Essa parcela da população ainda precisa se sujeitar à exigência de afirmar sua pobreza por meio de atestados emitidos por órgãos oficiais.

Um avanço nesse sentido ocorre no estado do Rio de Janeiro, onde, por meio do Ato Normativo Conjunto n. 27/2013, do Tribunal de Justiça e da Corregedoria-Geral de Justiça,[194] dispôs-se sobre a comprovação da hipossuficiência (carência) financeira, que é comprovada nos seguintes termos do artigo 2º:

> Para efeito de solicitação de gratuidade na prática de ato extrajudicial, ao fundamento de hipossuficiência, é necessária e suficiente a apresentação de declaração de pobreza, a qual deverá ser formalizada por escrito e assinada pelo interessado na prática do ato, podendo ser utilizado, para esse fim, formulário previamente impresso.
>
> §1º — Na declaração de pobreza deve constar, à luz do artigo 4º da lei 1.060/50, a afirmação do requerente de que não tem condições de efetuar o pagamento do valor dos emolumentos e acréscimos legais sem prejuízo de seu próprio sustento ou de sua família.

---

193 BRASIL, 1997.

194 TRIBUNAL de Justiça do Estado do Rio de Janeiro; CORREGEDORIA-GERAL de Justiça. *Ato Normativo Conjunto 27/2013*. Disponível em: <http://webfarm.tjrj.jus.br/biblioteca/index.html>. Acesso em: 25 jun. 2015.

162 *Direitos humanos e Serviço Social*

Para que a gratuidade não gere ônus aos cartórios, a Lei n. 10.169/2000[195] prevê a compensação aos registradores civis das pessoas naturais dos atos praticados gratuitamente.[196]

### 3.4.5.2 COMPROMISSO NACIONAL

Em dezembro de 2007, o Decreto n. 6.289[197] estabelece o Compromisso Nacional pela Erradicação do Sub-registro Civil de Nascimento e Ampliação do Acesso à Documentação Básica e institui o Comitê Gestor Nacional do Plano Social Registro Civil de Nascimento e Documentação Básica bem como a Semana Nacional de Mobilização para o Registro Civil de Nascimento e a Documentação Básica.[198]

O Comitê Gestor Nacional tem o objetivo de "promover a articulação dos órgãos e entidades envolvidos na implementação das ações relacionadas à erradicação do sub-registro civil de nascimento e ampliação do acesso à documentação civil básica" (art. 5º). Fomenta, em seu artigo 1º, § 1º, a atuação coletiva por parte de diferentes sujeitos, governamentais e não governamentais, nos seguintes termos:

> Os entes participantes do Compromisso atuarão em regime de colaboração e articulação com o Poder Judiciário e o Poder Legislativo, bem como com as serventias extrajudiciais de registro civil de pessoas naturais, as organizações dos movimentos sociais, os organismos internacionais, a iniciativa privada, a comunidade e as famílias, buscando potencializar os esforços da sociedade brasileira no intuito de erradicar o sub-registro no País e ampliar o acesso à documentação civil básica.[199]

---

195 BRASIL, República Federativa do. Lei n. 10.169 de 29 de dezembro de 2000. Regula o § 2º do art. 236 da Constituição Federal, mediante o estabelecimento de normas gerais para a fixação de emolumentos relativos aos atos praticados pelos serviços notariais e de registro. Disponível em: <http://www.planalto.gov.br/ccivil_03/leis/l10169.htm>. Acesso em: 20 maio 2015.

196 No estado do Rio de Janeiro, a Lei n. 6.281/2000 institui o Fundo de Apoio aos Registradores Civis das Pessoas Naturais (Funarpen/RJ), cujo gestor é o Tribunal de Justiça do Estado do Rio de Janeiro.

197 BRASIL, República Federativa do. Decreto n. 6.289 de 6 de dezembro de 2007. Estabelece o Compromisso Nacional pela Erradicação do Sub-registro Civil de Nascimento e Ampliação do Acesso à Documentação Básica, institui o Comitê Gestor Nacional do Plano Social Registro Civil de Nascimento e Documentação Básica e a Semana Nacional de Mobilização para o Registro Civil de Nascimento e a Documentação Básica. 2007a. Disponível em: <http://www.planalto.gov.br/ccivil_03/_Ato2007-2010/2007/Decreto/D6289.htm>. Acesso em: 20 maio 2015.

198 Pelo Decreto, a documentação básica civil é composta pelo Cadastro de Pessoa Física, Carteira de Identidade ou Registro Geral e Carteira de Trabalho e Previdência Social (CTPS).

199 BRASIL, 2007.

Apesar de incentivar a atuação conjunta, o Decreto não previu a participação da sociedade civil na composição do Comitê Gestor Nacional. Este é composto por 19 órgãos federais e "coordenado pela Secretaria Especial dos Direitos Humanos", a qual deve fornecer apoio administrativo e os meios necessários à execução dos trabalhos do Comitê Gestor Nacional.

O Compromisso prevê a assinatura de um termo de adesão voluntária, pelos municípios, estados[200] e Distrito Federal, os quais deverão observar as diretrizes estabelecidas no Decreto, realizar ações direcionadas a erradicar o sub-registro civil de nascimento e ampliar o acesso à documentação básica. Nessa direção, devem instituir comitês gestores para planejar, implementar, monitorar e avaliar as ações.

O Compromisso Nacional prevê ainda a Semana Nacional de Mobilização, cuja finalidade é a promoção de ações conjuntas e articuladas entre União, estados, municípios e Distrito Federal para fomentar o acesso à documentação civil básica.

No bojo do comprometimento com a causa do acesso à documentação, iniciativas importantes emergiram no cenário do estado do Rio de Janeiro. Entre elas estão: 1) o Posto de Atendimento Especializado para Identificação Civil, criado mediante convênio entre a Defensoria Pública Geral do Estado do Rio de Janeiro e o Departamento de Trânsito do Estado do Rio de Janeiro (Detran-RJ), para atendimento à população em situação de rua e de vulnerabilidade, bem como daqueles que se declararem hipossuficientes economicamente; 2) a Secretaria de Apoio à Comissão de Erradicação do Sub-Registro da Corregedoria-Geral da Justiça do Estado do Rio de Janeiro/TJRJ, criada em 2009, pelo Provimento CGJ n. 24; 3) a Comissão Permanente Multidisciplinar de Erradicação do Sub-Registro Civil de Nascimento e Ampliação do Acesso à Documentação Básica do Ministério Público do Estado do Rio de Janeiro, instituída pela Resolução GPGJ (Gabinete do Procurador-Geral de Justiça) n. 1931, de 27 de agosto de 2014.[201]

---

200 Em 2011, o Rio de Janeiro, por meio do Decreto Estadual n. 43.067, regulamentou a implantação e o funcionamento do Comitê Gestor Estadual de Políticas de Erradicação do Sub-Registro de Nascimento e Ampliação do Acesso à Documentação Básica. A importante inovação deste está em sua composição, que, além dos órgãos governamentais, conta com 11 vagas para entidades representativas da sociedade civil, com mandato de dois anos, permitida uma recondução.

201 CPGJ — Gabinete do Procurador-Geral de Justiça. *Resolução n. 1931, de 27 de agosto de 2014.* Institui a Comissão Permanente Multidisciplinar de Erradicação do Sub-Registro Civil de Nascimento e Ampliação do Acesso à Documentação Básica. 2014. Disponível em: <http://www.mprj.mp.br/documents/112957/1511114/RESOLUCAO_GPGJ_n_1931_de_2014.pdf>. Acesso em: 2 jun. 2015.

164   *Direitos humanos e Serviço Social*

Uma leitura atenta dessas iniciativas permite perceber que elas existem em instituições distintas. Tal processo pode advir da ausência de uma política de estado para essa demanda, que articule as diversas iniciativas locais e viabilize maior percepção, pela população, das possibilidades de efetivo acesso, gratuito e universal, à documentação civil em quaisquer etapas de suas vidas.

### 3.4.5.3 REGISTRO TARDIO DE NASCIMENTO

Reconhecendo a existência de um percentual populacional que não foi registrado logo ao nascer, a Lei Federal n. 11.790/2008[202] altera o artigo 46 da Lei n. 6.015[203] e busca desburocratizar os procedimentos, ao admitir a realização de registros tardios de nascimento mediante procedimento realizado diretamente no Cartório de Registro Civil de Pessoas Naturais. Até então o registro tardio do nascimento de uma pessoa somente se realizava por meio de uma ação judicial. Com as novas regras, a intervenção do Judiciário ocorre somente nos casos em que haja suspeita de falsidade das informações prestadas pelo requerente. A lei fomenta a desjudicialização da questão e, ao desburocratizar os procedimentos, pode favorecer o registro tardio do nascimento de várias pessoas, sobretudo adultas, já que suprime a exigência de assistência jurídica de um advogado ou defensor público. Agora o registro do nascimento deve ser solicitado direta e pessoalmente no cartório, sem intermediários e sem precisar enfrentar o tempo de um processo judicial.

### 3.4.5.4 UNIDADES INTERLIGADAS

Para favorecer o registro da criança logo nos primeiros dias de vida, o Conselho Nacional de Justiça (CNJ),[204] por meio do Provimento 13/2010, em seu artigo 1º, resolveu que

> A emissão de certidão de nascimento nos estabelecimentos de saúde que realizam partos será feita por meio da utilização de sistema informatizado que, via rede mundial de computadores, os interligue às serventias de registro civil existentes nas

---

202 BRASIL, República Federativa do. Lei n. 11.790 de 2 de outubro de 2008. Altera o art. 46 da Lei n. 6.015, de 31 de dezembro de 1973 — Lei de Registros Públicos, para permitir o registro da declaração de nascimento fora do prazo legal diretamente nas serventias extrajudiciais, e dá outras providências. Disponível em: <http://www.planalto.gov.br/ccivil_03/_ato2007-2010/2008/lei/l11790.htm>. Acesso em: 25 maio 2015.

203 BRASIL, 1973.

204 CNJ — Conselho Nacional de Justiça. *Provimento 13/2010*. Dispõe sobre a emissão de certidão de nascimento nos estabelecimentos de saúde que realizam partos. Disponível em: <http://www.cnj.jus.br/images/stories/docs_corregedoria/provimentos/provimento_13.pdf>. Acesso em: 10 maio 2015.

Unidades Federativas e que aderiram ao Sistema Interligado, a fim de que a mãe e/ou a criança receba alta hospitalar já com a certidão de nascimento.

A implantação das Unidades Interligadas ocorre sob a supervisão das Corregedorias-Gerais de Justiça dos Estados e do Distrito Federal e do CNJ e já vem se dando em algumas unidades da federação. No Rio de Janeiro, 51 unidades interligadas foram implantadas até janeiro de 2016.[205]

Essa é uma das principais iniciativas para universalizar o acesso ao registro de nascimento e favorecer, que a criança tenha sua certidão de nascimento emitida antes de sair da maternidade. Mas sua eficiência e eficácia certamente exigem mais do que a norma. A materialização dessa iniciativa requer algumas condições, como tecnologia de informação e espaço físico disponíveis para o funcionamento da base de atendimento do cartório de Registro Civil na unidade de saúde, bem como horário de funcionamento compatível com o período de visitações e altas hospitalares, de modo que pais e mães tenham de fato possibilidade de acesso ao serviço.

## 3.4.5.5 DECLARAÇÃO DE NASCIDO VIVO

A DNV é o documento necessário para a concretização do registro do nascimento, que era realizado mediante declaração verbal do pai, confirmada por duas testemunhas. Está regulamentada pela Lei 12.662/2012,[206] que eleva sua importância ao reconhecer sua validade como identidade provisória até que seja feito o registro civil do nascimento. Assim, o número de identificação da DNV, que é nacional e unificado, passa a constar na certidão de nascimento. Contém as informações sobre o nascimento da criança e deve ser expedida pelo profissional da unidade de saúde onde o bebê nasce, sendo uma para cada nascido vivo. Caso o parto não ocorra em unidade de saúde e não haja DNV, para fazer o registro de nascimento, o registrador pode solicitar declaração do médico ou da parteira que assistiu ao parto, bem como requerer o depoimento de duas testemunhas que tenham visto o recém-nato.

---

205 Disponível em: <http://www.tjrj.jus.br/web/guest/home/-/noticias/visualizar/28507>. Acesso em: 19 abr. 2016.

206 BRASIL, República Federativa do. Lei n. 12.662 de 5 de junho de 2012. Assegura validade nacional à Declaração de Nascido Vivo — DNV —, regula sua expedição, altera a Lei n. 6.015, de 31 de dezembro de 1973, e dá outras providências. Disponível em: <http://www.planalto.gov.br/ccivil_03/_Ato2011-2014/2012/Lei/L12662.htm>. Acesso em: 25 maio 2015.

166   *Direitos humanos e Serviço Social*

O reconhecimento da DNV como documento tende a favorecer o acesso das crianças a políticas e serviços públicos. Porém, é preciso cuidar para que não sirva para postergar a obtenção da certidão de nascimento, mediante o devido registro.

A DNV é fornecida pelo Ministério da Saúde e a sistematização de seus dados alimenta o Sistema de Informações sobre Nascidos Vivos (Sinasc), o qual é importante para orientar as políticas públicas, já que gera indicadores de saúde. Além disso, a inserção dos dados em um banco próprio possibilita o cruzamento de tais informações com outros bancos de dados, ampliando a margem de conhecimento da realidade e de adoção de políticas e medidas que qualifiquem esse cenário.

É importante observar também que o formulário da DNV prevê a inserção do nome e do prenome da mãe e do pai. Entretanto, reconhecendo a existência de diferentes modelos de família, já há decisão judicial autorizando a emissão da declaração de nascido vivo em nome das duas mães da criança.[207]

### 3.4.5.6 BANCO DE DADOS DE REGISTRO CIVIL

Em 2014, o Decreto Federal n. 8.270,[208] em seu artigo 1º, institui o Sistema Nacional de Informações de Registro Civil (Sirc), com a finalidade de captar, processar, arquivar e disponibilizar dados relativos a registros de nascimento, casamento, óbito e natimorto, produzidos pelas serventias de registro civil das pessoas naturais.

A ideia é que a reunião de informações padronizadas em uma base de dados própria e centralizada possa subsidiar o planejamento e a gestão de políticas públicas, no que se incluem as ações de erradicação do sub-registro. Além disso, dificulta a falsificação de documentos e facilita a emissão de segunda via destes.

Os dados devem ser inseridos pelas serventias de registro civil de todo o país. Os custos de desenvolvimento, manutenção, operação e demais atividades de tecnologia da informação necessária para o funcionamento do Sirc têm previsão no orçamento do Instituto Nacional do Seguro Social (INSS).

---

207 Decisão proferida na 1ª Vara de Família da Comarca do Rio de Janeiro, que reconheceu o direito a duas mulheres que compartilhavam união estável há sete anos e recorreram à fertilização *in vitro* e à doação anônima de esperma para gerarem o filho desejado. Disponível em: <http://ibdfam.org.br/noticias/5213/+ Pa%C3%ADs+tem+primeira+declara%C3%A7%C3%A3o+de+nascido+vivo+em+nome+de+duas+m %C3%A3es%22>. Acesso em: 25 maio 2015.

208 BRASIL, República Federativa do. Decreto n. 8.270 de 26 de junho de 2014. Institui o Sistema Nacional de Informações de Registro Civil (Sirc) e seu comitê gestor, e dá outras providências. Disponível em: <http:// www.planalto.gov.br/ccivil_03/_Ato2011-2014/2014/Decreto/D8270.htm>. Acesso em: 25 maio 2015.

O Sirc é administrado por um comitê gestor, formado pela Secretaria de Direitos Humanos, pelos ministérios da Previdência Social, Justiça, Defesa, Relações Exteriores, Fazenda, Desenvolvimento Social e Combate à Fome, Saúde e Planejamento, Orçamento e Gestão, pelo INSS e pelo IBGE.

Tendo em vista sua recente aprovação, é provável que as medidas para seu efetivo funcionamento estejam ainda em curso, sendo preciso considerar, inclusive, a diversidade de condições de funcionamento das serventias de registro civil nas diferentes regiões geográficas do Brasil e mesmo em suas grandes cidades e regiões metropolitanas. Contudo, desde já é possível reconhecer a importância fundamental da unificação desses dados nacionais, pois, além de subsidiar a formulação de políticas públicas, favorece a pesquisa de registros de nascimento. Ela é necessária para a emissão de segunda via da certidão de nascimento de pessoas que não sabem onde e se foram efetivamente registradas, o que é condição para o requerimento do registro tardio.

Além disso, há, ainda, a possibilidade de cruzar os dados de nascimento com os dados do registro civil, de modo a monitorar se os nascidos foram de fato registrados. A importância de tais ações não se restringe a um reconhecimento formal da existência das pessoas. Elas são fundamentais para subsidiar o planejamento de políticas públicas.

## 3.4.5.7 REGISTRO PELA MÃE

A Lei n. 13.112,[209] de 30 de março de 2015, ao alterar a Lei n. 6.015/73, reconheceu a igualdade de condições entre o pai e a mãe para declarar o nascimento do filho, já que até então havia uma hierarquia com prevalência da figura paterna e a mãe só agia na falta ou impedimento paterno. Entretanto, sendo a mãe sozinha a efetivar o registro do nascimento, a certidão da criança somente terá o nome do pai se for apresentada certidão que comprove que os genitores se casaram antes do nascimento do bebê. Há, nesse caso, uma presunção de que o marido é o pai da criança. Sem isso, é preciso que o pai reconheça a paternidade, comparecendo perante o Serviço de Registro Civil, ou que apresente declaração com firma reconhecida com esse teor ou, ainda, por meio de procurador legalmente constituído para tal finalidade.

---

209 BRASIL, República Federativa do. Lei n. 13.112, de 30 de março de 2015. Disponível em: <http://www.planalto.gov.br/ccivil_03/_Ato2015-2018/2015/Lei/L13112.htm>. Acesso em: 25 maio 2015.

168    *Direitos humanos e Serviço Social*

A importância dessa lei, que altera o artigo 52 da Lei de Registros Públicos,[210] tem amparo na igualdade legal para homens e mulheres anunciada no texto constitucional de 1988. Finalmente, 27 anos depois, o Estado legitima a mulher para, em condição de igualdade com o homem, declarar oficialmente que seu filho nasceu. Reconhece, ainda, as novas configurações familiares existentes na contemporaneidade.

### 3.4.6 Registro civil de nascimento para todos

A necessidade de registrar o nascimento de uma criança, bem como de emitir uma certidão que comprove tal registro, é uma construção histórica, ou seja, nasce e se fortalece à medida que a organização da vida social se torna mais complexa.

Neste início de século, o registro civil do nascimento, que não é elemento novo da trajetória da humanidade nem do Brasil, assume um grau de relevância que certamente não fora imaginado no momento de sua gênese.

Tal fato guarda relação com a luta por direitos ao mesmo tempo que atende a interesses do Estado no que se refere a estudos demográficos e ao planejamento das políticas públicas. Assim, um conjunto de medidas passou a ser adotado em território nacional para combater o sub-registro e universalizar o acesso ao registro civil.

Tais iniciativas são relevantes e já proporcionaram significativa redução da taxa de sub-registro no Brasil, que se aproxima do patamar internacional de erradicação (5%, como já citado). Conforme dados do relatório *Estatísticas do Registro Civil*, do IBGE,[211] em uma década o sub-registro de nascimento caiu de 18,8%, em 2003, para 5,1%, em 2013.

Entretanto, a queda de tal taxa não enseja definitiva e completa superação da problemática brasileira de não universalização do acesso à documentação que vitima muitos brasileiros. Ana Gabriela Sambiase, coordenadora-geral de Gestão de Processamento do Ministério de Combate à Fome, em 2013, no Fórum Mundial de Direitos Humanos, retratou bem a situação. A representante do Governo Federal, ao versar sobre o Cadastro Único para Programas Sociais do Governo Federal, anunciou

> a inovação de permitir o cadastro de pessoas sem registro de nascimento nos programas do Governo Federal, como o Fome Zero, com os dados das pessoas sendo

---

210 BRASIL, 1973.

211 IBGE — Instituto Brasileiro de Geografia e Estatística. *Estatísticas do Registro Civil*, 2013. Rio de Janeiro: IBGE, v. 40, p. 1-212, 2013d.

coletados e integrados ao Cadastro Único para identificação e localização, estando nesta situação mais de 20 mil famílias brasileiras.[212]

Considerando que documentos pessoais são exigidos para que uma pessoa possa acessar direitos básicos de sobrevivência, que o registro civil de nascimento é obrigatório, que a certidão de nascimento é o primeiro documento que uma pessoa deve ter, que é a partir desta que outros documentos são gerados, a ausência do registro do nascimento e da posse da certidão de nascimento para uma parcela da população constitui grave cenário de violação de direitos.

Nesse sentido, a implementação de uma política de universalização do acesso à documentação é medida urgente e imprescindível, não podendo ser compreendida como assistencialismo ou paternalismo por parte do Estado. Ela é expressão da obrigatoriedade e responsabilidade do Estado com a garantia dos direitos a todas as pessoas. Afinal, se o Estado estabelece exigências, obrigações e condicionalidades para acesso a direitos e benefícios, parece razoável que assegure as condições efetivas para que estas sejam cumpridas.

Mas o Estado não é apenas um conceito teórico, não é uma abstração: sua existência se materializa por meio da atuação de seus agentes. Assim, é importante uma prática profissional comprometida com a garantia dos direitos à população, por parte dos diferentes profissionais que atuam direta ou indiretamente com essa temática e que diariamente atendem a pessoas que não possuem documentos.

Essas pessoas sem documentos não são invisíveis. Muitas delas estão institucionalizadas em unidades governamentais, tais como hospitais, instituições psiquiátricas, abrigos, penitenciárias. Outras, ao longo de sua vida, comparecem a estes ou outros órgãos do Estado, locais em que, geralmente, a falta da documentação torna-se fato conhecido de algum agente ou funcionário que atende a esse público. Não são poucos os casos que poderíamos relatar de pessoas que há décadas mantêm algum contato com a esfera governamental, mas continuam sem seus documentos.

Parece que essa visível violação de direitos tem sido banalizada de modo recorrente pelo Estado, na ação ou omissão de seus agentes, na ausência de implementação de uma política de documentação, na indefinição de fluxos de atendimento, na ausência dos encaminhamentos necessários para a resolução de tal situação.

---

212 RECIVIL, 2014, p. 15.

Exemplo grave desse cenário ocorre no sistema penal e prisional, no qual o estado age para prender e punir o indivíduo, mas não para, universalmente, prover sua documentação. Cifuentes[213] noticia que só no estado do Rio de Janeiro são 3.988 presos sem documentação civil. Como dizer que essa parcela populacional é invisível se é atendida no cenário do Poder Judiciário para julgá-la e condená-la e no âmbito do Poder Executivo para a execução da pena?

A superação desse panorama violador exige uma atuação responsável por parte do Estado para assegurar o registro daqueles que nasceram em tempos recentes, bem como em décadas pretéritas, com a implantação de políticas públicas consistentes, competentes e permanentes que de fato possibilitem o acesso à documentação a todas as pessoas. Como afirma Brasileiro (2013): "Não basta reduzir o número atual [de sub-registros], é preciso manter uma política, senão o problema volta com as migrações, as catástrofes e outras situações".[214]

A falta do registro do nascimento e da posse da respectiva certidão atinge o sujeito de modo contundente, visto que os dados de sua biografia contribuem para a construção de sua história, de sua individualidade, de seus vínculos e para o acesso à satisfação de suas necessidades.

---

213 CIFUENTES, P. Os presos invisíveis do Rio de Janeiro. Jornal *El País*. 20 dez. 2014. Disponível em: <http://brasil.elpais.com/brasil/2014/12/19/politica/1419025706_073859.html>. Acesso em: 25 maio 2015.

214 CRESS-RJ — Conselho Regional de Serviço Social. Política de combate ao sub-registro fez cair à metade o número de casos. *Práxis*, n.72, jul./ago. 2013, p.4-5. Disponível em: <http://www.cressrj.org.br/download/praxis/praxis 72web.pdf>. Acesso em: 25 maio 2015.

# Capítulo 4

# Conclusões

## Introdução

Feito o percurso que nos propusemos, é tempo de provocar uma última reflexão. Como vimos, necessidades humanas são, muitas vezes, satisfeitas ou não na sociedade contemporânea por meio de políticas sociais, especialmente as públicas. Estas, contudo, vêm sendo constantemente transformadas em mercadorias, de forma a tentar viabilizar maior lucratividade para setores capitalistas. Além disso, governos em praticamente todo o mundo promovem a depreciação das políticas que permanecem no âmbito público. Persistem afirmando não ter dinheiro para sua implantação com qualidade (naquela lógica vista no Capítulo 2 deste livro, da implementação progressiva de alguns dos direitos humanos). Ao mesmo tempo, porém, desviam praticamente metade do fundo público (caso do Brasil) para o pagamento de dívidas que a população não fez, não contraiu, mas cujos impactos acaba sofrendo. Basta lembrar que toda vez que um banco privado ou uma empresa ameaçam ir à falência recorrem a bancos públicos para sua sobrevivência. As condições de trabalho também não são as melhores possíveis. Constantemente nos vemos em situações de grande carga de tarefas, baixa remuneração, pouca organização coletiva... Em outras palavras, não é uma conjuntura fácil para quem atua profissionalmente com políticas públicas ou em outras áreas de ação profissional.

Ainda assim, será que isso justifica ações profissionais omissas ou violadoras de direitos?

## 4.1 O risco de violar direitos por ação ou omissão

O caminho para essa reflexão passa por um diálogo sobre o papel das profissões e sobre a existência de códigos de ética profissionais que orientam a atuação dos componentes de cada profissão. Nosso principal horizonte, em função de nossa própria graduação e do título e propósito deste livro, será um diálogo a partir de acúmulos do Serviço Social brasileiro.

Podemos dizer que profissões são coletivos de pessoas que detêm, em comum, um conjunto de habilidades que lhes são próprias. Isso, contudo, não basta: na divisão social e técnica do trabalho que é realizado, elas recebem determinada função social. Isso vale para quem leciona, conduz transportes públicos, vende mercadorias, preserva parques e jardins, entre tantas outras funções sociais. Isso também vale para profissões como Medicina, Psicologia, Enfermagem, Arquitetura, Direito, Serviço Social.

Algumas dessas profissões estão regulamentadas por leis que preveem a existência de conselhos profissionais, responsáveis por fiscalizar e normatizar o exercício profissional. Embora, em geral, as pessoas associem essas instituições à defesa do público que a compõe, o fato é que conselhos profissionais existem para a defesa da população em relação ao eventual mau exercício profissional em sua área de atuação. Isso nos leva a uma outra dificuldade: como definir o que é ou não lesivo e prejudicial à população? Como definir o que é um fazer profissional ético, qualitativo e comprometido com a promoção do acesso a direitos? Como prever cada situação individual que pode ocorrer ao longo de milhões de histórias de vida que, apesar de semelhantes em função da sociedade em que se vive, também guardam suas particularidades?

Uma das formas encontradas para responder a tais processos foi a elaboração de códigos de ética. Quem os elabora e aprova, além de acompanhar sua aplicação ou não, são as próprias pessoas que integram cada profissão. No que diz respeito ao Serviço Social, por exemplo, o código em vigor foi aprovado pela categoria no ano de 1993 após uma série de eventos e debates nacionais que reuniram milhares de assistentes sociais. Foi esse público que discutiu e deliberou sobre valores, obrigações e impedimentos que regulam o exercício dessa profissão no Brasil.

> O Serviço Social brasileiro já teve cinco códigos de ética, frutos das alterações ocorridas no âmbito da própria profissão e de como se propõe enfrentar os papéis e desafios que a sociedade lhe apresenta. Assim, em 1947, 1965, 1975, 1986 e 1993 diferentes códigos previram os comportamentos éticos esperados de assistentes sociais. A íntegra de seus textos pode ser conhecida pela página eletrônica do Conselho Federal de Serviço Social (CFESS): <www.cfess.org.br>. O código de 1993 foi discutido ao longo de alguns anos em território nacional, com a participação de assistentes sociais e estudantes e das organizações nacionais da categoria.[1]

Como nos chama atenção o Conselho Regional de Serviço Social do Rio de Janeiro (Cress-RJ), contudo, um código não deve ser visto apenas como um conjunto de normas legais:

> Há situações em que o Código de Ética é visto apenas em sua dimensão "legal": seria um horizonte para que cada profissional soubesse que atitudes são esperadas de sua atuação, bem como (especialmente) aquelas que deveria evitar, de modo a não motivar denúncias éticas contra si. Esvazia-se o conteúdo conceitual, político e teleológico do Código, em nome de seu caráter "normativo".[2]

Assim é que uma leitura atenta de códigos de ética permite perceber os fundamentos a partir dos quais suas previsões são construídas. No que se refere ao Serviço Social, essa intencionalidade é ainda mais explícita: o código de ética de assistentes sociais em vigor no Brasil é aberto com 11 princípios fundamentais. Articulados entre si, e com profunda inter-relação, essas 11 proposições se desdobram em elementos para a crítica da sociedade vigente, para o fomento à luta por direitos e para a orientação do exercício profissional[3]. Como o público deste livro não é necessariamente composto apenas de profissionais e estudantes de Serviço Social (por quem esses princípios são, certamente, conhecidos), permitimo-nos reproduzi-los:

---

1   CFESS — Conselho Federal de Serviço Social. *Código de ética do/a assistente social*. Lei n. 8.662/93 de regulamentação da profissão. 10. ed., rev. e atual. Brasília: Conselho Federal de Serviço Social, 2012. p. 20-21.

2   CRESS-RJ — Conselho Regional de Serviço Social. *Projeto ético-político e exercício profissional em Serviço Social*: os princípios do Código de Ética articulados à atuação crítica de assistentes sociais. Rio de Janeiro: Cress-RJ, 2013. p. 7.

3   Como pode, aliás, ser apreendido da leitura da publicação do Cress-RJ (2013), citada há pouco. Nela, 11 assistentes sociais dialogam sobre cada um dos princípios, buscando articulá-los com diversas dimensões do exercício profissional.

# 174 *Direitos humanos e Serviço social*

I. reconhecimento da liberdade como valor ético central e das demandas políticas a ela inerentes — autonomia, emancipação e plena expansão dos indivíduos sociais;

II. defesa intransigente dos direitos humanos e recusa do arbítrio e do autoritarismo;

III. ampliação e consolidação da cidadania, considerada tarefa primordial de toda sociedade, com vistas à garantia dos direitos civis sociais e políticos das classes trabalhadoras;

IV. defesa do aprofundamento da democracia, enquanto socialização da participação política e da riqueza socialmente produzida;

V. posicionamento em favor da equidade e justiça social, que assegure universalidade de acesso aos bens e serviços relativos aos programas e políticas sociais, bem como sua gestão democrática;

VI. empenho na eliminação de todas as formas de preconceito, incentivando o respeito à diversidade, à participação de grupos socialmente discriminados e à discussão das diferenças;

VII. garantia do pluralismo, através do respeito às correntes profissionais democráticas existentes e suas expressões teóricas, e compromisso com o constante aprimoramento intelectual;

VIII. opção por um projeto profissional vinculado ao processo de construção de uma nova ordem societária, sem dominação, exploração de classe, etnia e gênero;

IX. articulação com os movimentos de outras categorias profissionais que partilhem dos princípios deste Código e com a luta geral dos/as trabalhadores/as;

X. compromisso com a qualidade dos serviços prestados à população e com o aprimoramento intelectual, na perspectiva da competência profissional;

XI. exercício do Serviço Social sem ser discriminado/a, nem discriminar, por questões de inserção de classe social, gênero, etnia, religião, nacionalidade, orientação sexual, identidade de gênero, idade e condição física. [4]

Portanto, ainda que as profissões existam em função de interesses sociais, em geral previstos pelo Estado, o sentido de sua atuação é disputado por seus próprios componentes, à medida que afirmam seus valores e as direções para as quais orientam seu exercício profissional. Apreender o código como um documento que reúne dimensões normativas e políticas é potencializá-lo para, inclusive, ser utilizado

---

4   CFESS, 2012.

como importante instrumento de disputa da ação profissional. Afinal, é de se imaginar que as instituições, em sua imensa maioria, não contratarão assistentes sociais ou outros profissionais para atuarem, profissionalmente, no sentido de uma sociedade anticapitalista, dimensão explícita nos 11 princípios há pouco reproduzidos.

Ocorre que a defesa dessa perspectiva profissional se dá, simultaneamente, por ações coletivas e individuais. Embora cada profissional tenha sua responsabilidade e possibilidade de contribuição na luta por direitos, a atuação coletiva é sempre mais interessante, rica e tende a obter melhores resultados.

Assim, o exercício de qualquer profissão não é uma prática descolada da realidade; não é uma atuação mecânica e burocrática desconectada das diversas dimensões da vida social. As profissões têm história, se explicam e se realizam em profunda conexão com a conjuntura da sociedade e atendem a interesses. Por vezes, simultaneamente, a distintos interesses. Basta pensarmos no papel histórico de políticas sociais. Se é fato que, como afirmamos anteriormente, elas potencializam o acesso à satisfação de necessidades humanas, também o é que cumprem um papel ideológico de ocultar as principais contradições da sociedade, dificultando a apreensão das lutas de classes que ocorrem, por exemplo, na distribuição de quem efetivamente tem maior acesso a valores arrecadados de impostos que, junto de outras fontes, constituem o fundo público de cada país.

Não há, portanto, neutralidade no exercício profissional. Qualquer de nossas ações alimenta projetos de sociedade e de profissão que não necessariamente são os mesmos. Em um modo de organização da vida social no qual trabalhadores e trabalhadoras vivenciam a alienação do processo de trabalho, muitas vezes não conseguem perceber o quanto e como sua prática profissional se vincula a um ou outro projeto social. Trata-se de um grande desafio: perceber o que estamos construindo em nossa ação profissional, em nosso trabalho, como sujeitos históricos que somos.

Ao longo deste livro, você teve contato com dados da realidade que demonstram inúmeras violações de direitos. Possivelmente eles o chocaram ou, no mínimo, indignaram, geraram desconforto e dúvidas. Você os repudia e não gostaria de compactuar com eles, nem com a sociedade capaz de gerar essas expressões. No entanto, sem uma reflexão crítica sobre a atuação profissional, a tendência é que nos deixemos envolver pela burocracia, pelos atos formais, pelas ações reiterativas e repetitivas, perdendo a perspectiva do vínculo que afirmamos ter com a garantia de direitos. Muitas vezes, ainda, acabamos por banalizar situações de violações contra as quais deveríamos agir para evitar e, quando possível, extinguir. É preciso perceber que

Cada vez que nos negamos ao atendimento de longas filas de usuários, sem propor-lhes alternativas, tomamos uma decisão política. A cada silêncio diante de violações de direitos (de torturas e violências à ausência de espaços de efetiva participação de usuários na definição das políticas) estas violações se cristalizam. A cada discurso fatalista que assumimos ("não há o que fazer"; "as condições de trabalho me impedem agir"; "se disser o que penso serei transferido"; "corro o risco de perder meu emprego" etc.), sem acionar saídas para ações alternativas (movimentos sociais; movimento sindical; sistemas nacional e internacional de proteção a direitos humanos etc.), também violamos direitos. Deixamos de responder, com a qualidade que nossa graduação nos possibilita, a demandas legítimas.[5]

Em uma sociedade cujo modo de organização mantém a desigualdade social, a luta pela sobrevivência em condições adequadas torna-se um imperativo para todos nós. No entanto, a ótica do individualismo, da vingança, da punição, do "olho por olho, dente por dente", do "farinha pouca? Meu pirão primeiro!" não potencializa a garantia da satisfação de necessidades sociais de todos os seres humanos.

A lógica do "olho por olho, dente por dente" ficou mundialmente conhecida séculos após sua origem, em 1776 a.C. O documento que lhe dá concretude é conhecido por Código de Hamurabi, nome do rei de uma dinastia da Babilônia que previa que para cada comportamento então visto como crime deveria haver uma penalidade semelhante. Séculos após o predomínio da razão sobre ideias teológicas e mágicas, essa lógica deve ser firmemente rejeitada. Na atualidade, vivenciamos situações de ainda maior retrocesso, como propostas de aprisionamento por qualquer delito ou de redução da maioridade penal em debate no Brasil. Adolescentes são mais vítimas que atores de crimes, especialmente os contra a vida. No entanto, as punições que lhes são propostas e impostas são absolutamente desproporcionais e autoritárias, sem que, muitas vezes, nos demos conta disso.

---

5   RUIZ, J. L. de S. A defesa intransigente dos direitos humanos e a recusa do arbítrio e do autoritarismo. In: Cress-RJ (Org.). *Projeto ético-político e exercício profissional em Serviço Social*: os princípios do Código de Ética articulados à atuação crítica de assistentes sociais. Rio de Janeiro: Cress-RJ, 2013.

Portanto, é preciso que o exercício profissional se efetive com consciência e capacidade crítica, com a devida apreensão do significado pleno dos atos que tomamos, de modo que se perceba que nosso fazer profissional (que é apenas uma fatia da totalidade do trabalho humano) contribui para a manutenção ou não da sociedade vigente, para que as relações humanas se estabeleçam em uma ou outra direção.

No que se refere a assistentes sociais, sabemos que o Serviço Social nasceu no Brasil no bojo do processo de industrialização do país e da organização da classe trabalhadora. Naquele contexto, já não era suficiente ao Estado continuar tratando as requisições de trabalhadores como caso de polícia. Por meio dessa (e de outras) nova profissão, vislumbrou-se a possibilidade de responder tecnicamente a tensões da relação capital-trabalho, oferecendo algum nível de controle de suas vidas por parte do Estado e algumas respostas, sempre parciais, aos pleitos da população trabalhadora e desempregada. A ação profissional era voltada para atender especialmente a essa perspectiva. As justificativas para essa ação eram tanto religiosas (especialmente advindas de ensinamentos católicos) como conservadoras (fontes teóricas como o positivismo e o neotomismo eram suas inspirações).

Existente desde os anos 1930, o Serviço Social expandiu sua atuação para diferentes políticas e instituições sociais: saúde, educação, assistência social, judiciário, sistema prisional, medidas socioeducativas, empresas. Com as alterações conjunturais em curso no país e no mundo, aliadas ao acúmulo de experiência profissional, conhecimento teórico e reflexão crítica, assistentes sociais vão aos poucos entendendo as bases da gênese do Serviço Social e a função social à qual foram chamados a responder. Em torno dos anos 1970 começa a se fortalecer um movimento interno que acaba por conseguir desenhar um novo patamar de compromissos e perspectivas de atuação para a profissão, que redefine o papel social a ser desempenhado por assistentes sociais. O Código de Ética aprovado pela própria categoria, em 1993, é expressão desse processo.[6]

Há mais de 20 anos assistentes sociais pactuaram seu compromisso com a construção de uma sociedade efetivamente justa e igualitária. Ao exercer a profissão, o assistente social deve cumprir as previsões do código de ética que rege sua atuação.

O mesmo ocorre com outras profissões. Códigos de ética, portanto, mais do que uma obediência formal e normativa, exigem uma adesão ideológica a seus princípios. Se eles destoam da realidade e da perspectiva que a profissão se propõe adotar

---

6    Caso você não tenha familiaridade com a trajetória histórica do Serviço Social brasileiro e pretenda fazê-lo, sugerimos a leitura indispensável de IAMAMOTO, M.; CARVALHO, R. de. *Relações sociais e Serviço Social no Brasil*. Esboço de uma interpretação histórico-metodológica. 28. ed. São Paulo: Cortez [Lima, Peru, Celats], 2009.

# 178  *Direitos humanos e Serviço social*

em sua atuação, um caminho é atualizá-lo, como o Serviço Social brasileiro fez por cinco vezes em menos de um século.

A observância a princípios conforma um profissional que se pretenda comprometido com uma sociabilidade justa e libertária, que garanta acesso às necessidades de todas as pessoas. No entanto, a garantia de direitos não é algo que se conquiste na abstração: ela depende fundamentalmente da ação das pessoas — ações que potencializem e favoreçam o acesso a direitos, ações que não reproduzam violações, ações que as enfrentem e denunciem — ações, enfim, que se conectem com a perspectiva teleológica de construção de um mundo sem a exploração de seres humanos por outros.

## 4.2 Retomando nossas ideias centrais

Como a proposta deste livro é que tenha um caráter didático, suas últimas páginas farão uma breve retomada de algumas ideias centrais sobre as quais dialogamos anteriormente.

Pensar em direitos humanos implica definir quem são os seres humanos e como se criam, disputam e consolidam o que resolvemos chamar de direitos. Cada uma das diferentes concepções existentes de direitos humanos terá sua interpretação desses dois componentes (seres humanos e direitos).

Em nossa perspectiva, direitos são necessidades que construímos ao longo de nossas vidas, como uma das características que só nós, seres humanos, temos. Em outras palavras, direitos sempre serão humanos.

Como não vivemos em uma sociedade sem contradições, repleta de extremas desigualdades sociais, a disputa por direitos envolve a forma como a própria vida se organiza. Interagem nesse processo distintos sujeitos sociais.

As necessidades humanas podem ou não estar previstas em lei (ou seja: direito não é apenas o que está previsto em legislações, embora esta seja uma dimensão importante das lutas sociais contemporâneas), e podem ou não ser satisfeitas. Como todas as outras dimensões da vida, perceber como isso ocorre implicará entender o funcionamento de toda a sociedade. Interesses de classes em disputa, funcionamento da economia, formas como a política se organiza, distribuição do fundo público, características das políticas sociais, características da sociabilidade existente entre pessoas diferentes entre si (por razões de gênero, raça, orientação sexual, identidade de gênero, faixa etária, classe social, condição física etc.): todos esses aspectos dialogarão com o que nos dispomos a denominar direitos humanos.

Eles não têm apenas uma dimensão moral e/ou valorativa. Envolvem deliberações — éticas, políticas, econômicas — sobre como organizamos nossas vidas e contribuímos ou não para a construção de um mundo efetivamente justo (nas palavras de Marx, humanamente emancipado, sem a exploração de seres humanos por outros).

Além disso, se pensamos nosso exercício profissional, os avanços originados de muitas lutas por direitos têm a oferecer pistas para nossa atuação. Há muitos direitos previstos em convenções, tratados e outros documentos internacionais dos quais o Brasil é signatário. A dimensão legal costuma acompanhar a atuação de assistentes sociais e de outros profissionais. Precisamos, como vimos, ir além dela. No entanto, desconsiderá-la seria um equívoco sem fim, além de significar deixar de reconhecer que a previsão da satisfação de determinadas necessidades humanas em leis é fruto de lutas sociais das quais, muitas vezes, nós mesmos participamos. Neste material há distintos aspectos dos quais precisamos nos apropriar e, quando possível, utilizar em nossa atuação no sentido de potencializar o acesso das pessoas a formas de satisfação de suas necessidades.

Como também vimos ao longo deste livro, esferas como a Organização das Nações Unidas (ONU) e instituições que a compõem (ou que com ela se relacionam) são contraditórias, mas não podemos jamais nos esquecer de que a contradição é um fenômeno presente em todas as dimensões de nossas vidas. Aliás, talvez seja um dos pouquíssimos fenômenos que não se extinguirá ao longo da história da humanidade, embora certamente possa adquirir formas distintas e/ou próprias de cada etapa histórica ou conjuntura. Assim, utilizarmos o que existe de previsão legal no sentido de viabilizar a satisfação de necessidades das pessoas é mais que necessário: é legítimo. As riquezas existentes no mundo são obra de bilhões de pessoas e não devem ser apropriadas exclusivamente por minorias. É preciso questionar essa forma desigual e desumana de organização da sociedade. O que implica atuar para a derrota da sociabilidade do capital, reconhecendo que nossa atuação e nosso projeto profissional deve estar necessariamente articulado a um projeto mais amplo, que aponta para a construção de uma nova ordem societária, sem nenhum tipo de dominação e exploração.

Nela, aliás, podemos violar direitos por ação ou por omissão. É fato que a organização da vida em sociedade é algo imensamente complexo e que o ideal é que enfrentemos seus desafios coletivamente; isso nos fortalece e permite maior chance de sucesso. Contudo, utilizar essa constatação para justificar ações (individuais ou coletivas) que violem ou deixem de questionar violações de direitos, que limitem ou deixem de ampliar o acesso às necessidades de cada pessoa, é abrir mão de quem somos. Se somos seres sociais, cabe a nós, coletivamente, alterar o processo que resulta em cada sociedade. Isso vale para os momentos em que nos organizamos coletivamente (seja em movimentos sociais, em partidos políticos, em associações coletivas, em sindicatos, em círculos de nossas relações pessoais etc.) ou individualmente, em nossa relação com o outro e com a instituição em que atuamos.

A complexidade da vida já fez com que a outrora didática divisão dos direitos e necessidades humanas em civis, políticos, sociais, econômicos, culturais e outros fosse superada. Não se acessa determinado direito sem estrita relação com outros. Nós, seres humanos, não somos tão compartimentados para que possamos estabelecer prioridades subjetivas sobre quais necessidades são mais ou menos prementes. Dependerá de cada momento histórico, de cada conjuntura e (por que não?) de cada sujeito social. Somos, como vimos, ao mesmo tempo indivíduos sociais e sujeitos sociais. Essas dimensões também são inseparáveis.

Nesse sentido, o livro que ora concluímos escolheu quatro dimensões da vida social que são importantes na sociedade contemporânea, abordadas em seu Capítulo 3. Entretanto poderiam ser tantas outras... Nossa intenção foi demonstrar quanto as características iniciais que emprestamos a cada direito estão profundamente relacionadas com vários outros fenômenos.

Enfim, a vida em sociedade não se explica, nem se disputa, nem se reconstrói em sentido justo, sem o reconhecimento de categorias centrais, como totalidade, dialética, contradição. Mesmo preconceitos e discriminações guardam profunda relação com o momento histórico de cada sociedade; exemplo contundente disso é o perfil da população privada de liberdade, que descrevemos em páginas anteriores.

Por fim, embora o capitalismo aponte, na perspectiva liberal/burguesa, a ideia de que todos e todas somos iguais perante a lei, essa sociedade se funda na mais profunda e cruel desigualdade. Ela evidencia que, na vida real, a lei não se aplica, de fato, igualmente para todos.

Superar essa sociedade exige propor-lhe modelos alternativos, que se preocupem efetivamente em garantir que todos os seres humanos tenham acesso aos meios de satisfação de suas necessidades — as que já existem e as que virão a existir. Defender direitos humanos é defender uma sociedade efetivamente justa e igualitária.

Uma visão dialética desse desafio é a que reúne as melhores condições de unificar ação e pensamento na construção deste novo mundo.

## Para saber mais

Nas indicações bibliográficas que fazemos a seguir encontram-se apenas livros, artigos, reportagens, filmes e outras fontes efetivamente citadas por nós ao longo deste livro. Eles são um caminho inicial para quem quiser se dedicar a estudar os chamados direitos humanos.

# REFERÊNCIAS

ABESE — Associação Brasileira de Empresas de Sistemas Eletrônicos de Segurança. *Brasil lidera mercado de segurança privada das Américas*. 29 out. 2012. Disponível em: <http://www.abese.org.br/clipping_29102012/Default.html#f8>. Acesso em: 19 ago. 2014.

ACIOLY, Y. *Reforma psiquiátrica*: construção de outro lugar social para a loucura? Disponível em: <http://www.uece.br/labvida/dmdocuments/reforma_psiquiatrica.pdf>. Acesso em: 20 maio 2015.

ADESG — Associação dos Diplomados da Escola Superior de Guerra. *Estudo analisa indústria cultural e violência no jornalismo policial brasileiro*. Disponível em: <http://www.adesg.net.br/noticias/estudo-analisa-industria-cultural-e-violencia-no-jornalismo-policial-brasileiro>. Acesso em: 15 jun. 2015.

ALERJ — Assembleia Legislativa do Estado do Rio de Janeiro. *Lei n. 5.778, de 30 de junho de 2010*. Institui o Comitê Estadual para a prevenção e combate à tortura do Rio de Janeiro e o Mecanismo Estadual de prevenção e combate à tortura do Rio de Janeiro, e dá outras providências. Rio de Janeiro: Alerj, 2010. Disponível em: <http://alerjln1.alerj.rj.gov.br/contlei.nsf/b24a2da5a077847c032564f4005d4bf2/abd38a182e33170383257757005bdb5c?OpenDocument>. Acesso em: 16 maio 2015.

_____. *Relatório final da Comissão Parlamentar de Inquérito destinada a investigar a ação de milícias no âmbito do estado do Rio de Janeiro*. Rio de Janeiro: Alerj, 2008. Disponível em: <http://www.nepp-dh.ufrj.br/relatorio_milicia.pdf>. Acesso em: 16 maio 2015.

ANTUNES, R. *Adeus ao trabalho?* Ensaio sobre as metamorfoses e a centralidade do mundo do trabalho. 15. ed. São Paulo: Cortez, 2011.

ARBEX, D. *Holocausto brasileiro*: vida, genocídio e 60.000 mortes no maior hospício do Brasil. São Paulo: Geração Editorial, 2013.

ARNS, C. P. E. Prefácio do Cardeal-Arcebispo de São Paulo. In: ARQUIDIOCESE DE SÃO PAULO. *Brasil*: nunca mais. Petrópolis: Vozes, 2011.

ARQUIDIOCESE DE SÃO PAULO. *Brasil*: nunca mais. Petrópolis: Vozes, 2011.

ARZABE, P. H. M.; GRACIANO, P. G. *A Declaração Universal dos Direitos Humanos 50 anos*. Disponível em: <http://www.dhnet.org.br/direitos/deconu/textos/patricia.htm>. Acesso em: 20 abr. 2015.

ASLAN, R. *Zelota*: a vida e a época de Jesus de Nazaré. Rio de Janeiro: Zahar, 2013.

ASSIS, M. de. *O Alienista*. [Original publicado entre 1881 e 1882]. Disponível em: <http://www.dominiopublico.gov.br/download/texto/bv000231.pdf>. Acesso em: 20 jun. 2015.

BEER, M. *História do socialismo e das lutas sociais*. São Paulo: Expressão Popular, 2006.

BEHRING, E. R.; BOSCHETTI, I. *Política social*: fundamentos e história. São Paulo: Cortez, 2006. Coleção Biblioteca Básica de Serviço Social, v. 2.

BENTO, L. C. Breves considerações sobre o conceito de liberdade na filosofia e sua possível efetivação na práxis social da vida humana. *Revista saber eletrônico*, ano 1, v. 1, nov./2009-

184 *Direitos humanos e Serviço Social*

-jun./2010, p. 25-37. Disponível em: <http://www.unifaj.edu.br/NetManager/documentos/BR
EVES%20CONSIDERA%C3%87%C3%95ES%20SOBRE%20O%20CONCEITO%20
DE%20LIBERDADE%20NA%20FILOSOFIA%20E%20SUA%20POSS%C3%8DVEL%
20EFETIVA%C3%87%C3%83O%20NA%20PR%C3%81XIS%20SOCIAL%20DA%20
VIDA%20HUMANA_.pdf>. Acesso em: 5 maio 2015.

BERNARDO, J. *Transnacionalização do capital e fragmentação dos trabalhadores*. São Paulo:
Boitempo, 2000.

BOBBIO, N. *A era dos direitos*. Rio de Janeiro: Elsevier, 2004.

BRASIL, Ministério do Trabalho e Emprego da República Federativa do. *Trabalho escravo
no Brasil em retrospectiva*: referências para estudos e pesquisas. Brasília: MTE, 2012.
Disponível em: <http://portal.mte.gov.br/data/files/8A7C816A350AC882013543FDF74540
AB/retrospec_trab_escravo.pdf>. Acesso em: 15 abr. 2015.

BRASIL, República Federativa do. Lei n. 13.112, de 30 de março de 2015. Disponível em:
<http://www.planalto.gov.br/ccivil_03/_Ato2015-2018/2015/Lei/L13112.htm>. Acesso em:
25 maio 2015.

_____. Decreto n. 8.270 de 26 de junho de 2014. Institui o Sistema Nacional de Informações
de Registro Civil (Sirc) e seu comitê gestor, e dá outras providências. Disponível em: <http://
www.planalto.gov.br/ccivil_03/_Ato2011-2014/2014/Decreto/D8270.htm>. Acesso em: 25
maio 2015.

_____. Lei n. 12.594 de 18 de janeiro de 2012. Institui o Sistema Nacional de Atendimento
Socioeducativo e dá outras providências. Disponível em: <http://www.planalto.gov.br/
ccivil_03/_ato2011-2014/2012/lei/l12594.htm>. Acesso em: 25 maio 2015.

_____. Lei n. 12.662 de 5 de junho de 2012. Assegura validade nacional à Declaração de
Nascido Vivo — DNV —, regula sua expedição, altera a Lei n. 6.015, de 31 de dezembro
de 1973, e dá outras providências. Disponível em: <http://www.planalto.gov.br/ccivil_03/_
Ato2011-2014/2012/Lei/L12662.htm>. Acesso em: 25 maio 2015.

_____. Lei Federal n. 12.317/2010. Acrescenta dispositivo à Lei n. 8.662, de 7 de junho de
1993, para dispor sobre a duração do trabalho do Assistente Social. Disponível em: <http://www.
planalto.gov.br/ccivil_03/_Ato2007-2010/2010/Lei/L12317.htm>. Acesso em: 5 maio 2015.

_____. Lei n. 11.790 de 2 de outubro de 2008. Altera o art. 46 da Lei n. 6.015, de 31 de dezembro
de 1973 — Lei de Registros Públicos, para permitir o registro da declaração de nascimento fora
do prazo legal diretamente nas serventias extrajudiciais, e dá outras providências. Disponível
em: <http://www.planalto.gov.br/ccivil_03/_ato2007-2010/2008/lei/l11790.htm>. Acesso em:
25 maio 2015.

_____. Decreto n. 6.085, de 19 de abril de 2007. Promulga o Protocolo Facultativo à Convenção
contra a Tortura e Outros Tratamentos ou Penas Cruéis, Desumanos ou Degradantes, adotado
em 18 de dezembro de 2002. Brasília: Casa Civil, 2007b. Disponível em: <www.planalto.gov.
br/ccivil_03/_Ato2007-2010/2007/Decreto/D6085.htm>. Acesso em: 16 maio 2015.

_____. Decreto n. 6.289 de 6 de dezembro de 2007. Estabelece o Compromisso Nacional pela
Erradicação do Sub-registro Civil de Nascimento e Ampliação do Acesso à Documentação
Básica, institui o Comitê Gestor Nacional do Plano Social Registro Civil de Nascimento
e Documentação Básica e a Semana Nacional de Mobilização para o Registro Civil de
Nascimento e a Documentação Básica. 2007a. Disponível em: <http://www.planalto.gov.br/
ccivil_03/_Ato2007-2010/2007/Decreto/D6289.htm>. Acesso em: 20 maio 2015.

_____. Lei n. 10.708 de 31 de julho de 2003. Institui o auxílio-reabilitação psicossocial para
pacientes acometidos de transtornos mentais egressos de internações. Disponível em: <http://
www.planalto.gov.br/ccivil_03/Leis/2003/L10.708.htm>. Acesso em: 25 maio 2015.

_____. Lei n. 10.406, de 10 de janeiro de 2002. Institui o Código Civil. 2002. Disponível em:
<http://www.planalto.gov.br/ccivil_03/leis/2002/L10406.htm>. Acesso em: 14 maio 2015.

Referências 185

_____. Lei n. 10.216, de 2001. Dispõe sobre a proteção e os direitos das pessoas portadoras de transtornos mentais e redireciona o modelo assistencial em saúde mental. Disponível em: <http://www.planalto.gov.br/ccivil_03/leis/leis_2001/l10216.htm>. Acesso em: 5 maio 2015.

_____. Lei n. 10.169 de 29 de dezembro de 2000. Regula o § 2º do art. 236 da Constituição Federal, mediante o estabelecimento de normas gerais para a fixação de emolumentos relativos aos atos praticados pelos serviços notariais e de registro. Disponível em: <http://www.planalto.gov.br/ccivil_03/leis/l10169.htm>. Acesso em: 20 maio 2015.

_____. Lei n. 9.534 de 10 de dezembro de 1997. Dá nova redação ao art. 30 da Lei n. 6.015, de 31 de dezembro de 1973, que dispõe sobre os registros públicos; acrescenta inciso ao art. 1º da Lei n. 9.265, de 12 de fevereiro de 1996, que trata da gratuidade dos atos necessários ao exercício da cidadania; e altera os arts. 30 e 45 da Lei n. 8.935, de 18 de novembro de 1994, que dispõe sobre os serviços notariais e de registro. Disponível em: <http://www.planalto.gov.br/CCivil_03/leis/L9534.htm>. Acesso em: 20 maio 2015.

_____. Lei n. 9.265 de 12 de fevereiro de 1996. Regulamenta o inciso LXXVII do artigo 5º da Constituição, dispondo sobre a gratuidade dos atos necessários ao exercício da cidadania. Brasília: Senado Federal, 1996. Disponível em: <http://www.planalto.gov.br/CCivil_03/leis/L9265.htm>. Acesso em: 10 maio 2015.

_____. Lei Federal n. 8.935 de 18 de novembro de 1994. Regulamenta o art. 236 da Constituição Federal, dispondo sobre serviços notariais e de registro. (Lei dos cartórios). Disponível em: <http://www.planalto.gov.br/CCivil_03/leis/L8935.htm>. Acesso em: 25 maio 2015.

_____. Lei n. 8.560 de 29 de dezembro de 1992. Regula a investigação de paternidade dos filhos havidos fora do casamento e dá outras providências. Disponível em: <http://www.planalto.gov.br/CCivil_03/leis/L8560.htm>. Acesso em: 10 maio 2015.

_____. Decreto n. 592 de 6 de julho de 1992. Atos Internacionais. Pacto Internacional sobre Direitos Civis e Políticos. Promulgação/1966. Disponível em: <http://www.planalto.gov.br/ccivil_03/decreto/1990-1994/D0592.htm>. Acesso em: 10 maio 2015.

_____. Decreto n. 99.710 de 21 de novembro de 1990. Promulga a Convenção das Nações Unidas sobre o Direito da Criança/1989. Disponível em: <http://www.planalto.gov.br/ccivil_03/decreto/1990-1994/D99710.htm>. Acesso em: 20 maio 2015.

_____. Lei n. 8.069 de 13 de julho de 1990. Dispõe sobre o Estatuto da Criança e do Adolescente e dá outras providências. Disponível em: <http://www.planalto.gov.br/ccivil_03/Leis/l8069.htm>. Acesso em: 10 maio 2015.

_____. *Constituição Federal* (1988). 40. ed., atual. e ampl. São Paulo: Saraiva, 2007.

_____. Constituição da República Federativa do Brasil, 1988. Disponível em: <www.planalto.gov.br/ccivil_03/constituicao/constituicao.htm>. Acesso em: 16 maio 2015.

_____. Lei n. 7.210, de 11 de julho de 1984. Institui a Lei de Execução Penal. Disponível em: <http://www.planalto.gov.br/ccivil_03/LEIS/L7210.htm>. Acesso em: 14 maio 2015.

_____. Lei n. 6.015 de 31 de dezembro de 1973. Dispõe sobre os Registros Públicos e dá outras providências. Brasília: Senado Federal, 1973. Disponível em: <http://www.planalto.gov.br/CCivil_03/leis/L6015original.htm>. Acesso em: 25 maio 2015.

_____. Lei n. 6.015, de 31 de dezembro de 1973. Dispõe sobre os registros públicos e dá outras providências. Disponível em: <http://www.planalto.gov.br/ccivil_03/leis/L6015original.htm>. Acesso em: 15 jun. 2015.

BRASIL. Ministério da Saúde. Saúde Mental em Dados, ano VII, n. 11, out. 2012. Brasília, 2012. Informativo eletrônico. Brasília: outubro de 2012. Disponível em: <www.saude.gov.br> e <www.saude.gov.br/bvs/saudemental>. Acessos em: 25 maio 2015.

_____. *Residências terapêuticas*: para quem precisa de cuidados em saúde mental, o melhor é viver em sociedade. Brasília: Ministério da Saúde, 2004.

186  *Direitos humanos e Serviço Social*

BRASILEIRO, T. V. "*Filho de*": um estudo sobre o sub-registro de nascimento na cidade do Rio de Janeiro. Tese de Doutorado apresentada à PUC/RJ, 2008. (mimeo).

CARBONARI, P. C. *Sistema Nacional de Direitos Humanos* — SNDH. Subsídio para Debate. 2004. Disponível em: <http://www.dhnet.org.br/direitos/militantes/carbonari/carbonari_sndh_subsidios_debate.pdf>. Acesso em: 20 abr. 2015.

CASTRO, J. Rio é estado do país onde presidiários menos trabalham. Jornal *O Globo*, Rio de Janeiro, 17 mar. 2013, 2. ed., Caderno País, p. 4.

CDDHC — Comissão de Defesa de Direitos Humanos e Cidadania da Assembleia Legislativa do Estado do Rio de Janeiro (Alerj). *Relatório 2009-2012*. Rio de Janeiro: Alerj, 2012.

CEIA, E. M. A Jurisprudência da Corte Interamericana de Direitos Humanos e o Desenvolvimento da Proteção dos Direitos Humanos no Brasil. *Revista da Emerj*, Rio de Janeiro, v. 16, n. 61, p. 113-152, jan./fev./mar. 2013. Disponível em: <http://www.emerj.tjrj.jus.br/revistaemerj_online/edicoes/revista61/revista61_113.pdf>. Acesso em: 5 abr. 2015.

CFESS — Conselho Federal de Serviço Social. *Mesa histórica reúne assistentes sociais que enfrentaram a ditadura*. Disponível em: <http://www.cfess.org.br/visualizar/noticia/cod/1121>. Acesso em: 15 out. 2014.

_____. *Código de ética do/a assistente social*. Lei n. 8.662/93 de regulamentação da profissão. 10. ed. Brasília: Conselho Federal de Serviço Social, 2012.

CIFUENTES, P. Os presos invisíveis do Rio de Janeiro. Jornal *El País*. 20 dez. 2014. Disponível em: <http://brasil.elpais.com/brasil/2014/12/19/politica/1419025706_073859.html>. Acesso em: 25 maio 2015.

CNJ — Conselho Nacional de Justiça. *Provimento 13/2010*. Dispõe sobre a emissão de certidão de nascimento nos estabelecimentos de saúde que realizam partos. Disponível em: <http://www.cnj.jus.br/images/stories/docs_corregedoria/provimentos/provimento_13.pdf>. Acesso em: 10 maio 2015.

_____. *Provimento 19/2012*. Assegura aos comprovadamente pobres a gratuidade da averbação do reconhecimento de paternidade e da respectiva certidão. 2012. Disponível em: <http://www.cnj.jus.br/images/Provimento%20N%C2%BA19.pdf>. Acesso em: 10 maio 2015.

_____. *CNJ traça perfil dos adolescentes em conflito com a Lei*. 10 abr. 2012. Disponível em: <http://www.cnj.jus.br/noticias/cnj/58526-cnj-traca-perfil-dos-adolescentes-em-conflito-com-a-lei>. Acesso em: 15 maio 2015.

COMPARATO, F. K. *A afirmação histórica dos direitos humanos*. 6. ed. São Paulo: Saraiva, 2008.

CONECTAS Direitos Humanos. *Mapa das prisões*. Novos dados do Ministério da Justiça retratam sistema falido. 27 nov. 2014. Disponível em: <http://www.conectas.org/pt/noticia/25378-mapa-das-prisoes>. Acesso em: 15 jun. 2015.

CORREGEDORIA-GERAL de Justiça / Tribunal de Justiça do Estado do Rio de Janeiro. Provimento CGJ 24/2009. Disponível em: <http://webfarm.tjrj.jus.br/biblioteca/index.asp?codigo_sophia=138621&integra=1>. Acesso em: 2 fev. 2016.

CPGJ — Gabinete do Procurador-Geral de Justiça. *Resolução n. 1.931, de 27 de agosto de 2014*. Institui a Comissão Permanente Multidisciplinar de Erradicação do Sub-registro Civil de Nascimento e Ampliação do Acesso à Documentação Básica. 2014. Disponível em: <http://www.mprj.mp.br/documents/112957/1511114/RESOLUCAO_GPGJ_n_1931_de_2014.pdf>. Acesso em: 2 jun. 2015.

CRARY, J. 24/7: Capitalismo tardio e os fins do sono. São Paulo: Cosac Naify, 2014.

CRESS-RJ — Conselho Regional de Serviço Social. *Projeto ético-político e exercício profissional em Serviço Social*. Os princípios do Código de Ética articulados à atuação crítica de assistentes sociais. Rio de Janeiro: Cress-RJ, 2013.

_____. Política de combate ao sub-registro fez cair à metade o número de casos. *Práxis*, n.72, jul./ago. 2013, p.4-5. Disponível em: <http://www.cressrj.org.br/download/praxis/praxis 72web.pdf>. Acesso em: 25 maio 2015.

DEPEN — Departamento Penitenciário Nacional. *Levantamento nacional de informações penitenciárias*. Infopen, jun. 2014. Disponível em: <http://www.justica.gov.br/noticias/mj-divulgara-novo-relatorio-do-infopen-nesta-terca-feira/relatorio-depen-versao-web.pdf>. Acesso em: 2 jun. 2015.

DOMINGUEZ, B. *Amarante*: "É a cultura que faz pessoas demandarem manicômio, exclusão, limitação". 8 dez. 2014. Disponível em: <http://portal.fiocruz.br/pt-br/content/entrevista-e-culturalmente-que-pessoas-demandam-manicomio-exclusao-limitacao-do-outro>. Acesso em: 15 jun. 2015.

DORNELLES, J. R. W. *O que são direitos humanos*. São Paulo: Brasiliense, 2013.

DWYER, J.; FLYNN, K. *102 minutos*: a história inédita da luta pela vida nas Torres Gêmeas. São Paulo: Jorge Zahar, 2005.

ENGELS, F. *Carta a Conrad Schmidt* (em Berlim). 5 de agosto de 1890. Disponível em: <https://www.marxists.org/portugues/marx/1890/08/05.htm#r2>. Acesso em: 1º jun. 2015.

FALEIROS, V. de P. *O que é política social*. v. 168. 5. ed. São Paulo: Brasiliense, 1991.

FIGUEIRA, R. R. A escravidão por dívida, algumas questões. In: *Direitos humanos no Brasil 2004*: relatório da Rede Social de Justiça e Direitos Humanos. São Paulo: Rede Social de Justiça e Direitos Humanos, 2004. p. 105-112.

FLORES, J. H. *Los derechos humanos desde la Escuela de Budapest*. Madrid: Tecnos, 1989.

FOLHA DE S.PAULO. *Editorial*. Limites a Chávez. 17 fev. 2009. Disponível em: <http://www1.folha.uol.com.br/fsp/opiniao/fz1702200901.htm>. Acesso em: 18 fev. 2009.

_____. *Editorial*. Prisões para quem? Edição de 14 jan. 2014. Disponível em: <http://www1.folha.uol.com.br/opiniao/2014/01/1397304-editorial-prisoes-para-quem.shtml>. Acesso em: 15 jan. 2014.

FREIRE, S. de M.; PEREIRA, J. A. S. Desigualdade persistente e subcidadania no Brasil contemporâneo. In: FREIRE, S. de M. (Org.). *Direitos humanos e questão social na América Latina*. Rio de Janeiro: Gramma, 2009.

FUKUYAMA, F. *O fim da história e o último homem*. Rio de Janeiro: Rocco, 1992.

GIANNELLA, B. M.; CASTANHEIRA, B. R. *Mecanismos de implementação dos direitos humanos no âmbito da ONU e da OEA*. 1998. Disponível em: <http://www.pge.sp.gov.br/centrodeestudos/bibliotecavirtual/direitos/tratado2.htm>. Acesso em: 5 abr. 2015.

GIGANTE et al. *Sistema Africano de Proteção dos Direitos Humanos*. Disponível em: <http://academico.direito-rio.fgv.br/wiki/Sistema_Africano_de_Prote%C3%A7%>. Acesso em: 8 jun. 2015.

GRAMSCI, A. *Maquiavel, a política e o Estado moderno*. 8. ed. Rio de Janeiro: Civilização Brasileira, 1991.

GUIMARÃES, B. *A escrava Isaura*. [Original publicado em 1875]. Disponível em: <http://www.culturatura.com.br/obras/A%20Escrava%20Isaura.pdf>. Acesso em: 2 jun. 2015.

HARARI, Y. N. *Sapiens*: uma breve história da humanidade. 3. ed. Porto Alegre: L&PM, 2015.

HARVEY, D. *A condição pós-moderna*. São Paulo: Loyola, 2003.

HIPÓLITO, P. *Uma breve história dos cemitérios*. Edição de 11 nov. 2011. Disponível em: <http://www.historiaehistoria.com.br/materia.cfm?tb=artigos&id=148>. Acesso em: 2 jun. 2015.

HOBBES, T. *Leviatã ou matéria, formas e poder de um estado eclesiástico e civil*. São Paulo: Martin Claret, 2009.

HOBSBAWM, E. *A era das revoluções* (1789-1848). São Paulo: Paz e Terra, 2010.

_____. *A era do capital* (1848-1875). São Paulo: Paz e Terra, 2012.

_____. *Era dos extremos*: o breve século XX (1914-1991). São Paulo: Companhia das Letras, 1995.

IAMAMOTO, M. V. *Serviço Social em tempos de capital fetiche*: capital financeiro, trabalho e questão social. São Paulo: Cortez, 2007.

IAMAMOTO, M.; CARVALHO, R. de. *Relações sociais e Serviço Social no Brasil*. Esboço de uma interpretação histórico-metodológica. 28. ed. São Paulo: Cortez [Lima, Peru, Celats], 2009.

IBGE — Instituto Brasileiro de Geografia e Estatística. Indicadores IBGE. *Principais destaques da evolução do mercado de trabalho nas regiões metropolitanas abrangidas pela pesquisa* — Recife, Salvador, Belo Horizonte, Rio de Janeiro, São Paulo e Porto Alegre, 2003 a 2013. Brasília: IBGE, 2013a. Disponível em: <http://www.ibge.gov.br/home/estatistica/indicadores/trabalhoerendimento/pme_nova/retrospectiva2003_2013.pdf>. Acesso em: 14 maio 2015.

_____. *Indicadores sociais*: esperança de vida ao nascer, 2013b (anos). Disponível em: <http://www.ibge.gov.br/paisesat/main_frameset.php>. Acesso em: 3 jun. 2015.

_____. *Redes*: assinantes de telefonia celular, 2013c. Disponível em: <http://www.ibge.gov.br/paisesat/main_frameset.php>. Acesso em: 3 jun. 2015.

_____. *Estatísticas do Registro Civil, 2013*. Rio de Janeiro: IBGE, v. 40, p. 1-212, 2013d.

_____. *Estatísticas do Registro Civil, 2012*. Rio de Janeiro: IBGE, v. 39, p. 1-178, 2012.

_____. *Estatísticas do Registro Civil, 2008*. Disponível em: <http://www.ibge.gov.br/home/estatistica/populacao/registrocivil/2008/comentarios.pdf>. Acesso em: 25 fev. 2015.

INESC — Instituto de Estudos Socioeconômicos. *Adolescentes em privação de liberdade representam hoje menos de 1% dos jovens brasileiros*. Publicado em 23 abr. 2015. Disponível em: <http://www.inesc.org.br/noticias/noticias-gerais/2015/abril/adolescentes-em-privacao-de-liberdade-representam-hoje-menos-de-1-dos-jovens-brasileiros>. Acesso em: 25 mar. 2015.

JUNIOR, M. C. M. L. *As primeiras ações e organizações voltadas para as pessoas com deficiência*. Edição de 28 dez. 2011. Disponível: <http://www.bengalalegal.com/asprimeirashistoria-pcd>. Acesso em: 2 dez. 2015.

JUSCORREGE. *Revista da Corregedoria-Geral da Justiça do Estado do Rio de Janeiro*, n. 12, abr./2014.

JUSTIÇA GLOBAL. *Publicada sentença da OEA que condena o Brasil por grampos*. Edição eletrônica de 28 set. 2010. Disponível em: <http://global.org.br/programas/sentenca_oea_grampo/>. Acesso em: 5 abr. 2015.

KARAM, M. L. A esquerda punitiva. *Revista discursos sediciosos*: crime, direito e sociedade, n. 1, ano 1, 1º semestre de 1996. Rio de Janeiro: Relume-Dumará, 1996, p. 79-92.

KASSOUF, A. L. *Trabalho infantil*: causas e consequências. São Paulo: Esalq/USP, 9 nov. 2005. Disponível em: <http://www.cepea.esalq.usp.br/pdf/texto.pdf>. Acesso em: 13 maio 2015.

KONDER, L. *Introdução ao fascismo*. 2. ed. São Paulo: Expressão Popular, 2009a.

_____. *O marxismo na batalha das ideias*. São Paulo: Expressão Popular, 2009b.

_____. *Marxismo e alienação*: contribuição para um estudo do conceito marxista de alienação. São Paulo: Expressão Popular, 2009c.

_____. *O que é a dialética*. São Paulo: Brasiliense, 2008.

KOSIK, K. *Dialética do concreto*. 3. ed. Rio de Janeiro: Paz e Terra, 1976.

LESSA, S. *Mundo dos homens*: trabalho e ser social. 3. ed. revista e corrigida. São Paulo: Instituto Lukács, 2012.

LOCATELLI, P. Nove motivos para você se preocupar com a nova lei da terceirização. *Revista CartaCapital on-line*, 8 abr. 2015. Disponível em: <http://www.cartacapital.com.br/politica/nove-motivos-para-voce-se-preocupar-com-a-nova-lei-da-terceirizacao-2769.html>. Acesso em: 1º maio 2015.

LOJKINE, J. *A classe operária em mutações*. Belo Horizonte: Oficina de Livros, 1990.

LYRA FILHO, R. *O que é direito*. 21. reimpressão da 18. edição de 1996. São Paulo: Brasiliense, 2012.

MARQUES, E. A. B. *Imperialismo e Direitos Humanos no século XXI*: restrições legais e violações diretas às liberdades individuais na atual fase de acumulação capitalista. Tese (Doutorado em Serviço Social). Universidade Federal do Rio de Janeiro. Rio de Janeiro, 2006. p. 277.

_____. Direitos humanos: para um esboço de uma rota de colisão com a ordem da barbárie. In: FORTI, V.; BRITES, C. M. *Direitos humanos e serviço social*: polêmicas, debates e embates. Rio de Janeiro: Lumen Juris, 2011. p. 195-209.

MARSHALL, T. H. *Cidadania, classe social e status*. Rio de Janeiro: Zahar, 1967.

MARX, K. *O Capital*: crítica da economia política. Livro 3, v. 2. São Paulo: Abril, 1983.

_____. *O Capital*: crítica da economia política. Livro 1, v. 1. O processo de produção do capital. 25. ed. Rio de Janeiro: Civilização Brasileira, 2008a.

_____. *Contribuição à crítica da economia política*. 2. ed. São Paulo: Expressão Popular, 2008b.

_____. *Para a questão judaica*. São Paulo: Expressão Popular, 2009b.

_____. *Nova Gazeta Renana*. São Paulo: Educ, 2010.

MARX, K.; ENGELS, F. *A ideologia alemã*. São Paulo: Expressão Popular, 2009.

_____. *Manifesto do Partido Comunista*. São Paulo: Expressão Popular, 2008.

MAZZUOLI, V. de O. (Org.). *Coletânea de direito internacional*. 3. ed. São Paulo: Revista dos Tribunais, 2005.

MÉSZÁROS, I. *Filosofia, ideologia e ciência social*: ensaios de negação e afirmação. São Paulo: Boitempo, 2008.

_____. *O poder da ideologia*. São Paulo: Boitempo, 2004.

_____. *A montanha que devemos conquistar*. São Paulo: Boitempo, 2015.

MPERJ — Ministério Público do Estado do Rio de Janeiro. *Censo MSM*. Módulo de Saúde Mental. 2014. Rio de Janeiro, 2015.

NETTO, J. P. *Ditadura e Serviço Social*: uma análise do Serviço Social no Brasil pós-64. 17. ed. São Paulo: Cortez, 2015.

_____. *Trab. Educ. Saúde*, Rio de Janeiro, v. 9 n. 2, p. 333-340, jul./out.2011. Entrevista. Disponível em: <http://www.scielo.br/pdf/tes/v9n2/10.pdf>. Acesso em: 10 maio 2015.

_____. Liberdade: o valor ético central do código (três notas didáticas). In: *Projeto ético político e exercício profissional em serviço social*: os princípios do código de ética articulados à atuação crítica de assistentes sociais. Conselho Regional de Serviço Social (Org.). Rio de Janeiro: Cress, 2013.

_____. Prólogo à edição brasileira. In: MARX, K. *Para a questão judaica*. São Paulo: Expressão Popular, 2009. p. 11-38.

NETTO, J. P.; BRAZ, M. *Economia política*: uma introdução crítica. São Paulo: Cortez, 2006.

OBSERVATÓRIO DA IMPRENSA. *Folha admite que errou*. Edição 851, mar. 2009. Disponível em: <http://observatoriodaimprensa.com.br/imprensa-em-questao/folha-admite-que-errou/>. Acesso em: 17 maio 2015.

OIT — Organização Internacional do Trabalho. *Convenção 87 da Organização Internacional do Trabalho*. Disponível em: <http://www.oitbrasil.org.br/content/liberdade-sindical-e-prote cao-ao-direito-de-sindicalização>. Acesso em: 5 maio 2015.

ONU — Organização das Nações Unidas. *Declaração Universal dos Direitos Humanos*. Disponível em: http://unesdoc.unesco.org/images/0013/001394/139423por.pdf. Acesso em: 25 maio 2015.

_____. *Relatório da Relatora Especial sobre Formas Contemporâneas de Escravidão, incluindo suas causas e consequências sobre sua visita ao Brasil*. ONU, 2014. Disponível em: <http://pfdc.pgr.mpf.mp.br/atuacao-e-conteudos-de-apoio/publicacoes/trabalho-escravo/ relatorio-da-relatora-especial-onu-sobre-formas-contemporaneas-de-escravidao>. Acesso em: 16 maio 2015.

_____. *Declaração sobre a proteção de todas as pessoas contra os desaparecimentos forçados*. 1992. Disponível em: <http://www.direitoshumanos.usp.br/index.php/Direitos-Humanos-na-Administração-da-Justiça.-Proteção-dos-Prisioneiros-e-Detidos.-Proteção-contra-a-Tortura-Maus-tratos-e-Desaparecimento/declaracao-sobre-a-protecao-de-todas-as-pessoas-contra-os-desaparecimentos-forcados.html>. Acesso em: 16 maio 2015.

ONUBR — Organização das Nações Unidas no Brasil. *150 milhões de crianças entre 5 e 14 anos sofrem com trabalho infantil nos países em desenvolvimento*. ONUBR, 12 jun. 2013 (atualizado em 12 dez. 2014). Disponível em: <http://nacoesunidas.org/150-milhoes-de-criancas-de-5-a-14-anos-sofrem-com-trabalho-infantil-em-todo-mundo-alerta-unicef/. Acesso em: 16 maio 2015.

OTAVIO, C. *Para reduzir população carcerária, Defensoria do Rio pede a juízes liberação de usuários de drogas*. 6 jun. 2015. Disponível em: <http://forum.outerspace.terra.com.br/ index.php?threads/para-reduzir-popula%C3%A7%C3%A3o-carcer%C3%A1ria-defensoria-do-rio-pede-a-ju%C3%ADzes-libera%C3%A7%C3%A3o-de-usu%C3%A1rios-de-drogas.423100/>. Acesso em: 6 jun. 2015.

OUTHWAITE, W.; BOTTOMORE, T. *Dicionário do pensamento social do século XX*. Rio de Janeiro: Zahar, 1996.

PASTORINI, A. As políticas sociais e o Serviço Social: instrumento de reversão ou manutenção das desigualdades? In: MONTAÑO, C. *A natureza do Serviço Social*. 2. ed. São Paulo: Cortez, 2009.

PATURY, F. *Mercado de segurança privada cresce no Brasil*. Edição eletrônica de 28 nov. 2013. Disponível em: <http://epoca.globo.com/colunas-e-blogs/felipe-patury/noticia/2013/11/mercado-de-bseguranca-privada-cresceb-no-brasil.html>. Acesso em: 20 maio 2015.

PESSOA, J. L. de L. *Registro Civil de Nascimento*: direito fundamental e pressuposto para o exercício da cidadania. Brasil, 1988-2006. Campos dos Goytacazes, 2006. Dissertação (Curso de pós-graduação — Mestrado em Direito). Faculdade de Direito de Campos. Disponível em: <http://fdc.br/Arquivos/Mestrado/Dissertacoes/Integra/JaderLucioLimaPessoa.pdf>. Acesso em: 25 maio 2015.

PIOVESAN, F. *Direitos sociais, econômicos e culturais e direitos civis e políticos*. 2003. Disponível em: <http://www.scielo.br/scielo.php?pid=S1806-64452004000100003&script=sci_arttext>. Acesso em: 25 maio 2015.

_____. Relatórios. *O Sistema Internacional de Proteção dos Direitos Humanos e o Brasil*. 2001. Disponível em: <http://www.social.org.br/relatorio2000/relatorio002.htm>. Acesso em: 25 maio 2015.

_____. *Os cinquenta anos da Declaração Universal dos Direitos Humanos*. *Revista Pensamento Real*, n. 4, 1999, p. 5-7. Disponível em: <http://revistas.pucsp.br/index.php/ pensamentorealidade/article/viewFile/8580/6378>. Acesso em: 30 maio 2015.

PNUD BRASIL. Programa das Nações Unidas para o Desenvolvimento — Brasil. *População carcerária no Brasil aumenta 74% em sete anos*. 3 jun. 2015. Disponível em: <http://www. pnud.org.br/Noticia.aspx?id=4084>. Acesso em: 5 jun. 2015.

POTTER, P. Prefácio do Ex-Secretário-Geral do Conselho Mundial de Igrejas. In: ARQUI-DIOCESE DE SÃO PAULO. *Brasil*: nunca mais. Petrópolis: Vozes, 2011.

RECIVIL. *Revista do Sindicato dos Oficiais de Registro Civil* — MG, ano XIII, n. 76, jan. 2014.

REUTERS Brasil. *Brasil tem tarifa de celular mais cara do mundo, diz estudo*. 8 out. 2013. Disponível em: <http://br.reuters.com/article/domesticNews/idBRSPE99700520131008>. Acesso em: 1º maio 2015.

RICHARD, I. *Em duas décadas, fiscais resgataram do trabalho escravo quase 50 mil pessoas*. Agência Brasil, 28 jan 2015. Disponível em: <http://agenciabrasil.ebc.com.br/direitos-humanos/noticia/2015-01/em-duas-decadas-fiscais-resgataram-do-trabalho-escravo-quase-50-mil>. Acesso em: 13 maio 2015.

ROTELLI, F.; AMARANTE, P. Reformas psiquiátricas na Itália e no Brasil: aspectos históricos e metodológicos. In: BEZERRA JÚNIOR, B.; Amarante, P. (Org.). *Psiquiatria sem hospício*: contribuições ao estudo da reforma psiquiátrica. Rio de Janeiro: Relume-Dumará, 1992.

ROUSSEAU, J. J. *Discurso sobre as ciências e as artes*: discurso sobre a origem e os fundamentos da desigualdade entre os homens. v. 199. São Paulo: Martin Claret, 2010.

RUIZ, J. L. de S. *Direitos humanos e concepções contemporâneas*. São Paulo: Cortez, 2014.

_____. A defesa intransigente dos direitos humanos e a recusa do arbítrio e do autoritarismo. In: Cress-RJ (Org.). *Projeto ético-político e exercício profissional em Serviço Social*: os princípios do Código de Ética articulados à atuação crítica de assistentes sociais. Rio de Janeiro: Cress-RJ, 2013.

SEDH — Secretaria Especial de Direitos Humanos. *Capacitação de gestores em direitos humanos*. Brasília: SEDH/Ministério da Justiça do Governo Federal do Brasil, 2004 (mimeo).

SESVESP — Sindicato das Empresas de Segurança Privada, Segurança Eletrônica e Cursos de Formação do Estado de São Paulo. *Brasil lidera mercado de segurança privada das Américas*. Disponível em: <http://www.sesvesp.com.br/arquivos/GTJULHO%202014.pdf>. p. 5. Acesso em: 20 ago. 2014.

SIDOW, E. 13.119 trabalhadores escravos foram libertados no Brasil desde 1995. In: *Direitos humanos no Brasil 2014*: relatório da Rede Social de Justiça e Direitos Humanos. São Paulo: Rede Social de Justiça e Direitos Humanos, 2004. p. 63-98.

SIMAS, F. do N.; RUIZ, J. L. de S. Exercício profissional: uma mediação central entre direitos humanos e o projeto ético-político do Serviço Social brasileiro. In: FORTI, V.; GUERRA, Y. *Projeto ético-político do Serviço Social*: contribuições à sua crítica. Rio de Janeiro: Lumen Juris, 2015.

SOUZA, D. de P. *A loucura em Sorocaba*: 7 manicômios e 836 mortos. Boletim *on-line*. Jornal digital dos membros, alunos e ex-alunos. abr. 2012. Disponível em: <http://www.sedes.org.br/Departamentos/Psicanalise/index.php?apg=b_visor&pub=20&ordem=12>. Acesso em: 20 jun. 2015.

SPENCER, C. *Homossexualidade*: uma história. Rio de Janeiro: Record, 1996.

STOWE, H. B. *A cabana do pai Tomás*. [Original publicado em 1852]. Disponível em: <http://www.orelhadelivro.com.br/livros/456742/a-cabana-do-pai-tomas/>. Acesso em: 1º jun. 2015.

SUN TZU. *A arte da guerra*. Porto Alegre: L&PM, 2000.

TRIBUNAL de Justiça do Estado do Rio de Janeiro; CORREGEDORIA-GERAL de Justiça. *Ato Normativo Conjunto 27/2013*. Disponível em: <http://webfarm.tjrj.jus.br/biblioteca/index.html>. Acesso em: 25 jun. 2015.

TRINDADE, J. D. de L. *História social dos direitos humanos*. São Paulo: Peirópolis, 2002.

_____. *Os direitos humanos na perspectiva de Marx e Engels*. São Paulo: Alfa-Omega, 2011.

UNFPA BRASIL. Fundo de Populações das Nações Unidas. *População*. Disponível em: <http://www.unfpa.org.br/novo/index.php/populacao>. Acesso em: 2 jun. 2015.

192  *Direitos humanos e Serviço Social*

UNICEF — Fundo das Nações Unidas para a Infância. *Um mundo para as Crianças*. Relatório da Sessão Especial da Assembleia Geral das Nações Unidas sobre a Criança. A meta das Nações Unidas para o milênio. 2002. Disponível em: <http://www.unicef.org/brazil/pt/um_mundo.pdf>. Acesso em: 25 maio 2015.

UNO-IDFA — Escritório das Nações Unidas de apoio à Década Internacional de Ação. "Água para a Vida, 2005-2015/Programa da Década da Água da ONU — Água sobre Advocacia e Comunicação (UNW-DPAC). *O direito humano à água e saneamento*: comunicado aos média. Zaragoza (Espanha), 2015. Disponível em: <http://www.un.org/waterforlifedecade/pdf/human_right_to_water_and_sanitation_media_brief_por.pdf>. Acesso em: 2 jun. 2015.

URSS. Constituição da República Socialista Federativa Soviética Russa. In: VON KÖEIN, Portau Schmidt (Org.). *Marxismo revolucionário, trotskysmo e questões atuais da revolução socialista internacionalista*. Disponível em: <http://www.scientific-socialism.de/LeninDireitoeMoral100718.htm>. Acesso em: 28 dez. 2013.

USP—Universidade de São Paulo. *Biblioteca Virtual de Direitos Humanos*. Corte Internacional de Justiça. Disponível em: <http://www.direitoshumanos.usp.br/index.php/Corte-Internacional-de-Justi%C3%A7a/o-que-e.html>. Acesso em: 4 abr. 2015.

_____. *Biblioteca Virtual de Direitos Humanos*. Corte Interamericana de Direitos Humanos. Disponível em: <http://www.direitoshumanos.usp.br/index.php/Corte-Interamericana-de-Direitos-Humanos/o-que-e.html>. Acesso em: 4 abr. 2015.

_____. *Biblioteca Virtual de Direitos Humanos*. Tribunal Penal Internacional. Disponível em: <http://www.direitoshumanos.usp.br/index.php/Tribunal-Penal-Internacional/o-que-e.html>. Acesso em: 4 abr. 2015.

VILLELA, G. Bombas dos EUA devastam Hiroshima e Nagasaki com horror nuclear em 1945. In: *O Globo*, 6 ago. 2014. Disponível em: <http://acervo.oglobo.globo.com/fatos-historicos/bombas-dos-eua-devastam-hiroshima-nagasaki-com-horror-nuclear-em-1945-13509628#ixzz45NVz2KOi©2016.>. Acesso em: 8 jun. 2015.

WALLERSTEIN, I. *O universalismo europeu*: a retórica do poder. São Paulo: Boitempo, 2007.

WILDE, O. *A alma do homem sob o socialismo*. Porto Alegre: L&PM, 2003.

ZIZEK, S. *Violência*: seis reflexões laterais. São Paulo: Boitempo, 2014.

_____. O violento silêncio de um novo começo. In: HARVEY, D. et al. *Occupy*: movimentos de protesto que tomaram as ruas. São Paulo: Boitempo, Carta Maior, 2012.


Filmografia

ARNOUD, J. J. *A guerra do fogo*. França/Canadá, 1981, 100 min.

CHAPLIN, C. *Tempos modernos*. Estados Unidos, 1936, 87 min.

KUBRICK, S. *2001*: uma odisseia no espaço. Estados Unidos, 1968, 149 min.

TAVARES, C. *O dia que durou 21 anos*. Brasil, 2012, 77 min.